Relações Internacionais 6
direção de
Rafael Duarte Villa
Tamás Szmrecsányi

relações internacionais

TÍTULOS EM CATÁLOGO

A Antártida no Sistema Internacional, Rafael Duarte Villa
Panorama Brasileiro de Paz e Segurança, Clóvis Brigagão & Domício Proença Jr. (org.)
Paz & Terrorismo, Clóvis Brigagão & Domício Proença Jr. (org.)
Os Excluídos da Arca de Noé, Argemiro Procópio
História das Relações Internacionais: Ensaios Latino-Americanos, Rafael Duarte Villa & Suzeley Kalil (org.)
A Política Externa da Primeira República e os Estados Unidos: a Atuação de Joaquim Nabuco em Washington (1905-1910), Paulo José dos Reis Pereira

a política externa
da primeira república
e os estados unidos:
a atuação de joaquim nabuco
em washington (1905-1910)

PAULO JOSÉ DOS REIS PEREIRA

a política externa
da primeira república
e os estados unidos:
a atuação de joaquim nabuco
em washington (1905-1910)

EDITORA HUCITEC
FAPESP
São Paulo, 2006

© 2006 de Paulo José dos Reis Pereira
© desta edição
Aderaldo & Rothschild Editores Ltda.
Rua João Moura, 433 – 05412-001 São Paulo, Brasil.
Telefone/Fax: (55 11)3083-7419
Atendimento ao Leitor: (55 11)3060-9273
hucitec@terra.com.br
www.hucitec.com.br

Depósito Legal efetuado.

Assessoria editorial
MARIANA NADA

Assessoria de produção
MILENA ROCHA

CIP-Brasil. Catalogação-na-Fonte
Sindicato Nacional dos Editores de Livros, RJ

P494p

Pereira, Paulo José dos Reis
  A política externa da Primeira República e os Estados Unidos: a atuação de Joaquim Nabuco em Washington (1905-1910) / Paulo José dos Reis Pereira. – São Paulo : Hucitec : Fapesp, 2006
  223p. : il. – (Relações internacionais ; 6)

  Inclui bibliografia
  ISBN 85-60438-01-7

  1. Nabuco, Joaquim, 1849-1910. 2. Brasil – Relações exteriores – História. 3. Brasil – Relações exteriores – Estados Unidos – História. 4. Estados Unidos – Relações exteriores – Brasil – História. I. Título. II. Série.

06-3691   CDD 327.81
                                                       CDU 327(81)

À minha família,
o melhor apoio
que um jovem pesquisador
poderia querer

Eu, em diplomacia, nunca perdi um só dia
o sentido da proporção e da realidade.

— JOAQUIM NABUCO

SUMÁRIO

	PÁG.
Prefácio — Clodoaldo Bueno	11
Agradecimentos	15
Introdução	17

Capítulo 1
A CRIAÇÃO DA EMBAIXADA EM WASHINGTON (1905) E O RELACIONAMENTO COM OS EUA — 27
Perspectiva histórica da aproximação entre Brasil e Estados Unidos — 31
A construção da política externa de Theodore Roosevelt — 46
Rio Branco e o relacionamento estratégico com os Estados Unidos — 57

Capítulo 2
FATORES ESTIMULANTES DA AÇÃO E REFLEXÃO DE NABUCO À FRENTE DA EMBAIXADA — 69
Prestígio pessoal, liberdade de ação, decepção com Rio Branco — 76
Influência de Nabuco na política externa brasileira — 87
O incidente da canhoneira alemã *Panther* — 88
Nabuco, Elihu Root e a III Conferência Pan-Americana — 94

Capítulo 3
CONCEPÇÕES DE NABUCO À FRENTE DA EMBAIXADA — 101
Nabuco e os Estados Unidos — dois momentos (1876-1905) — 105
Pan-americanismos: origens e desenvolvimentos — 112
Nabuco, o monroísmo e o pan-americanismo: preliminares — 122

A defesa do território e a adesão ao monroísmo: o litígio anglo-brasileiro de 1904   126
Concepção de um sistema mundial e continental   134
Brasil: aliança com os Estados Unidos e relacionamento com outros países do continente   141

Iconografia   157

Capítulo 4
TÁTICAS DE NABUCO E DE RIO BRANCO NO RELACIONAMENTO COM OS ESTADOS UNIDOS E SEUS CRÍTICOS   165
O cisma da Conferência de Haia de 1907   174
Críticas à aproximação com os Estados Unidos: Eduardo Prado e Oliveira Lima   196

CONCLUSÃO   211

FONTES DOCUMENTAIS   223

PREFÁCIO

CLODOALDO BUENO

O BRASIL VIVE UMA CRISE CUJO ENCAMINHAMENTO *satisfatório depende da postura ética de nossos dirigentes. Tal fato revigora nosso interesse pelas práticas políticas da história republicana e pela procura, às vezes inconsciente, de figuras que, pela contribuição efetiva que deram ao País, sejam paradigmáticas e fontes de inspiração. No fundo, é uma operação de resgate de nosso orgulho. Não é, portanto, por acaso que se assiste a um renovado interesse por Joaquim Nabuco, objeto de recentes publicações na área.*

Afora o fato de ter sido homem público de conduta ilibada, Nabuco foi observador privilegiado, pois viveu duas realidades político-institucionais do Brasil: vivenciou o Império como monarquista convicto e presenciou as crises do início do período republicano para, afinal, tornar-se, consolado e relutante a princípio, colaborador do novo regime, como outros antigos monarquistas que se tornaram estrelas de primeira grandeza com a consolidação do presidencialismo civil, como o foram Rodrigues Alves e Rio Branco. Privilegiado, também, pelos pontos a partir dos quais pôde observar, pois viveu — e admirou — nos dois principais focos do então chamado "mundo civilizado": Europa e Estados Unidos. Não é preciso retomar observações já feitas por outros estudiosos para destacar e valorizar o tribuno pernambucano, quer como observador, quer como partícipe dos acontecimentos, quer como doutrinador, ao lado de outros símbolos da nacionalidade.

Mesmo assim, até há pouco tempo eram escassos os textos gerados na academia sobre Nabuco diplomata. A campanha em prol da abolição da escravatura, bem como seus escritos políticos, ofuscaram outros aspectos da sua atuação, sobretudo como funcionário da República. Sua atuação como primeiro embaixador do Brasil em Washington era vista como uma contribuição menor, desenvolvida nos seus últimos anos de vida. Por isso, o presente texto de Paulo Pereira é oportuno, pois é dedicado exclusivamente ao diplomata Joaquim Nabuco. Depois de contextualizar, interna e externamente, a criação da embaixada do Brasil em Washington (a primeira que o Brasil criou) o jovem pesquisador analisa as concepções de seu primeiro titular e como elas se convertem no desempenho de suas atividades como embaixador. Tudo isso foi feito arrimado em sólida bibliografia e, sobretudo, nos escritos de Nabuco, consultados no original, o que passa ao leitor a sensação de solidez que o bom uso das fontes proporciona.

Um dos aspectos que chama mais atenção, sobretudo em razão do momento atual em que o Brasil procura definir novas parcerias internacionais, é o relativo à "aliança" com os Estados Unidos, defendida com ardor por Joaquim Nabuco. Para isso, refaz a trajetória intelectual de Nabuco, de modo especial as transformações havidas no seu pensamento que justificam sua mudança de visão a respeito dos EUA, tanto da sua política interna quanto do papel que seriam levados a representar na política mundial, e a aceitação daqueles como líderes do continente. O contexto mundial agressivo, marcado pelo revigoramento do imperialismo levou Nabuco a aderir, com ardor, ao monroísmo, visto como proteção contra potências européias. Nesse sentido, Nabuco atuou na então recém-criada embaixada do Brasil em Washington, seja para divulgar uma imagem positiva do Brasil, naquele momento em calmaria política, seja para angariar simpatias tanto da opinião pública quanto do Departamento de Estado. Nabuco cumpria as determinações de Rio Branco, mas com táticas diferentes de seu superior em razão de seu estilo e suas próprias concepções. De qualquer forma, suas táticas eram eficientes para dar conta da estratégia central: aproximar, ainda mais, seu país ao dos norte-americanos. Nabuco, como em tudo em que se empenhava, foi enfático. Era o que se poderia chamar de o homem certo no lugar certo e na hora certa. Assim foi, pelo menos até 1907, ano da Conferência de Paz de Haia, que marca o início de outro momento na administração de Nabuco à frente da embaixada. O entusiasmo deu lugar à decepção. Nabuco era fiel aos amigos e às causas às quais se entregava de corpo e alma. Rio Branco, realista, era mais arguto que seu embaixador, além do que, como ministro, dispunha de um horizonte mais amplo para contemplar e lhe cumpria cuidar das relações do País em escala global. O chanceler, àquela altura, já se desencantara com a política externa norte-americana em relação ao Brasil. Todavia, não era um apaixonado. Adaptava rapidamente seus conceitos aos dados novos. Entre o ministro e o embaixador não havia mais a sintonia fina no que dizia respeito às relações bilaterais com a nação que Rio Branco, conforme afirmou reiteradamente, gostaria de ver como leadership do continente.

Rio Branco surpreendeu-se pela maneira como a delegação norte-americana em Haia divergiu da brasileira, mas percebeu com clareza como os EUA viam o Brasil no mundo. Concluiu que a tal "aliança não escrita" (para usar o rótulo criado por analistas do período recente) não existia. Rio Branco imediatamente reciclou suas concepções nesse aspecto, embora sem provocar alterações nas boas relações bilaterais com a potência do Norte, circunscrevendo o afastamento das delegações dos dois países ao âmbito da conferência de Haia. Nabuco perseverou no equívoco das relações especiais lamentando a desavença do Brasil com os Estados Unidos, mesmo que estes tenham-se alinhado às grandes potências e contestado as pretensões latino-americanas defendidas, com ardor, por Rui Barbosa.

Conhecer as idéias de Nabuco a respeito da aproximação do Brasil aos EUA é mais do que oportuno nos dias que correm, em que os atuais condutores da política externa brasileira procuram marcar um distanciamento de Washington, redefinindo parcerias estratégicas. Dir-se-ia que no momento o Brasil mostra-se disposto a encerrar um ciclo da sua história diplomática, marcado pela aproximação à potência hegemônica do hemisfério, iniciado com o advento da República (1889) e reconfigurado pelas atuações do ministro das relações exteriores Rio Branco e por Joaquim Nabuco, seu embaixador. O pragmatismo e realismo do primeiro teve no segundo um pregador que proporcionou a retórica eloqüente que justificava uma "aliança" como aquela. Hoje a aproximação, pela sua magnitude, receberia a designação de "parceria estratégica". Esta, não se descon-

tando curtos períodos, está completando cem anos. O momento está, portanto, propício à reflexão sobre quais seriam, de fato, nossos parceiros estratégicos. Políticas equivocadas, tanto num pólo quanto noutro, de gestões transitórias não podem pôr a perder um século de relacionamento cooperativo assentado no fluxo comercial intenso, nos investimentos, na absorção de tecnologias, na cooperação militar e nas alianças firmadas entre os dois países por ocasião das duas guerras mundiais.

O texto de Paulo Pereira não é encomiástico nem dá a Nabuco uma dimensão maior do que ele realmente teve. Está na medida certa. O autor, assim, escapa de vezo freqüente entre historiadores: valorizar, ao exagero, o personagem central da obra e, por ele, querer explicar o mundo. O texto, elaborado com uma escrita leve e precisa, não denuncia o estreante, mas revela o analista perspicaz.

AGRADECIMENTOS

NO DESENVOLVIMENTO DA PESQUISA DE MESTRADO que agora é apresentada como livro, contei com o apoio e incentivo de muitas pessoas e instituições. Agradecer a elas é um compromisso ao qual não vou me furtar, apesar do risco de cometer omissões. Em primeiro lugar agradeço ao Programa de Pós-Graduação em Relações Internacionais da Unesp/Unicamp/Puc-sp, leia-se aqui a primeira turma do mestrado, bem representada por alunos de excelência e o grupo de professores dessas três universidades que idealizou e pôs em prática tal projeto. Ter feito parte de tal pioneirismo para o estímulo do estudo das relações internacionais no Brasil, em especial em São Paulo, é um grande privilégio que pretendo retribuir colaborando para seu contínuo desenvolvimento. Há de se fazer um registro particular ao professor Reginaldo Mattar Nasser, o qual, desde os tempos da graduação, com a orientação da minha iniciação científica, encorajou tal trabalho, ao professor Shiguenoli Myamoto que forneceu as primeiras orientações para a pesquisa ainda no mestrado da Unicamp no início de 2003 e ao professor Tullo Vigevani, coordenador do programa, que discutiu em oportunas ocasiões os caminhos do meu estudo, fornecendo sugestões de valor.

Agradecemos, especialmente, ao professor Clodoaldo Bueno que, com a sua orientação sempre competente, frutificou no aprendiz o respeito pela pesquisa histórica e a seriedade acadêmica, expressões de sua própria vida, que esperamos ter como guias.

Ademais, merece registro o fato de que em todos os três institutos de pesquisa por que passamos — Arquivo Histórico do Itamaraty, Fundação Joaquim Nabuco e Arquivo do Estado de São Paulo — sempre encontramos auxílio de pessoas atenciosas que viabilizaram nossa pesquisa documental, base do trabalho.

Agradecemos também à Fundação de Amparo à Pesquisa do Estado de São Paulo (Fapesp) pela bolsa de estudos concedida no mestrado e pelo auxilio dado à publicação do seu resultado que, esperamos, contribua para aumentar o conhecimento e fomentar os estudos sobre nossa política externa.

Por fim, agradeço particularmente à minha mãe, Maria Aparecida, pela leitura atenta dos originais e todas as suas várias e valiosas contribuições.

INTRODUÇÃO

NESTE LIVRO PRETENDEMOS JOGAR LUZ SOBRE ALguns aspectos do relacionamento que se estabeleceu, nos primeiros anos do século XX, entre o Brasil e os Estados Unidos. Nesse momento nacional brasileiro os dirigentes das suas relações externas viram os norte-americanos como potenciais parceiros estratégicos e o intento mais geral aqui foi esclarecer alguns dos atores, objetivos e ações que contribuíram de forma significativa para produzir essa que foi uma expressiva conjuntura histórica de aproximação político-diplomática entre os dois países.

Partindo dessa proposta exploraremos em que medida as idéias do primeiro embaixador brasileiro em Washington, Joaquim Nabuco (1905-1910), transformadas em ação política, influenciaram nos rumos da atuação externa projetada pelo ministro das Relações Exteriores, Rio Branco (1902-1912). Teremos então de nos deter tanto nas características e objetivos das concepções que Nabuco defendeu durante os cinco anos em que atuou como diplomata de alto cargo, quanto na função exercida e no lugar ocupado por elas no governo republicano nesse projeto. À medida que essa análise puser em perspectiva certas formas que poderiam ter assumido esse relacionamento, elucidará a que efetivamente assumiu, bem como seus motivos, seus acertos e equívocos.

Nessa época vivia-se uma reestruturação do sistema internacional. Novos atores internacionais de peso (Rússia, Japão, Itália, mas especialmente Alemanha e Estados Unidos) questionavam as reminiscências do antigo Concerto Europeu, alicerçado ainda na proeminência econômica e militar inglesa, reivindicando parcelas desse poder e prestígio concentrado (Holsti, 2000, pp. 74-80). Existia assim uma tendência geral à criação de sérios conflitos interimperialistas que, não sem aviso, acabariam por desembocar numa grande guerra mundial. Nesse processo se aprofundava a divisão internacional do trabalho entre países periféricos, exportadores de mercadorias agrícolas e matérias-primas e os países centrais, receptores desses artigos e exportadores de manufaturados, formando um ciclo completo de produção que tornava esses dois mundos interdependentes (Hobsbawm, 1998, pp. 33 e 66-8).

No continente americano, que fazia parte dessa situação como uma área de disputa acentuada entre os dois expressivos países emergentes do momento, Estados Unidos e Alemanha, tendo como seu vigia a tradicional potência inglesa, expectadora interessada nos riscos maiores ou menores que corriam seus investimentos externos, existia uma óbvia vantagem para a potência regional. Atuando com o propósito de se projetar sobre o hemisfério, política e comercialmente, não sem oposição interna dos protecionistas, isolacionistas e racistas de plantão, os EUA utilizaram como expedientes o pan-americanismo e o monroísmo.

O Brasil, reconhecidamente um país secundário, tentava, mesmo percebendo os constrangimentos a que estava submetida sua ação externa, encontrar nesse quadro uma inserção internacional que lhe permitisse contemplar seus interesses. O caminho da americanização, com ênfase nas relações com os norte-americanos, soava como a alternativa mais coerente, estando o Brasil vinculado à potência continental por aquele pacto colonial moderno já citado, como país agroexportador (Singer, 1997, pp. 349-50). Nabuco, como embaixador, assume esse novo paradigma (Silveira, 2000, p. 131), fazendo que conceitos referidos acima como o de monroísmo, pan-americanismo e sistema, bem como o de aliança, de atraso e progresso, de raça e meio e de desenvolvimento, ganhem forte dimensão.

No estudo que nossa pesquisa sugere, as questões-chave serão: como Nabuco e a criação da embaixada em Washington se encaixam na política externa de relacionamento preferencial com os Estados Unidos pensada por Rio Branco? Essa aproximação significou um alinhamento de política externa? Esse processo de relacionamento mais acentuado com os norte-americanos teve alguma influência de Nabuco? Se respondermos afirmativamente a essa última questão, devemos nos perguntar qual foi o alcance proporcionado pelas idéias que a informavam e os meios pelos quais atuou.

A escolha de Joaquim Nabuco para figurar como eixo da nossa pesquisa tem sentido quando reconhecemos que ele era parte integrante da intelectualidade brasileira da época, exemplificado na sua presença como membro fundador da Academia Brasileira de Letras, fazendo parte do seu núcleo forte ao lado de Machado de Assis, Euclides da Cunha, Oliveira Lima, Domício da Gama, Carlos Magalhães de Azeredo, Sílvio Romero, José Veríssimo, Salvador de Mendonça, José do Patrocínio, Graça Aranha, Eduardo Prado entre tantos outros formadores de opinião como o próprio Rui Barbosa, representando um ícone da corrente que acreditava serem os Estados Unidos o grande parceiro brasileiro do momento. Não queremos dizer com isso que as idéias que ele formulou para esse relacionamento tenham coincidência com as dessa elite ou da opinião pública, mas somente que era um personagem nacional expressivo, ocupando cargo de inegável ascendência, e que atuou em função de uma linha de política externa que ganhava força desde os primeiros fogos republicanos. E ao propor uma inserção internacional ao Brasil por esse meio, com peculiaridades próprias de um espírito inovador, Nabuco representou uma expressiva tendência nacional que ainda se estenderia por longo período.

Nessa mesma linha, a pesquisa ganha importância em dois aspectos. O primeiro diz respeito ao estudo da relação entre o Brasil e os Estados Unidos nesse período histórico. Existe um número razoável de trabalhos que abordaram de maneira geral o tema da política externa republicana. Muito menor, no entanto, são os que se debruçaram sobre o estreitamento das relações com os Estados Unidos e as eventuais nuanças nelas contidas, respectivamente a criação da embaixada de Washington de 1905 e a Conferência de Haia de 1907. Pretendemos contribuir para preencher essa lacuna. Será possível identificar, numa proposta de estudo como a nossa, algumas das linhas da assimetria de poder político-diplomático que marcarão o tipo de relação que os dois países viriam a ter em anos posteriores, processo que oscilou entre alinhamento e repulsa. Como era uma época de tomadas de decisões significativas para os países da América no que diz respeito a questões como a de consolidação de território, relações comerciais e políticas, todas ligadas direta ou indiretamente na pauta das discussões político-diplomáticas, um estudo, tal qual queremos, ganha significação.

O segundo aspecto relaciona-se com o próprio Nabuco. Ao ler os estudos sobre a política exterior republicana e sua diplomacia, nota-se que a figura de Rio Branco recorrentemente encobriu a de Joaquim Nabuco. Pode-se explicar isso por dois fatores: Rio Branco, quando ministro, era quem oficialmente coordenava as tomadas de decisões dos assuntos exteriores, tinha grande autonomia em relação ao governo e, já na época, era tido como um personagem glorificado da nação por sua mestria no trato dos assuntos internacionais, praticamente um herói (Lins, 1995, p. 395). Nabuco, também, em virtude de sua própria história, é uma figura basicamente lembrada por sua militância em prol da abolição, período que lhe ocupou grande parte da vida e dos escritos, o que pôs em segundo plano os cinco anos que atuou como embaixador, período curto e parcamente analisado. A conseqüência disso é a ocorrência do que podemos classificar de uma história esquecida de Nabuco, tão rica quanto a de sua época como abolicionista só que inversamente desacreditada. Com nosso estudo será possível retomar essa sua "história esquecida", reinserindo-a na política externa brasileira da Primeira República.

Por uma acepção convencional o estudo que será desenvolvido aqui poderia ser classificado como parte do que se chama, há muito, história diplomática. Esta definição carrega, entretanto, um estigma anacrônico do qual pretendemos nos distanciar. Ela remonta a uma época em que os estudos sobre as relações externas dos países se guiavam por métodos narrativos superficiais com pouca capacidade explicativa e que incorporavam o discurso oficial das chancelarias (Almeida, 1998, pp. 48-9). Essa história negligenciou fenômenos internacionais e transnacionais.[1] Alguns representantes brasileiros dessa vertente que, no entanto, marcam a transição para um modo menos problemático de realizar este tipo de estudo são, desde os anos 20 do século XX, Pandiá Calógeras, Hélio Viana e Delgado de Carvalho, entre outros. Os degraus qualitativos avançados por esse grupo foram: o incremento de objetividade dos textos, descartando o acessório, isenção ideológica (ainda que Viana não tenha feito parte dessa contribuição) e uma cultura de avaliação das fontes utilizadas. Apesar disso continuou-se com uma postura pouco crítica, pouco explicativa, informativa e essencialmente factual (Almeida, 1998, p. 75).

É somente a partir da década de 1970 que existe uma verdadeira remodelação de análise dos estudos de história diplomática brasileira. Uma mudança de método e de objeto de estudo. Novos enfoques que, num estudo científico, são de total relevância. Na introdução do livro *História da Política Exterior do Brasil*, paradigma dessa transformação, Amado Cervo & Clodoaldo Bueno afirmam que "a historiografia brasileira das relações internacionais adquiriu sua maturidade quando a história diplomática foi superada pelos métodos modernos de análise desenvolvidos nos seios das universidades" (Cervo & Bueno, 2002, p. 14). Outro representante dessa nova vertente é José Honório Rodrigues que diria ser "o jogo da política do poder que queremos recriar, mais do que a simples história diplomática" (Rodrigues, 1995, p. 27).

Apesar de isso não ser consenso, entendemos ser possível agrupar todos eles na mesma rubrica de historiadores das relações internacionais do Brasil num sentido muito específico, que não se reduz a uma questão semântica. Esses estudiosos fizeram esforço na busca de ampliar a análise do tema, deslocando o privilegiado papel que ocupava o ornamento estatal nos estudos de história diplomática, para o que se pode chamar de amplo terre-

---

[1] Aplico aqui os termos na acepção de Aron (2001, pp. 266-7), na qual *relações internacionais* são as que se realizam entre pessoas ou grupos de diferentes nações e *relações transnacionais* são as que se dão através de fronteiras e estão condicionadas por coletivos e organizações não vinculadas particularmente a uma unidade política específica.

no das relações internacionais. Deu-se importância, dessa forma, a processos internacionais tais como o econômico e o social, alargando o escopo de análise no intuito de abranger tanto o fundamento que rege as forças profundas da história,[2] quanto a relevância do ator político, influenciado por estas mesmas forças, na formulação e implementação das políticas dos Estados. Esse esforço bifocal é feito na tentativa de desvendar a estrutura que norteia as relações internacionais brasileiras (Almeida, 1998, p. 86). Trata-se de uma nova visão que corre em paralelo e bebe da fonte renovada da historiografia das relações internacionais francesas, escola modelada por Pierre Renouvin e Jean-Baptiste Duroselle e que tem como herdeiros René Girault e Robert Frank. Se Amado, Bueno e Rodrigues remodelaram a historiografia de relações internacionais no âmbito nacional brasileiro, os franceses o haviam feito no plano internacional.

Nosso estudo se compatibiliza com essa nova linha da história das relações internacionais do Brasil, exigindo, entretanto, um esforço metodológico para figurar nela. Ao privilegiarmos a atuação de um personagem político nos encaminhamentos da política internacional do país, poderíamos, em princípio, cair no engodo que seria focarmos somente os meandros chancelares e a análise dos itinerários diplomáticos, ou o culto do indivíduo aos moldes do que ocorria no século XIX. Edward Carr alertava para esse perigo quando dizia que "o desejo de colocar o gênio individual como a força criadora da história é característico dos estágios primitivos da consciência histórica" (Carr, 2002, p. 80). Uma abordagem dessa nos comprometeria. Para nos precavermos disso, entendemos ser profícuo trabalhar na perspectiva da análise que coloca o ator político inserido no que se denomina *sistema de finalidades,* fundado no pressuposto de que "aquele que dispõe de um poder se propõe atingir objetivos e tenta reali-

---

[2] Este é um conceito fundado por Pierre Renouvin que tenta compreender as grandes influências que orientam o curso dos acontecimentos: "[. . .] as condições geográficas, os movimentos demográficos, os interesses econômicos e financeiros, as características da mentalidade coletiva, as grandes correntes sentimentais nos mostram as forças profundas que têm formado o marco das relações entre os grupos humanos e que, em grande medida, têm determinado sua natureza" (Renouvin & Duroselle, 2001, pp. 9-10).

zá-los" (Duroselle, 2000, p. 44),³ sempre influenciado pelos movimentos das forças impessoais da história.

No mesmo objetivo, outro ponto importante que será levado em conta nesse trabalho "[. . .] consiste precisamente em determinar a percepção histórica que ordena as condutas dos atores coletivos, as decisões dos chefes destes atores" (Aron, 1997, p. 359). O ator político, ainda que em uma posição privilegiada, pode não ter lucidez quanto às circunstâncias que envolvem alguma decisão. Além disso, quando ela é tomada, é sempre a partir de uma visão subjetiva formada no contexto de uma história de vida e essa visão subjetiva dificilmente coincide com a realidade objetiva. Os erros ou equívocos de percepção devem estar no cálculo de qualquer estudo que envolva o qualitativo das ciências do homem. Tentaremos por esse plano metodológico não cair em um enfoque restrito e obtuso, equívocos já antigos com os quais a nova linha analítica não seria complacente.

O procedimento pelo qual fizemos esse exercício foi o de reconstruir as concepções de Nabuco, utilizando sua documentação pessoal e diplomática original, obtida em arquivos variados e na coleção de suas *Obras Completas* editada pelo Instituto Progresso Editorial, bem como seus discursos americanos reunidos na compilação feita pelo editor Benjamin Águila, preenchendo as lacunas que subsistiam com a escassa literatura sobre o tema, em sua maioria biografias, das quais as que têm alguma importância são as obras de Carolina Nabuco, filha de Joaquim Nabuco, e a de Luís Viana Filho. Dentre os pouquíssimos trabalhos especializados sobre o assunto, destacamos o de Olímpio de Sousa Andrade da década de 1960 que, apesar de conter análises não tanto aprofundadas e documentadas, traz contribuições importantes, especialmente no que se refere às discussões sobre o ideal

---

³ Todos os homens fazem cálculos para realizar certos projetos. Quanto mais se sobe na hierarquia interna dos Estados, mais as formulações de objetivos por atores individuais ganham importância. Alguns atores, quando se encontram numa posição privilegiada desta hierarquia, têm uma grande importância, já que suas ações têm efeito e amplitude que afetam muitas pessoas. Para realizar qualquer de seus objetivos ele se orienta por uma estratégia de ação que tem em conta os meios e os riscos e é esse conjunto de ações conscientes do indivíduo que se chama de *sistema de finalidades*.

de solidariedade continental proclamado por Nabuco. No entanto, a obra mais significativa sobre o assunto é a de João Frank da Costa, não por coincidência, afirmando a característica fundadora dos estudos sobre a política externa brasileira, um diplomata de carreira e não um acadêmico. Realizada na década de 1970, concorreu em vários aspectos para o entendimento das contribuições e idéias de Nabuco como embaixador, negligenciando, no entanto, um evento especialmente significativo da época que representaria uma prova às posições de Nabuco: a Conferência de Haia de 1907. Em nossa pesquisa a abordamos, bem como a outros eventos significativos do período, para analisar em que medida Nabuco teve sobre eles influência ou foi influenciado por eles, sempre num processo de embate de posições com Rio Branco. Alguns trabalhos mais contemporâneos, dentre os quais destacamos o de Helder Gordim da Silveira (2000) e o de Ricardo Salles (2002), trouxeram contribuições significativas para o nosso trabalho, o primeiro ao focalizar particularmente o papel de Nabuco no processo de representação simbólica do interesse nacional, fundado na emergência do paradigma de americanização que dominou as relações exteriores brasileiras, o segundo nos esclarecendo certas nuanças ideológicas de Nabuco ao discutir o tipo de elite intelectual do qual o embaixador, como político abolicionista da geração de monarquistas de 1870, fez parte.

Grande parte do que se referiu à contextualização e avaliação da política externa desse momento republicano foi feito com documentação secundária. Vários trabalhos, dos quais destacamos o de Bueno (1995 e 2003) e Burns (2003), foram utilizados. Para a tarefa de reconstrução de certas idéias e posições próprias de Rio Branco, que no decorrer da pesquisa se mostrou necessária, utilizamos alguma documentação primária, mas em sua maioria biografias, como a de Rubens Ricupero (2000) e a de Álvaro Lins (1996).

No Capítulo 1 mostramos onde se insere historicamente a criação da embaixada brasileira em Washington em 1905. Para tanto esclareceremos a trajetória do relacionamento do Brasil com os Estados Unidos desde a proclamação da República até o Ministério Rio Branco, dando especial atenção a esse último momento para esmiuçar suas características e objetivos.

No Capítulo 2 argumentamos que existiram alguns fatores que estimularam a ação e reflexão de Nabuco sobre as concepções políticas que deveriam nortear a forma de relacionamento entre o Brasil e os Estados Unidos. A partir disso, discutimos de maneira mais direta como se deu a influência de Nabuco na condução desse relacionamento.

No Capítulo 3 abordamos de maneira mais particular as concepções políticas de Nabuco na sua época como embaixador. Aqui discutimos sua visão sobre os Estados Unidos construída em dois momentos — quando foi adido de legação em Nova York (1876-7) e já na sua época como embaixador em Washington —, o histórico das doutrinas políticas do pan-americanismo e do monroísmo no continente, as origens e a base das concepções de Nabuco que informavam o modo como se devia estabelecer o relacionamento entre o Brasil e os Estados Unidos e suas idéias sobre o sistema continental e mundial.

No Capítulo 4, após já termos visto um quadro sistemático sobre a ação e o pensamento de Nabuco, desenvolvemos uma análise das táticas de relacionamento com os Estados Unidos que Nabuco e Rio Branco tentaram empregar, mostrando o conflito que isso gerou e o evento que pode ser encarado como seu desfecho. Nesse mesmo capítulo inserimos um tópico apontando críticas de contemporâneos de Nabuco, Eduardo Prado e Oliveira Lima, à política de aproximação com os Estados Unidos da qual ele era um artífice.

Capítulo 1
A CRIAÇÃO DA EMBAIXADA EM WASHINGTON (1905) E O RELACIONAMENTO COM OS EUA

EM JUNHO DE 1904, SOMENTE ALGUNS DIAS APÓS ter ouvido em Roma de Vítor Emanuel III, rei da Itália e árbitro incumbido da questão de limites entre o Brasil e a Guiana Inglesa, o fatídico laudo que salomonicamente pretendeu dividir o território em questão em duas partes, tendo na verdade concluído implicitamente pela vitória da Grã-Bretanha que ficara com a maior delas, Nabuco recebe uma carta de Rio Branco com o seguinte conteúdo:

> Continue tranqüilamente ultimando trabalhos Missão para o que pode dispor alguns meses. Como sabe posto mais importante para nós é Washington precisamos ali homem valor se o puder aceitar diga-me urgência para que regule por ali movimento projetado [...] se tem preferência Londres retiro esta consulta.[1]

O "movimento projetado" era a criação, nos Estados Unidos, da primeira embaixada brasileira. Nabuco, então chefe da referida Missão Especial em Roma e da Legação de Londres, recebeu a notícia certamente com espanto, porque retornaria a Rio Branco nestes termos:

---
[1] Carta de Rio Branco a Joaquim Nabuco, 18/6/1904 (Fundaj).

Perplexo quanto assunto tal modo vital ignorando condições e propósitos mudança respondo fazendo-o meu procurador. Se você tem plano para cuja realização me supõe o mais próprio não leve em conta preferência que circunstâncias ordinárias eu teria Londres. Dado realce notório novo posto remoção a ninguém pareceria desfavor.[2]

Esse espanto vinha provavelmente do fato de que, de um lado Londres era ainda o posto de maior relevância na política exterior brasileira e, de outro, ele próprio era conhecido, desde há muito, por seu europeísmo. Quem houvesse lido *Minha Formação*, de 1900, não poderia deixar de notar a passagem que certamente ofendera o "brio nacionalisteiro" de muitos, para citar Evaldo Cabral de Mello, na qual Nabuco afirma que "o sentimento em nós é brasileiro, a imaginação européia. As paisagens todas do Novo Mundo, a floresta amazônica ou os pampas argentinos, não valem para mim um trecho da Via Appia, uma volta da estrada de Salerno a Amalfi, um pedaço do cais do Sena à sombra do velho Louvre" (Nabuco, 1999, p. 49). Mas, uma vez que tal preferência não impediu o convite de Rio Branco, Nabuco imaginou que ganhara do amigo um grande infortúnio, já que realmente Londres lhe era uma atmosfera familiar e agradável na velha Europa, estimada por todos e de importância indiscutível. A aventura numa civilização recente do outro lado do Atlântico onde não tinha maiores intimidades ou vivência, a não ser dos dois anos (1876-1877) que passara em Nova York na juventude como adido de legação, em uma política ainda por ele desconhecida e num posto sem precedente histórico brasileiro, como era o de embaixador, não lhe agradava. Além de tudo, a sua remoção de Londres para Washington poderia ser mal-interpretada pela opinião pública como uma penalização pelo malogro do laudo arbitral em Roma, o que desprestigiaria sua imagem e seu trabalho.[3]

---

[2] Carta de Joaquim Nabuco a Rio Branco, 21/6/1904 (Fundaj).

[3] "A proposta do Ministro do Exterior deve ser interpretada [. . .] como uma honra para Nabuco, com o espírito de confiar-lhe a direção de uma nova política americana, e não como uma conseqüência da necessidade de removê-lo de Londres" (Costa, 1968, p. 52).

Vê-se assim que Nabuco não se entusiasmou "desde o primeiro instante" (Andrade, 1978, p. 31), como alguns afirmam. E se pessoalmente chegou mesmo a lastimar a mudança nos primeiros dias de vivência no novo cargo em Washington com as palavras "Deus me solte, me dê liberdade, me deixe viver o resto dos meus dias em uma atmosfera menos oficial e estranha do que esta" (apud Viana Filho, 1952, p. 293), também politicamente via a criação da embaixada como uma atitude prematura, levada por impulso e que resultaria em perdas mais do que ganhos para o Brasil. O título de embaixador estaria fora de lugar para um país que ainda não tinha nenhum papel de relevância no cenário mundial, a América Latina poderia melindrar-se com o exclusivismo do ato e uma embaixada demandaria uma soma maior de dinheiro do que as legações, algo que não estava previsto nos apertados orçamentos da União. Além de tudo isso, Nabuco ainda tinha preocupação de que o ato tivesse uma importância somente formal ou fosse tomado como precaução contra o intervencionismo norte-americano, o que o parecer do relator do Senado, nas discussões sobre a criação da embaixada, havia deixado implícito.

De qualquer forma, mesmo com todos esses potenciais problemas, o caso era que o ato já estava consumado, os preparativos em andamento e sua resposta dada. Nas motivações que levaram Nabuco a responder positivamente ao pedido de Rio Branco, destaca-se a sua postura de encarar essa como mais uma obrigação patriótica a qual havia resolvido abraçar quando decidiu trabalhar pelo Estado brasileiro sob a República,[4] já que na tradição imperial da qual fazia parte, o serviço consular e diplomático era devido à nação e não aos regimes. Nabuco, da mesma forma que uma série de monarquistas da geração de 1870 que havia sido ceifada da cena política em um momento de ascensão

---

[4] "Esta manhã um terremoto, o telegrama do Rio Branco oferecendo-me Washington. Vou pensar muito antes de responder; pensa e reza, certo que nenhum dever pode ser recusado" — Nabuco escrevia à esposa alguns dias depois de sair o laudo arbitral (apud C. Nabuco, 1958, p. 400); "[. . .] em diversos casos as maiores obras (veja os *Lusíadas*), resultaram muitas vezes de remoções forçadas [. . .] quando digo remoção forçada não quero dizer que o Paranhos não me tivesse deixado a opção material, não me deixou porém a moral, ou patriótica". Carta de Joaquim Nabuco a Graça Aranha, 5/1/1905 (Cartas II, 1949, p. 202).

de suas carreiras com o 15 de novembro de 1889, tomou o caminho de re-inserção nos quadros governamentais com base na crença de que encarnava uma tarefa histórica reservada aos estadistas do Segundo Reinado, que seriam os únicos capazes de restabelecer as normas e padrões clássicos nessa atualidade caótica que era a República, conciliando os tempos a partir do retomada das tradições (Salles, 2002, p. 281; Lins, 1996, p. 341). Foi assim com Rio Branco, Rodrigues Alves, Rui Barbosa, Afonso Pena, Nabuco, etc.

Mas, além da convicção do dever e da missão, a sensação do malogro no litígio com a Inglaterra, ajudou Nabuco a definir críticas que já se vinham formando sobre o velho continente. Começava a crer fielmente que não existia espaço para a realização de políticas amplas, característica de seu espírito empreendedor de grandes causas, na *Sagrada Europa* com seus centros de poder definidos e tradicionais e o papel de coadjuvante que o Brasil ocupava lá.[5] Talvez pudesse vislumbrá-las em Washington, pela ascendência dos EUA no cenário internacional em um momento considerado por ele de reconfiguração do sistema mundial, e que trazia uma convicção nascente, pouco a pouco mais presente, de que uma política americana no que considerava moldes monroístas era cada vez mais necessária ao Brasil.

Rio Branco tinha conhecimento do esboço dessas perspectivas de Nabuco por conta da troca de correspondências entre ambos em 1902, na ocasião da nomeação de Rio Branco para o cargo de ministro do Exterior. À época, Nabuco já havia feito referência a como era um "forte monroísta [. . .] e por isso grande partidário da aproximação cada vez maior entre o Brasil e os Estados Unidos [. . .]".[6] Chamava a atenção de Rio Branco para que, se esta política estivesse no seu horizonte, deveria fazer dele um colaborador atuando entre Londres e Washington.[7] Dessa forma poderia juntar em sua mão os dois cargos consi-

---

[5] Nabuco também não via no cargo de Londres todo o prestígio que se julgava existir. De tal modo que vai dizer a Tobias Monteiro, [1900], que "[. . .] o posto de ministro em Londres é mais importante financeiramente do que diplomaticamente e hoje financeiramente não serve quase de nada por não haver contato direto entre a legação e o ministro da fazenda" (Cartas II, 1949, p. 93).

[6] Carta de Joaquim Nabuco a Rio Branco, 7/7/1902 (Cartas II, 1949, p. 132).

[7] Ibidem.

derados mais importantes do momento internacional, o primeiro, antigo e até um tanto empoeirado, mas ainda o centro dos investimentos e poder mundial e o segundo, ator em ascendência, pólo de atração das nossas exportações. Rio Branco, no entanto, decidira que ele atuaria só em Washington, e lá foi Nabuco.

Perspectiva histórica de aproximação entre Brasil e Estados Unidos

Rio Branco iniciara com a criação da embaixada de Washington um movimento de arquitetura política que utilizaria "uma moldura nova e brilhante para dar relevo a um quadro antigo" (Lins, 1995, p. 315). Não que o quadro fosse tão antigo. Esse movimento de estreitamento de relações políticas e apoio recíproco entre o Brasil e os Estados Unidos data propriamente do início da República.

É verdade, no entanto, que existiram algumas marcas de harmonia entre eles na época imperial brasileira, se bem que recheada de turbulências e inconstâncias. Num primeiro momento, que data da vinda de Dom João VI, há de se notar que o Brasil foi o primeiro país latino a ter um diplomata norte-americano residente e o primeiro a reconhecer a Doutrina Monroe de 1823, bem como os EUA o primeiro país a reconhecer a independência brasileira em 1824. Os dois governos ainda assinaram em 1828 um tratado de Amizade, Comércio e Navegação. Já num segundo momento esta harmonia de posturas e reconhecimento não teve continuidade e esfriou aos poucos. Em grande parte isso se deve ao retraimento que caracteriza a política externa norte-americana de grande parte do século XIX, preocupada que estava com a formação e consolidação da nação, a ampliação do espaço territorial com base na ideologia de Destino Manifesto, e o desenvolvimento interno do mercado e da produção nacional a partir dos seus ciclos econômicos e políticos (Pecequilho, 2003, pp. 31-3 e 52-7). Impulsionando essa distância entre os dois países estavam eventos da década de 1840 e 1850 como as guerras contra o México, as notícias da ação de aventureiros como William Walker na Nicarágua (Topik, 2002, p. 410) e incidentes de segunda ordem promovidos em boa parte por uma série de diplomatas norte-americanos ineptos,[8] designados para o Brasil entre 1822 e 1860. Suas atuações deixaram péssima impressão no governo brasileiro, ao se orientarem pela impertinência desrespeitosa que acabava refletindo-se, inevitavelmente, como postura de Washington.

Da mesma forma, o Brasil, de sua parte, também não fazia questão de enviar eminentes diplomatas à capital norte-americana, reservando-os para os postos europeus o que, somado a episódios como a posição brasileira, por conta da Guerra de Secessão, de decidir tolerar a Confederação rebelde e permitir a utilização de seus portos pelos beligerantes, provocou ressentimentos de difícil manejo e acirramento de prevenções. Assim, por cerca de quarenta anos, após um curto primeiro momento de proximidade, o que existiu em grande parte do tempo foi reserva, introversão, especialmente da população, já que o isolamento de ambos os países com relação aos seus vizinhos, a utilidade de se manterem boas relações bilaterais para a manutenção de um comércio que já era significativo e a resistência à preeminência inglesa forçasse os governantes a uma atitude de pouca agressividade e mais cautela no trato de questões diplomáticas (Bueno, 2002, p. 139).

O chamado "espírito de cordialidade" (ou a "amizade tradicional") que alguns escritores erroneamente atribuíram para todo o século XIX na realidade é uma caracterização correta para um período mais recente (Hill, 1971, p. 259; Costa, 1968, p. 146), as últimas décadas do Império. Tendo ocorrido a solução de alguns imbróglios diplomáticos, como o caso Webb em 1869, a votação do Congresso Americano em 1872 pela isenção do pagamento de direitos sobre o café e a viagem de Dom Pedro II às comemorações do centenário da independência norte-americana em 1876, fertilizou-se o terreno do qual, com o início da República, brotaria um relacionamento mais estreito.

Ainda que tenha existido uma política de maior aproximação com os Estados Unidos, a política externa iniciada em 1889

---

[8] Alguns exemplos são Condy Raguet (1825-1828), Henry A. Wise (1844-1847) e o General James Watson Webb (1861-1869) citados com base em Burns, 2003 e Bandeira, 1973.

não deve ser caracterizada como "norte-americana", mas sim "americana". Na condição de caudatária do Manifesto de 1870 que bradava "somos da América e queremos ser americanos" (apud Bello, 1976, p. 17) ela buscou intensificar relações com todo o continente num projeto claro cujo objetivo era distanciar-se de tudo o que Império representava.[9] Na visão dos que fizeram o Manifesto, o Império nos tornara rejeitados de ambos os lados do Atlântico. Do lado europeu éramos vistos como uma "democracia monárquica que não inspira simpatia nem provoca adesões" e do lado americano a nossa forma de governo era "antinômica e hostil ao direito e aos interesses dos Estados Americanos". Assim, o objetivo era "suprimir este estado de coisas, pondo-nos em contato fraternal com todos os povos e em solidariedade democrática com o continente de que fazemos parte" (apud Bueno, 1995, p. 24). Acreditava-se que o regime republicano, como evolução do Novo Mundo, não deveria vincular o país à Velha Europa. Era necessário repensar a inserção internacional do Brasil a partir do próprio continente pressupondo uma fraternidade por similaridade institucional. De fato, ao Brasil, parecia que se encontrava finalmente entre irmãos depois de uma longa história de desencontros políticos e desavenças causadas pelas circunstâncias desfavoráveis que haviam colocado uma pedra no caminho da união americana: a monarquia.[10]

A historiografia dedicada ao período tende a afirmar, com razão, que existia nesses primeiros anos de República uma restrição da análise da situação internacional fundada na organização do novo regime político e uma visão idealista de como se proce-

---

[9] Do discurso das idéias de pacifismo e cooperação americana à prática, a votação da lei de orçamento de 1891 (primeira aprovação de orçamento do governo republicano) fazia a distribuição das legações e consulados brasileiros num sentido americanista. Ainda que as legações mais importantes continuassem sendo a da Inglaterra e a da França, as dos países americanos como os Estados Unidos, a Argentina e o Chile ganharam ênfase (Bueno, 1995, p. 69).

[10] Este episódio da história brasileira confirma a hipótese de Aron para quem a mudança de regime político tende a mudar também a política externa de um Estado. Isso se daria notadamente por conta da diferença na seleção das pessoas que exercem autoridade, a maneira pela qual essas mesmas pessoas tomam decisões e na própria relação que se estabelece entre a sociedade civil e os governantes (cf. Aron, 2002, p. 368).

diam as relações internacionais, num desvirtuamento das tradições avindas do Império (Bueno, 1995, p. 24).[11] Essa tendência foi se atenuando com a imposição de uma realidade internacional diversa da idealizada, pautada por interesses nacionais concorrentes entre as unidades políticas, especialmente aquelas com as quais se faz fronteira. A solicitação de vários monarquistas de experiência para ocupar cargos na administração interna e resolver questões externas é sintoma desse desanuviar de visão.

No que concerne à relação com os Estados Unidos, os enganos iniciais propiciados pela volúpia das ações não foram diferentes do que com o resto do continente. Apesar do rápido reconhecimento da República brasileira pelos Estados Unidos (pouco mais de dois meses) houve desentendimentos entre o Legislativo e o Executivo norte-americano que frustraram a certeza brasileira de um endossamento inconteste do novo regime. Um razoável trabalho diplomático foi demandado pelo recente ministro acreditado em Washington, Salvador de Mendonça. Mesmo assim, por ocasião da I Conferência Internacional Americana (1889-1890) ocorrida em Washington por convocação do governo dos Estados Unidos, Quintino Bocaiúva, mais novo ministro do Exterior da República, também signatário do Manifesto de 1870, pediria a seu enviado que desse "espírito americano" às negociações, o que se traduziu num movimento brasileiro para a aprovação, tanto do plano de arbitramento obrigatório, quanto da abolição da conquista, proposto pelos EUA. O entendimento entre a legação norte-americana e a brasileira foi perfeito, bem como com a legação argentina (Bueno, 1995, p. 29).

As orientações que haviam sido mandadas para a legação brasileira pelo governo imperial tinham sérias reservas quanto ao encontro por entender que de um lado os EUA o tinha projetado para avançar a sua esfera de poder continental, o que poderia acarretar para o Brasil algum tipo de perda de autonomia regional e, de outro, as experiências dos tratados, especialmente com os ingleses, após a independência, aconselhavam precaução

---

[11] Essa atitude acabou causando alguns constrangimentos, como na negociação de limites de Missões dirigida por Bocaiúva (nosso primeiro ministro do Exterior) em 1890, nas discussões sobre a distribuição de legações e reforma do corpo diplomático — Bandeira, 1973, pp. 133-4; Rodrigues, 1995, pp. 207-10.

no comprometimento com quaisquer outros. Fica claro assim que, com base na ideologia que cercava o novo regime, mudou-se de orientação para uma linha de maior participação na conferência, o que torna esse episódio uma exemplificação do ingresso do "[...] Brasil em uma fase de aproximação com os países da América, especialmente os Estados Unidos, mudando, desta forma, a atitude do Império que era de cautela, de não-envolvimento" (Bueno, 1995, p. 29).

Salvador de Mendonça, que passara de 1875 até 1898 nos Estados Unidos, ou seja, mais de vinte anos, primeiro como cônsul, mas depois como chefe de Missão Especial e finalmente ministro plenipotenciário (Mendonça, 1960), foi defensor e orientador de uma política de íntima aproximação com os EUA. Em resumo, a idéia alarmista que guiava sua ação chama atenção pela característica de inevitabilidade que acusa o movimento histórico. O diplomata acreditava como que numa reedição latina do Destino Manifesto norte-americano, que os Estados Unidos caminhavam com tal força de expansão material e política que fatalmente chegaria "[...] às fronteiras dos países que nós outros Latinos habitamos" e, nesse sentido, estávamos todos obrigados à escolha de como este encontro se daria: por infiltração ou por inundação.

Se o Brasil prosseguisse no sentido de paz e harmonia de relações com os EUA, incentivando pela diplomacia a criação de instituições que pudessem dirimir os conflitos continentais, a obra de *canalização* desse turbilhão estaria feita, trazendo os ganhos materiais, "capitais, braços e máquinas" e "a boa lição republicana, o respeito à lei e prática da verdade democrática". Assim, "o contato se dará sem abalo, gradualmente, reguladamente, e essa infiltração só nos pode ser benéfica". Se a atitude brasileira ante essa onda fosse hostil, ou as nossas propostas e ações fossem desencontradas com o momento, "quando chegar seu tempo, achar-nos-emos todos diante de uma força avassaladora, a que nunca poderemos oferecer barreiras eficazes: a inundação virá avassaladora e inelutável."[12]

---

[12] Carta de Salvador de Mendonça a Campos Sales, 21/4/1902 (apud Mendonça, 1960, pp. 229-30).

Estando a América irradiada pela potência do Norte, era de necessidade brasileira tentar, no que fosse possível, canalizar tal força em proveito próprio. É isso que Mendonça tentou fazer, sem muito tato, no episódio do fechamento do Congresso por Deodoro em 1891. Por conta de uma grande apreensão, correta ou não, sobre um possível desencadeamento de movimentos monarquistas restauradores, pediu a Blaine, então secretário de Estado, uma intervenção diplomática dos EUA para sugerir uma ação mais moderada do governo brasileiro e a reiteração do seu apoio às instituições republicanas. Percebendo, no entanto, o que o ministro não percebeu, que este ato poderia ser entendido como uma intervenção estrangeira em questões domésticas, Blaine recusa a emissão de um documento formal (Bueno, 1995, p. 114). Em mensagem telegráfica ao Ministro Fernando Lobo, Mendonça relataria, de maneira que demonstrasse a confiança que tinha na sua atuação em Washington e na amizade norte-americana, as possibilidades de auxílio que achava estarem disponíveis para o Brasil:

> Quereis apoio deste Governo contra manejos restauradores, quereis nova mensagem Congresso Americano ao nosso, quereis nota monroísta à Europa, quereis esquadra daqui para portos Brasil ordenai posso obtê-lo.[13]

Tais ações, que acabaram levando-o a ser percebido como diplomata pouco interessado na preservação da soberania política do País, não devem ser vistas como desprovidas de uma lógica nacional, ou de um interesse nacional. Retomaremos este debate no último capítulo, pois se mostra esclarecedor da ação de Nabuco.

A característica de aproximação da política exterior do início da República não deve ser creditada somente a Salvador de Mendonça. Na verdade Quintino Bocaiúva, ministro do Exterior entre 1889 e 1891,[14] também esteve sempre disposto a um

---

[13] Mensagem telegráfica de Salvador de Mendonça a Fernando Lobo, 11/1/1892 (apud Azevedo, 1971, p. 242).

[14] Sua gestão teve uma interrupção entre os meses de fevereiro a maio de 1890, tendo-a ocupado, de maneira interina, o Visconde do Cabo Frio e Eduardo Wandenkolk.

estreitamento de relações com os EUA a altos custos que, na época imperial, nem se sonhava pagar. Ambos iniciaram, neste sentido, uma política externa norte-americanista para o Brasil. Tal fato é exemplificado no ofício reservado de Bocaiúva para Salvador de Mendonça, de 2 de dezembro de 1890:

> Tratado de Aliança.
> O Sr. Blaine disse-vos, quando lhe falastes em tratado de Aliança íntima, que ele dependia de relações comerciais ainda mais íntimas. O tratado de comércio não está feito e talvez por isso não queira o dito ministro entrar desde já na negociação do outro.
> Redijo todavia em seguida e em quatro artigos as estipulações que ao Governo Provisório parecem convenientes.
> 1.º) Os Estados Unidos do Brasil e os Estados Unidos da América constituem-se em Aliança ofensiva e defensiva para defesa de sua independência, soberania e integridade territorial.
> 2.º) Para que a Aliança se torne efetiva será necessária em cada caso uma requisição. Em ajuste especial e imediato definirá o auxílio, o qual será prestado pela parte requerida na medida de seus recursos e sem prejuízo da própria defesa.
> 3.º) O Governo do Brasil ressalva desde já o compromisso que contraiu aderindo aos princípios de direito marítimo adotados no Congresso de Paris, de 1856.
> 4.º) Este tratado durará por 20 anos contados da troca das ratificações.
> Pelo próximo paquete vos farei as observações que forem necessárias e oportunamente vos mandarei poderes. No entretanto, procurareis conhecer em que disposição se acha o Sr. Blaine e me fareis as considerações que vos ocorrerem (apud Azevedo, 1971, p. 291).

Uma aliança com os norte-americanos já estava na mira do Governo Republicano desde os primeiros fogos de comemoração do novo regime, algo que começou efetivamente a ser ensaiado com a atuação dos primeiros diplomatas envolvidos nesse âmbito. O tratado de comércio aludido no ofício, que pretendia vincular politicamente o Brasil aos EUA garantindo auxílios, é o Convênio Aduaneiro realizado entre o Governo Provisório brasileiro e os Estados Unidos em 1891. Foi um tratado de reciprocidade comercial que teve seu incentivo já na I Conferência Pan-Americana. De fato, o novo momento político interno norte-americano, em desenvolvimento após o fim da guerra civil da década de 1860, refletiu-se na atuação externa do Estado na busca por novas áreas de expansão comercial e política que acabaram desaguando na América Latina.

No que concerne ao Brasil, era há algum tempo notório o fato de que a balança comercial com os EUA tinha forte desequilíbrio em seu favor[15] e, de um lado, por pressão norte-americana — exemplificada tanto no caráter essencialmente comercial do programa da Conferência de Washington (Pino, 1999, pp. 102-03), quanto nas condições impostas por Blaine para o incremento de relações entre o Brasil e os EUA, visto no ofício de Bocaiúva — e de outro lado por conta da disposição de Mendonça, seguindo o espírito republicano, que via nas boas relações comerciais motivos para a amizade entre nações (Bueno, 1995, p. 119), atuou-se para amenizar essa desproporção.

O convênio permitiu que, a partir de 1.º de abril de 1891, uma série de produtos norte-americanos fossem isentos de impostos e mais uma série deles[16] tivesse redução de 25% nas taxas alfandegárias. Do lado norte-americano foi concedida a entrada livre de impostos do açúcar brasileiro e do couro, bem como a continuação da isenção do café. Para o Brasil, o que chamava a atenção no texto eram os benefícios concernentes ao açúcar brasileiro, já que o incentivo fiscal poderia fazer decolar a indústria nordestina. Imaginava-se que, respondendo ao estímulo externo, esta agroindústria poderia, enquanto o tratado durasse, ob-

---

[15] De fato o Brasil vendia para os Estados Unidos e comprava basicamente da Inglaterra, da onde recebia também investimento de capital. Em 1902 os EUA exportaram para o Brasil 14 milhões de dólares, enquanto importaram 65 milhões (apud Burns, 2003, p. 84). Se a intenção do Itamaraty era manter tal situação, os Estados Unidos buscavam revertê-la mediante a celebração de convênios bilaterais que garantissem preferências tarifárias.

[16] Para uma lista detalhada dos produtos com isenção e redução de impostos, ver Azevedo, 1971, p. 159.

ter produção a baixo custo que suprisse o mercado norte-americano, de tal modo que, mesmo com o término dos privilégios alfandegários, a região fornecesse produto a preço competitivo.

O convênio, no entanto, foi cercado de controvérsias no Legislativo, no Ministério da Fazenda e repercutiu por anos na opinião pública. As maiores críticas eram que o Tratado não teria concedido ao Brasil o privilégio de fornecimento de açúcar ao mercado norte-americano e as facilidades alfandegárias fornecidas poderiam ser estendidas a outros países. Tais preocupações tomaram concretude quando os Estados Unidos, após terem ratificado o tratado em fevereiro de 1891, estenderam à Espanha os mesmos direitos sobre o açúcar em maio, incentivando a produção das colônias de Porto Rico e Cuba (Prado, 1980, p. 149). O frete destas regiões era muito menor que o do Brasil, o que barateava muito o produto e deixava a indústria nordestina fora da concorrência.

O Congresso Nacional Constituinte havia pedido que o Governo Provisório não assinasse "[. . .] tratado algum internacional sem a cláusula de referenda do poder legislativo", Rui Barbosa, ministro da Fazenda, se demitira do cargo dias antes da assinatura do Convênio e Eduardo Prado, monarquista ferrenho, continuava, após alguns anos, a insuflar a opinião pública contra o Tratado e a aproximação com os Estados Unidos ao escrever no seu libelo, *A Ilusão Americana* de 1893, que o Brasil havia sido "ludibriado pela esperteza americana", ainda que ninguém tivesse esquecido dos "importantíssimos depoimentos em que a grande maioria dos negociantes, dos industriais e dos financeiros do Brasil, escritas em cartas ao *Jornal do Comércio*, se manifestaram, em quase unanimidade, contra o desastroso tratado [. . .] Eis aí mais um benefício que recebemos dos Estados Unidos" (Ibidem, pp. 150-2). De fato, o Governo abrira mão de parte importante da sua receita relativa aos impostos alfandegários, especialmente pela isenção da farinha de trigo, além de ter agido de forma um tanto arbitrária na questão.

Toda essa pressão caiu sobre Salvador de Mendonça, que se viu pressionado pelo próprio Governo a buscar uma alternativa que atendesse também aos interesses do açúcar brasileiro o que, em caso de recusa, tornaria o convênio insustentável. Ele, no entanto, relutava em tomar tal atitude por entender que poderia haver conseqüências indiretas que prejudicariam o Brasil. Temia que a denúncia do convênio pudesse criar algum mal-estar na questão do litígio de Palmas (ou Missões) que se desenrolara entre o Brasil e a Argentina, tendo como árbitro o presidente Cleveland dos Estados Unidos. O imbróglio que causaria a questão aduaneira poderia reverter-se de forma negativa na decisão arbitral (Bueno, 1995, pp. 132-3). Da mesma forma pensou Bocaiúva quando decediu adiar a negociação do tratado de aliança planejada para não causar desconforto ao presidente norte-americano.

Assim, um problema que antes não existia, agora se impunha como uma questão que esboçava difícil solução e só veio a se resolver por iniciativa do próprio Governo dos Estados Unidos em 1894, quando o presidente Cleveland decidiu revogar o convênio alegando não ser vantajoso para os Estados Unidos. A verdade é que o Congresso norte-americano, protecionista que era, não seguia as diretrizes do secretário de Estado de buscar um estreitamento de relações com os países latino-americanos tendo por custo a diminuição da proteção dos produtores internos.

De qualquer forma, para Mendonça, por todo o período em que vigorou, o Convênio funcionou como desejado. Mesmo que se pudesse objetar que houve problemas na disposição de algumas cláusulas que trouxeram prejuízos financeiros ao Brasil, a Revolta da Armada que ocorrera em 1893-1894 tranqüilizara Mendonça a respeito da sua importância que, para o diplomata, era particularmente política e não comercial (Ibidem, p. 120). Se ele havia conseguido espremer na negociação benefícios para o açúcar brasileiro, no intuito de que o Tratado fosse mais bem aceito pela aristocracia industrial, o malogro deste ponto não deveria ser encarado como um problema de essência. Isso lhe havia ficado claro à época da referida revolta iniciada pelo próprio ministro da Marinha o almirante Custódio José de Melo e continuada com a liderança de outro almirante, Luís Filipe Saldanha da Gama, que ameaçou gravemente a situação política do País.

A sublevação foi a resultante de dois grupos de conflito: um entre a face política das Forças Armadas, que era a ditadura militar, e a sociedade civil e o segundo, entre as próprias Forças Armadas da Marinha e do Exército. O primeiro agravava-se pela falta de organização partidária em âmbito nacional e na indefinição das regras para rotatividade do poder, evidenciadas na queda de Deodoro e na organização forçada do Congresso Constituinte. O segundo grupo de conflitos tinha raízes históricas, como a diferenciação social das armas e a formação da oficialidade, ambos fatores exponenciados pela instabilidade interna.

A Revolta da Armada é um episódio da história brasileira que coloca a desnudo como a fragilidade das instituições, no início do novo regime, precipitou a instauração da preponderância norte-americana sobre a Primeira República brasileira de forma que garantisse uma área de influência não só econômica, mas também política (Bueno, 1995, p. 155; Bandeira, 1973). Tal evento ganha particular relevância para nosso estudo uma vez que Nabuco fez a análise do episódio no seu livro *A Intervenção Estrangeira Durante a Revolta da Armada*, dando indicações sobre sua posição a respeito de temas importantes.

Em princípio de setembro de 1893 a cidade do Rio de Janeiro e o Governo legal se encontravam "completamente à mercê dos canhões da esquadra revoltada" (Nabuco, 1990, p. 57). Estando sem meios de proteção política e bélica, a opção escolhida pelo Marechal de Ferro foi a abdicação da soberania pela solicitação da intervenção das *beles* estrangeiras que se encontravam na baía de Guanabara. Obteve-a em outubro, após apelar ao apoio moral dos estrangeiros para evitar o bombardeamento da cidade e os prejuízos ao comércio, à propriedade e vida dos estrangeiros que residiam na cidade (Ibidem, p. 58). No início houve resistência ao auxílio, mas com o apoio inglês à intervenção, somente a Alemanha se recusou, por entender que não era digno entrar em questão tão doméstica.

Assim, estabeleceu-se o acordo de 5 de outubro. Os comandantes inglês, italiano e americano intimaram, por meio de nota, Custódio de Melo para não bombardear a cidade do Rio de Janeiro sob pena de uso da força (Ibidem, p. 64) e, ao mesmo tempo, solicitaram ao Marechal, por intermédio de seus representantes diplomáticos, que se desfizesse de qualquer bateria de terra que houvesse assestado para tentar proteger a cidade, bem como não tentasse assestar mais nenhuma, pois além de as julgarem inúteis, a situação de cidade indefesa seria utilizada para conter o bombardeamento. Informaram ainda que todos esses atos, ao contrário de quererem imiscuir nos negócios do Brasil, eram baseados "nos interesses superiores da humanidade" (Ibidem, p. 69).

Instalava-se assim a primeira fase da intervenção estrangeira que tinha caráter de mediação entre as partes, denominada pelos comandantes estrangeiros de *l'entente du 5 octobre* (Ibidem, p. 80). Não era, no entanto, o que o Governo queria. Acreditava-se que as potências retirariam os meios de ação dos revoltosos e não do Governo legal, mas, de fato, o precedente que seria aberto com tal conduta, os estrangeiros sabiam, seria funesto, já que a coerência indicava que no momento em que uma nação não tem mais poder para assegurar sua segurança ante revoltosos é hora de fazer concessões às reivindicações. Mas o pensamento do Marechal estava muito longe de aventar essa desistência e, enquanto o conflito estancava neste impasse, descumprindo o acordo estipulado, ele fortalecia suas posições bélicas em terra e fazia movimentos diplomáticos para tanto obter uma armada que pudesse combater os revoltosos quanto buscava garantir, caso fosse necessário, a intervenção norte-americana no evento. Salvador de Mendonça foi o grande arquiteto tanto da organização da armada legal (Azevedo, 1971, pp. 239-65) como também o aglutinador do governo norte-americano em torno da causa legal para garantir sua influência no evento caso surgisse necessidade (Azevedo, 1991, p. 269-76; Rodrigues, 1995, p. 220). E essa necessidade logo se mostraria, pois não tendo o governo republicano notadamente honrado o acordo de 5 de outubro, decidiram os comandantes estrangeiros a 2 de janeiro de 1894 se desobrigarem de garantir a mediação da situação, deixando uma vez mais a cidade à própria sorte. Ainda que não tanto à sorte, já que a sua defesa estava quase completa com os morros todos artilhados, os navios dos revoltosos quase imprestáveis pela falta de manutenção, as munições praticamente acabadas, o moral da revolta desfeita e a esquadra legal próxima (Nabuco, 1990, p. 99). Na verdade,

> a intervenção tinha produzido o seu efeito: por um lado, tinha desgastado, dia por dia, os elementos ativos e destruí-

do o moral da esquadra; por outro, tinha deixado completar-se, por trás dos sacos de areia e das notas diplomáticas, a fortificação da cidade e dado tempo ao Governo para organizar uma esquadrilha, ainda que improvisada, suficiente para dar combate aos navios desmantelados de que a revolta dispunha no porto (Ibidem, p. 109).

Nesse momento em que a revolta começa a agonizar vem o golpe de misericórdia. O almirante norte-americano Benham decide, seguindo ordens de Washington, furar o bloqueio dos insurgentes ameaçando de forma contundente afundar os navios que o barrassem. Nenhuma outra nação estrangeira havia tido tal atitude agressiva até então e os revoltosos imaginaram que ela se devia às informações dadas oficialmente para as autoridades norte-americanas, de que se buscava a restauração da monarquia no Brasil. De fato, se a nota de assunção, por Saldanha da Gama, do comando das forças insurgentes abona inteiramente tal interpretação (Bueno, 1995, p. 159), há de se notar dois outros pontos: primeiramente o observador estrangeiro via um país convulsionado pelo avanço dos federalistas do sul, os ataques ressentidos dos monarquistas ao novo regime, a ditadura militar e o caos financeiro que se seguiu à reforma de Rui Barbosa. A imagem era típica dos problemáticos países hispano-americanos e ter a maior república do continente sul neste estado de coisas, era evidentemente contrário aos interesses norte-americanos. Interesses estes, e aí vem o segundo ponto, que tinham forte caráter econômico e não uma preferência determinante por um ou outro regime político (Ibidem, pp. 189-90). Alguns chegam a afirmar que foi somente no momento em que Saldanha da Gama proibiu o desembarque de mercadorias no porto do Rio de Janeiro que se deu a decisão norte-americana de apoiar o Governo de Floriano e furar o bloqueio naval dos rebeldes (Bandeira, 1973, p. 143).[17]

---

[17] A frase do Contra-Almirante Benham a bordo do San Francisco: "Meu dever é proteger os americanos e o comércio americano e isto tenciono fazer da maneira mais ampla" (apud Bandeira, 1973, p. 143) é particularmente ilustrativa a esse respeito.

Então, existindo uma preocupação com uma organização política estável, o motivo central era não haver grandes mudanças no caminho do comércio entre os dois países e, dessa forma, era essencial que se acabasse o conflito reconhecidamente do lado vencedor. Isso ajudou na ação de Salvador de Mendonça já que ele conseguiu captar este espírito e transcrevê-lo de forma que alertasse e direcionasse o governo norte-americano por intermédio do secretário de Estado Gresham para precipitar uma ação favorável ao governo já instituído. Propôs em termos diplomáticos que os próprios Estados Unidos fizessem um vencedor do conflito, pois estariam inevitavelmente do lado dos que os interessavam. Assim se deu a venda de encouraçados norte-americanos ao Brasil e assim se deu a intervenção do almirante Benham, estando, desde este último momento, acabada a revolta (Nabuco, 1990, p. 134).

Esse golpe de misericórdia traria os louros da vitória para a ação norte-americana na baía de Guanabara. Ainda que o foco revoltoso já estivesse sob controle no momento da intervenção norte-americana, já que a artilharia de terra e a esquadra legal estavam organizadas, e o acordo que possibilitou tal situação tivesse sido encabeçado pela Inglaterra, a ação bélica norte-americana em favor do Governo de Floriano quando todas as outras potências européias haviam-se esquivado de qualquer outra responsabilidade para com ele, acabaram por dar todos os créditos pela manutenção e vitória do regime aos Estados Unidos, vinculando ainda mais o Brasil a esse país. Nabuco, nas suas conclusões, culpa especialmente o Marechal e não as potências envolvidas pela situação ultrajante em que se encontrou a soberania nacional neste episódio. Foi o governo que recorreu e justificou a intervenção considerando-a legítima para a defesa dos interesses estrangeiros (ou dos "interesses superiores da humanidade") na cidade do Rio de Janeiro, algo contrário a qualquer coerência internacional do momento (Ibidem, p. 134).[18] O pensamento das

---

[18] Nabuco dirá ainda, em relação à responsabilidade do governo: "Eu não contesto que o Marechal Floriano tivesse o direito de defender a sua autoridade; não tinha, porém, o direito de apelar para o estrangeiro; nem de recorrer ao terror e à tirania" — Nabuco, 1990, p. 170.

potências interventoras nunca teria sido o de sustentar o governo provisório e sim proteger os seus interesses, mas seu equívoco foi não tratar a questão de maneira imparcial, reconhecendo a beligerância dos revoltados quando obrigaram o acordo de 5 de outubro (Ibidem, p. 146). Assim, o que fizeram foi parcializar o conflito em favor da autoridade legal. Para Nabuco a diplomacia "provisória" havia dado um precedente nacional funesto para a nação brasileira que poderia, no futuro, ser cobrado.

É por todos os eventos descritos que compõem um quadro sempre marcado por um nacionalismo ambíguo, que anos mais tarde, já condenado ao ostracismo político,[19] Salvador de Mendonça reivindica o pioneirismo no estreitamento das relações com os Estados Unidos e critica a orientação imprimida por Rio Branco, ao qual nunca negou farpas e antipatia, considerando-a de sujeição nacional. Nesse sentido dirá com mágoa que:

> Quando, pois, o barão do Rio Branco mandou o Sr. Joaquim Nabuco descobrir a América do Norte, ela já estava descoberta, medida e demarcada (Mendonça, 1913, pp. 147-8).

Salvador de Mendonça foi substituído por Assis Brasil na chefia da legação do Brasil em Washington e modificou o tom do relacionamento. Talvez para contrabalançar o forte norte-americanismo de Mendonça ele buscou interpretar as situações mais pragmaticamente. Elaborou um plano de ação que tinha como eixo central a importação tecnológica. Apesar da consciência que tinha sobre os perigos imperialistas que podiam apresentar-se, Assis Brasil, já em 1898, tentava investir em uma troca de experiências especialmente no que concerne à agricultura, ponto no qual os Estados Unidos eram reconhecidamente o país mais desenvolvido do mundo. Da mesma forma, entendendo a importância de um relacionamento estreito do Brasil com este país, sugeria que tanto se reformasse e ampliasse a legação, quanto se formasse um quadro de especialistas residentes que pudessem informar sobre questões essenciais, como os desenvolvimentos mi-

---

[19] Para detalhes sobre a exoneração de Salvador de Mendonça ver Mendonça, 1960, pp. 188-212.

litares e industriais. Joaquim Nabuco admirava a postura do diplomata e o reconhecia como um igual no trato das questões americanas, apesar das diferenças ideológicas que os distanciaram na época imperial e no início da República. É nesse sentido que, quando embaixador em Washington, diz ao próprio que

> É V.Ex.ª que eu quisera ver à frente da política americana [. . .] Com o seu prestígio de semeador da República a mocidade receberia bem de suas mãos essa nova semente, que completaria a nossa cultura democrática [. . .] Eu não vejo quem possa ocupar politicamente este posto senão V.Ex.ª, quando outro embaixador tiver que ser nomeado.[20]

É dentro desta trilha de relacionamento, mais ou menos ideológico, mais ou menos cauteloso, que Rio Branco, atuando pela experiência ganha em anos de serviço diplomático e nos parâmetros de sua essência conservadora e monarquista, trará atualizações a estes direcionamentos republicanos que se tornarão base para gerações posteriores.

A construção da Política Externa de Theodore Roosevelt

Podemos dizer que a embaixada brasileira em Washington, de 1905, é a materialidade da aproximação que Rio Branco buscou ter com os Estados Unidos. É nesse sentido que ela simboliza não a mudança do eixo diplomático brasileiro de Londres, mas a aceitação de um novo pólo de poder mundial que necessitava de atenção especial.

De fato, os Estados Unidos haviam ganhado, no início do século XX, importância no cenário mundial e continental sem precedentes. Por essa época eles já podiam ser definidos como o primeiro país industrial e manufatureiro do mundo (Morison & Commager, s.d., p. 275). Após a guerra civil da década de 1860 o país iniciou um forte desenvolvimento econômico, estimulado pela aplicação das tecnologias geradas pela segunda revolução industrial (transporte, indústria, construção, comunicação, agri-

---

[20] Carta confidencial de Joaquim Nabuco a Assis Brasil, 29/10/1908 (Fundaj).

cultura), pela exploração de novas reservas de energia, pelo enorme crescimento da mão-de-obra incentivado pela imigração, por forte protecionismo e pela eliminação da grande dicotomia regional, motivo de controvérsias políticas inconciliáveis, que era a escravidão. Os Estados Unidos, com um mercado interno incomparável, tiveram a possibilidade de realizar praticamente um crescimento auto-sustentável. Assim, tendo o comércio exterior papel pequeno no crescimento econômico (Kennedy, 1989, p. 237), o país pôde, num primeiro momento, não se envolver em conflitos internacionais por áreas de expansão comercial, o que só ocorreu nos últimos anos do século XIX quando já tinham um poder razoável para lhes fazer guarda. A ausência de perigos estrangeiros significativos, o fluxo de capital externo e o investimento interno transformaram o país em um colosso inimaginável há algumas décadas atrás (Ibidem, p. 236).

No início do século XX era coerente estabelecer uma comparação do poder potencial entre as nações com base na sua produção de ferro e aço,[21] e, por exemplo, nesses termos, os Estados Unidos eram uma nação extremamente poderosa. Por volta de 1890 eles já haviam passado a Grã-Bretanha na produção de ferro e pelo ano de 1900 produziam mais aço do que a Grã-Bretanha e a Alemanha juntas (Morison & Commager, s.d., p. 283). Mas se hoje esse não é um bom indicador para mostrar a grandeza de uma nação, então podemos levantar outros dados mais significativos tais como que os Estados Unidos, por volta de 1914, tinham mais que o triplo da renda nacional que a Grã-Bretanha, mais que o dobro de sua população e a sua renda *per capita* era superior em cerca de 35% (Kennedy, 1989, p. 237).

Nesses quarenta anos finais do século XIX, que foram de reconstrução e expansão da nação, a política interna dos Estados Unidos sofreu pressões variadas que moldaram o caminho seguido nas primeiras décadas do século XX com o chamado movimento progressista. Reeditou-se nessa época, de maneira mais incisiva, o clássico debate entre Hamilton e Jefferson ou entre o

---

[21] Na época o poder de um país era estimado com base na sua produção industrial de materiais que poderiam ser utilizados na indústria bélica.

agrarismo e o industrialismo. Se durante mais de cem anos os Estados Unidos caminharam no rumo de uma nação governada pelos que controlavam a prosperidade do país (Morison & Commager, s.d., p. 275), ou seja, os industriais do Leste norte-americano, a comunidade agrícola do Sul e Centro-Oeste reivindicava, após ser praticamente arrasada pela guerra civil e pelas consecutivas depressões de preços dos produtos primários em todo o mundo advindas das altas taxas de produção nas décadas de 1870 a 1890, uma parcela desse poder para sua proteção, subsídio e assistência. A proposta geral era contrabalançar o *laissez-faire*[22] baseado no darwinismo social (Link, 1965, pp. 37-42)[23] que imperava em todos os níveis da política interna.

Iniciou-se, assim, uma revisão da situação em que se encontravam os EUA depois de décadas de desenvolvimento desenfreado. As conseqüências do crescimento foram uma forte concentração da renda, uma grande população analfabeta, a multiplicação e amplitude das doenças que ceifavam centenas de milhares de vidas todos os anos, os acidentes de trabalho que deixavam mulheres, crianças e homens inválidos, a corrupção descontrolada que, presente na política e na justiça, distanciava-se muito do ideal decoroso pregado pelos fundadores da República, a desigualdade de tratamento social referente às diferenças de classes, o reconhecimento das depressões econômicas e do desemprego como males crônicos e, finalmente, a vinculação cada vez maior entre riqueza e poder político.

---

[22] A expressão francesa significa a não-intervenção do Estado na vida dos seus cidadãos, especialmente no que diz respeito às questões econômicas. Já que o mercado se auto-regularia, qualquer ação estatal traria conseqüências imprevisíveis e possivelmente maléficas.

De fato, as consecutivas depressões que ocorreram num movimento global, não restrito aos Estados Unidos, foram os últimos suspiros do liberalismo econômico, ao menos em relação ao comércio de matérias-primas (Hobsbawm, 1998, p. 63).

[23] De forma geral essa foi uma criação de Herbert Spencer, filósofo político inglês, que, baseado nas teorias biológicas de Darwin, procurou estruturar um mesmo sistema de sobrevivência do mais capacitado e da evolução de organismos mais simples para os mais complexos na sociedade humana. Esse darwinismo social tinha grande popularidade nas classes oligárquicas industriais norte-americanas nos finais do século XIX, pelo fato de que legitimava tanto a dominação quanto a ação pessoal rumo ao auto-aperfeiçoamento e poder. Isso abonava o *laissez-faire* se afirmando absolutamente contra a ação estatal para remediar problemas sociais.

O progressismo pode ser visto como um movimento rebelde e descentralizado. Nascido com a revolta agrária das décadas de 1870 a 1890, ele acabou expandindo-se de maneira difusa e autônoma para outros setores sociais, mobilizando legisladores, intelectuais e economistas, criando partidos,[24] iniciando movimentos civis[25] e até mesmo repensando as bases religiosas do protestantismo norte-americano para uma versão intitulada "evangelho social"[26] ou "cristianismo social". Essa onda reestruturou, nas poucas décadas que sobravam até a Primeira Grande Guerra, a legislação vigente sobre as diversas áreas estratégicas estatais como transportes, comunicação, imigração, propriedade e finanças, bem como as áreas sociais e político-administrativas. A classe média norte-americana era a grande incentivadora desse movimento que nunca chegou a ter forte apelo no operariado ou nas classes pobres e as cidades, ao se tornarem os pontos de partida óbvios para a organização de uma nova máquina administrativa mais sólida, transformou-se nos melhores parâmetros e laboratórios para as experiências dos reformistas. Fica claro que, de revolta agrária, o progressismo acabou ganhando um caráter essencialmente urbano e muito mais amplo, tendo como motivações básicas para as críticas ao *statu quo*, em um momento de grande desenvolvimento nacional, o medo da classe tradicional e média de ficarem comprimidas entre os novos ricos advindos do crescimento e a classe pobre (Ibidem, pp. 121-2).

Nessa cruzada, a questão moral ganhou um papel importante (Morison & Commager, s.d., p. 475). Isso se explica por vários

---

[24] O maior exemplo é a criação do Partido Populista em 1892 para tentar obter algum tipo de controle do âmbito federal da União.

[25] Grupos denominados "granjeiros" fundiram-se em poderosos grupos civis de reivindicação em que se destacam a Northwestern Alliance, a Southern Alliance e a Colored Alliance; testemunhou-se também a organização de movimentos de caridade em torno de conferências nacionais e da criação de órgãos municipais; caminhou-se no sentido da proteção das crianças e das mulheres, o que veio a culminar na emenda décima nona (1920) com o sufrágio feminino.

[26] Basicamente esse movimento religioso baseou-se em três premissas: convicção de que Deus atua por meio das instituições humanas; crença em Deus como Pai e na irmandade de todos os homens; convicção de que o Reino de Deus é o presente e é dever da igreja melhorar esse Reino (cf. Link, 1965, pp. 71-2). No mesmo quadro dava-se atenção especial às prisões, à reforma penal e uma verdadeira guerra contra o álcool.

fatores, mas especialmente pela grande confusão que gerou o rápido desenvolvimento das cidades, do comércio e da produção em um país que continha uma religiosidade protestante tradicional. A idéia geral é que em uma sociedade basicamente agrária, a aplicação de uma moral social é de mais fácil identificação e punição, já que os delitos são pessoais e normalmente particulares, girando em torno da violação de algum dos Dez Mandamentos. Já em uma sociedade industrial e urbana, mais complexa e interdependente, esses códigos tradicionais necessitavam de uma reestruturação que comportasse os novos "pecados sociais". A sociedade podia ser agredida de muitas novas maneiras[27] e poucas delas se enquadravam no antigo padrão moral. Esses novos pecados eram impessoais e sem intenção ou premeditação. Dessa forma, não havia culpa, o que se explica em grande parte na existência da engenharia da corporação que, por essência, é uma pessoa com características jurídicas e não morais. Era necessário incutir nos cidadãos as novas responsabilidades que carregavam por seus atos. Assim, "a impersonalidade do «pecado social», a difusão da responsabilidade, representavam talvez o problema mais grave que os reformadores tinham a enfrentar" (Ibidem, p. 477).

A época que marca o auge desses movimentos é também a época de nomes essenciais da política interna e externa norte-americana, definidos como "muckrakers",[28] como Roosevelt,[29] Bryan e Wilson. Roosevelt, presidente norte-americano (1901-1909) em praticamente todo o tempo em que Nabuco atuou na embaixada, era um moralista e encarou grande parte dos problemas de sua administração como questões morais. Era radical

---

[27] "A manufatura e venda de alimentos impuros, de drogas perigosas, de leite deteriorado, de brinquedos venenosos, podiam produzir a morte e a doença, mas nenhum dos envolvidos no processo — retalhistas, atacadistas, fabricantes, propagandistas, diretores de corporações ou acionistas — compreendia que era culpado de assassínio" — Morison & Commager, s.d., p. 477.

[28] Esse nome, que significava "raspadores de esterco", denotava o sentido de limpeza que esses homens apregoavam dar à administração pública.

[29] Theodore Roosevelt era reconhecido como progressista, antes mesmo de se tornar presidente em 1901, por causa das suas ações políticas em prol do "trust-busting", a regulamentação ferroviária, o "square deal" para o trabalho e esforços similares para a solução de problemas da revolução industrial — Morison & Commager, s.d., p. 478.

e oportunista em suas posições políticas que transpiravam tanto convicções, quanto preconceitos irredutíveis. Sempre procurou ser prático nos seus métodos e é nesse sentido que atuou e proclamou um nacionalismo militarista. Republicano fiel, progressista praticante e uma figura aclamada publicamente, Roosevelt agiu de maneira forte nas duas frentes da política nacional, interna e externamente. Internamente, ele seguiu os ditames do movimento reformador no qual estava envolvido desde sua época como governador de Nova York, externamente, que é o que mais nos importa aqui, trabalhou numa nova perspectiva, deu consistência a um novo tipo de relacionamento com o continente americano que oscilaria entre repulsa e aproximação. Especialmente a presidência de Roosevelt, mas igualmente a de McKinley (1898-1901), representaram uma reestruturação do Poder Executivo norte-americano. Buscou-se dar maior importância às questões externas, bem como garantir maior força ao Poder Executivo em relação ao Legislativo (Pecequilo, 2003, pp. 73-4).

O movimento doméstico de reforma social que tinha como princípio norteador a centralização do poder nas mãos de um governo forte, a extensão da regulamentação ou controle sobre a vida social e econômica do país e o resgate de uma moral reeditada para os tempos modernos, junto com o grande desenvolvimento econômico que acarretou largos excedentes de produção, acabou dando expressão a uma motivação imperialista norte-americana baseada no sentimento renovado de Destino Manifesto. Esse sentimento traduzia-se na percepção de que os Estados Unidos tinham como missão expandir suas fronteiras (políticas e econômicas) até onde fosse possível, já que a expansão se transformou em sinônimo de prosperidade nacional. Tinha-se a convicção de que o equilíbrio econômico viria a partir da abertura de mercados externos e garantia de zonas de influência.

Essas ideologias trabalharam em duas frentes: a continental e a mundial, sempre incentivadas pelos estudiosos com os argumentos científicos, pelos comerciantes mirando os proveitos financeiros, pelos políticos proclamando honra e glória nacionais. Também a opinião pública, insuflada pela imprensa, convocava o governo a assumir novas responsabilidades. É possível dizer que o crescimento do poder internacional norte-americano foi a tentativa de colocá-lo em consonância com o crescimento de recursos potenciais de poder acumulados durante todo o século XIX. Essa postura internacional norte-americana mais agressiva caminhava na mesma direção do novo fôlego dos movimentos imperialistas europeus, direcionados pela busca de mercados consumidores de produtos manufaturados e mercados fornecedores de matéria-prima na Ásia e na África. Essa ação coincidia com uma mudança no equilíbrio e na estrutura de poder do sistema internacional, a partir do declínio relativo da preponderância britânica e a ascensão alemã e japonesa. Os movimentos imperialistas incentivados também por esses novos atores centravam sua expansão no rumo dos países periféricos, da mesma forma que havia ocorrido no primeiro levante de colonização no século XVI.[30] Enfrentava-se, assim, um novo momento de luta por zonas de influência em todo o mundo.

Os Estados Unidos inauguraram no ano de 1898, com uma guerra contra a Espanha, o seu ativismo no sistema internacional e, em especial, no hemisfério americano. Na verdade esse ativismo já havia sido precedido por duas iniciativas importantes: a Doutrina Monroe de 1823 e a I Conferência Internacional Americana de 1889. Esses dois episódios delineiam já os temas básicos e permanentes que fariam parte da agenda do relacionamento continental norte-americano. Alguns autores (Atkins, 1991, p. 161; Pecequilo, 2003, p. 63) apontam que apesar de maneira geral complementares, já que ambos tratavam de temas políticos, estratégicos e econômicos, de fato, essas ações de política externa eram contraditórias na estrutura que propunham para o continente. A Doutrina Monroe seria uma política unilateral reservada à aceitação da intervenção norte-americana na área do Caribe, ao passo que o pan-americanismo, incentivado na conferência de Washington de 1889, pregava uma idéia de cooperação e igualdade entre as nações americanas.

Há, na verdade, que se fazer certa ressalva a essa contradição. A Doutrina Monroe foi, na prática, unilateral. Isso se deveu

---

[30] A Grã-Bretanha expandia-se novamente como reação à ação francesa na África, a inquietação alemã na reivindicação por colônias e os inícios da retaliação da China pelo Japão.

em grande parte ao poder desigual entre os Estados Unidos e as outras nações centro e sul-americanas. Não havia outra nação capaz de se antepor aos interesses europeus que não os norte-americanos e eles o fizeram assumindo o papel de líderes do hemisfério. Com isso, vários países entenderam a Doutrina Monroe como uma política de defesa comum, porém encabeçada pelos Estados Unidos já que estes detinham maior poder e, por conseguinte, responsabilidade. De fato, nunca houve nenhuma recolonização de um país americano por potência européia desde a Doutrina Monroe e, apesar de existirem outros motivos para isso ter acontecido, essa política não deve ser descartada. O pan-americanismo, ao contrário, tinha a retórica da cooperação por parte dos Estados Unidos, mas era percebido, muitas vezes, como uma política exclusiva de interesses norte-americanos com o fim de buscar o incremento do comércio com a abertura de novos mercados consumidores, avançar a sua área de influência ou exercer seu imperialismo.

Assim, essas políticas, que sempre tiveram como foco o interesse nacional norte-americano, acabaram trazendo também benefícios gerais para o continente e benefícios particulares para certos países. Mas não se deve perder de vista que o pano de fundo de todas essas ações era ver garantida uma zona de influência na América Latina e o caso da guerra hispano-americana dá uma visão mais nítida, trabalhando como uma propaganda internacional desse objetivo. Atkins afirma, com propriedade, que os objetivos de longo prazo com relação à América Latina são a exclusão de influências exteriores e a promoção da estabilidade na região, o que seria pressuposto da segurança nacional (Atkins, 1991, p. 164). Toda a ação norte-americana baseada na Doutrina Monroe, a tomada do canal do Panamá, as intervenções em Cuba, Porto Rico e etc., a política externa de Roosevelt, seguiram essa lógica.

Apoiado pela opinião pública (Morison & Commager, s.d., pp. 449 e 454), McKinley inicia a guerra contra a Espanha, à época uma monarquia decrépita, pela libertação colonial de Cuba e Porto Rico. A vitória tranqüila trouxe grandes benefícios para o prestígio político internacional dos Estados Unidos, que ganharam o cartão de acesso aos negócios mundiais, ainda que tenha gerado problemas graves de responsabilidade para com esses países recém-libertados. De qualquer forma, essa guerra e o conseqüente controle da ex-colônia de Cuba tornam palpáveis as proposições de Atkins sobre os objetivos de longo prazo da política externa norte-americana. Nesse evento os EUA diminuíram a presença européia no continente e direcionaram a estabilização da zona caribenha.

Tendo feito a primeira investida na América, a expansão norte-americana deu-se sobre as ilhas do Pacífico. Aí, a única colônia oficial norte-americana foram as Filipinas, mas há de se notar que, diferentemente dos países europeus, que estabeleciam um governo na possessão, exercendo controle e administração, os EUA, por razões históricas,[31] econômicas e estratégicas, quase nunca incorporavam terras, evitando a formalização do seu domínio (Pecequilo, 2003, p. 80). A *Open Door Policy* praticada na China, proclamada em 1899 pelo secretário de Estado John Hay, ao mesmo tempo que repudiava uma possível partilha desse país, afirmava que os negócios norte-americanos deveriam ter igualdade de condições, mesmo nas terras ocupadas por outros países (Ibidem). Assim, aplicava-se a mesma política de expansão e estabilidade doméstica adotada na América, mas num outro tom, menos agressivo ainda que tão eficiente quanto. Essas ações tendiam a internacionalizar a economia norte-americana, sem envolver o país em agressões bélicas contra outras potências.

A literatura mostra que a Europa tendia cada vez mais a reconhecer os Estados Unidos como um novo poder internacional, atuando, ainda timidamente, por todo o globo. Talvez o episódio mais significativo que demonstre o reconhecimento europeu da preponderância norte-americana, especialmente no hemisfério americano, tenha sido a intervenção na Venezuela. Em 1902, a Inglaterra e a Alemanha, com outros países europeus, decidiram que cobrariam a dívida pública do Presidente Cipriano Castro da Venezuela na base da bala de canhão, realizando o bloqueio

---

[31] Como já haviam sido colônia e lutado contra as práticas imperiais européias, seria um contra-senso agir da mesma forma que esses seus rivais. Além disso, o mito do Estado mantenedor da paz e da liberdade, promotor da democracia, tão forte nos Estados Unidos dessa época, não encontrava respaldo no imperialismo clássico.

naval de Valparaíso. Porém, antes da ação militar os governos de Londres e Berlim se certificaram da neutralidade dos Estados Unidos na questão (Stuart, 1989, p. 74). Mas o fato é que, se a preocupação dos Estados Unidos não era com a cobrança de dívidas, mas com a presença européia em território americano, qualquer precedente desse tipo poderia, em médio prazo, incentivar outras ações de ingerência no continente. Assim, quando em 1904 ameaçou-se novamente a cobrança de dívidas, agora na República Dominicana, os EUA decidiram chamar a responsabilidade dos problemas desse tipo para si e é nesse sentido que deve ser entendida a mensagem do Roosevelt ao Congresso no mesmo ano. Seu teor passaria a ser conhecido como um corolário à Doutrina Monroe que, nesse contexto, reafirmaria o papel de líder e "irmão mais velho" das nações latinas, tutelando as que não se comportassem de maneira adequada. Roosevelt acreditava que

> Se uma nação mostra que sabe agir com razoada eficiência e decência em assuntos sociais e políticos, se mantém a ordem e paga suas obrigações, não precisa temer a interferência dos Estados Unidos. Malfeitorias crônicas, ou a impotência que resulta num afrouxamento dos laços da sociedade civilizada podem, na América como alhures, exigir finalmente a intervenção de uma nação civilizada e, no hemisfério ocidental, a adesão dos Estados Unidos à Doutrina de Monroe pode forçar-nos, ainda que com relutância, em casos flagrantes de malfeitoria e impotência, ao exercício de um poder de polícia internacional (Syrett, 1980, p. 252).

Um provérbio marca a política exterior de Roosevelt: "fale suavemente e carregue um grande bastão [. . .] você irá longe". Assim ficava conhecida sua política externa como a política do *big stick*. No entanto, o bastão nunca quis levar à guerra,[32] mas sim conseguir os objetivos nacionais norte-americanos pelo medo e tutelar pela coerção. De acordo com Kissinger, Roosevelt deu novo direcionamento à política internacional norte-americana

---

[32] Roosevelt foi mediador de vários conflitos internacionais e chegou até a ganhar o Prêmio Nobel da Paz.

ao preservar a concepção de que os Estados Unidos deveriam exercer uma influência benéfica no mundo pela disseminação de seus valores e incorporar a idéia de que os interesses nacionais não podiam deixar o país imparcial. Com isso reconhecia os Estados Unidos como mais uma potência no meio internacional que deveria batalhar, com o uso da força se necessário, para fazer valer seus objetivos (Kissinger 1994, p. 29) De fato, Roosevelt tem o papel de revolucionar as bases da política externa norte-americana ao questionar que a paz era, como a experiência republicana pretendia afirmar, a condição normal das nações; embaralhar a distinção entre moral pessoal e pública; apregoar que a América não poderia, dado seu isolamento geográfico, ser afetada pelos problemas de outras partes do mundo. Dentro dessas linhas, era contra as tímidas idéias de desarmamento da época, bem como contra a valorização do direito internacional sobre a força nacional. Roosevelt entendia que num mundo dominado pelo poder, a situação de equilíbrio natural do sistema internacional era estruturar-se em função das zonas de influência das potências.

Na América, atuando em função das suas diretrizes de política externa, Roosevelt habilmente aceitou o pan-americanismo como uma política complementar. Ela foi quase que exclusivamente implementada pelo secretário de Estado Elihu Root no sentido de acalmar os ânimos sul-americanos,[33] enquanto o *big stick* agredia os países centro-americanos. O pan-americanismo trazia uma diplomacia amena e conciliadora, funcionando como uma pomada que ajudaria na melhora dos hematomas causados pelo bastão de Roosevelt.

As ações de Roosevelt garantiram, assim, a presença norte-americana no continente fundada em ações agressivas de patrulhamento e intervenções, aliadas ao pan-americanismo. Percebe-se que a partir de afrontas estratégicas, como a exigência de ter controle total do canal do Panamá[34] ou a sua postura agressiva

---

[33] Preocupados com o crescimento do sentimento antiamericano alguns oficiais de Washington como Elihu Root tentaram aliviá-lo cultivando a boa vontade dos latino-americanos — cf. Smith, 1991, p. 35.

[34] Existia um acordo entre a Inglaterra e os Estados Unidos que dividia meio a meio as responsabilidades e poderes sobre o canal — cf. Kennedy, 1989, p. 239.

em favor da Venezuela na disputa de limites em 1895 na Guiana Inglesa (Atkins, 1991, p. 161), os Estados Unidos controlavam os negócios americanos e delimitavam sua esfera de influência, nessa época já aceita internacionalmente.

Rio Branco e o relacionamento estratégico com os Estados Unidos

É nesse contexto histórico instável, oscilando entre a política externa expansiva dos EUA e o imperialismo europeu que a política externa brasileira tentava equilibrar-se. Rio Branco optou, com a criação da embaixada, por um aprofundamento de relações com os Estados Unidos caracterizado pela vontade de diferenciação dos outros países da América Latina.

No Brasil a elevação das legações foi bem recebida. Machado de Assis escrevia a Nabuco que "não é preciso dizer-lhe o efeito que a notícia produziu aqui. Todos a aplaudiram [. . .]".[35] É certo que Rio Branco teve também algum papel no direcionamento da opinião pública ao escrever e inspirar alguns artigos elogiosos do ato,[36] mas de qualquer forma a idéia de aumentar o prestígio do país no meio internacional encontrava respaldo no nacionalismo da época (Hobsbawm, 1990, p. 132). Algumas críticas ou descrédito do ato podem ser vistos no *Jornal do Brasil* e no *New York Herald* (Costa, 1968, p. 65; Bueno, 2003, p. 156). Em sua maioria elas giravam em torno das despesas e da falta de utilidade do ato. À outra preocupação, esta sim de maior peso, que bradava que a aproximação inspiraria o imperialismo norte-americano proferido por Roosevelt, Rio Branco respondia com sua característica serenidade.

> Não vejo motivos para que as três principais nações da América do Sul, — o Brasil, o Chile e a Argentina, — se

---

[35] Carta de Machado de Assis a Joaquim Nabuco, 11/1/1905 (Aranha, 1923, p. 153).

[36] Pelo menos dois artigos são creditados a Rio Branco: um de 8/1/1905 em *O Paiz* e um outro no *Jornal do Commercio* escrito com o pseudônimo de J. Penn. Esses jornais foram em todo momento o apoio da política governamental.

molestem com a linguagem do Presidente Roosevelt [...] ninguém poderá dizer com justiça que elas estão no número das nações desgovernadas ou turbulentas que não sabem fazer "bom uso da sua independência" [...] As outras Repúblicas latino-americanas que se sentirem ameaçadas pela "política internacional" dos Estados Unidos têm o remédio em suas mãos: é tratar de escolher governos honestos e previdentes, e, pela paz e energia no trabalho, progredirem em riqueza e força.[37]

A aceitação do corolário Roosevelt exteriorizado nesse despacho de Rio Branco pode ser vista por duas perspectivas complementares. De um lado Rio Branco identificava de alguma forma as intervenções dos Estados Unidos no Caribe com as do Brasil na zona do Prata. A ocorrência de distúrbios fronteiriços sul-americanos poderia exigir algum tipo de intervenção brasileira e aceitá-la da parte dos Estados Unidos era, em alguma medida, possibilitá-la do lado brasileiro. De outro lado, pelo momento de tranqüilidade política, estabilidade econômica e prosperidade da lavoura cafeeira, era possível ao Brasil dar-se ao luxo de acatar o corolário na certeza de que as ações advindas dele não o afetariam (Bueno, 2003, p. 148). Sua aceitação acompanhava a aceitação do papel de liderança dos Estados Unidos no continente e é nesse sentido que o Brasil faz o reconhecimento da independência do Panamá, apóia a Doutrina Monroe e não se afirma contra as ações norte-americanas no Caribe ou nas Filipinas. Havia, para essa posição brasileira, tanto uma forte crença na superioridade do poder norte-americano, quanto a percepção de que cada vez mais a Europa tinha uma postura cautelosa em relações às questões americanas. Rio Branco diria que

> A verdade é que só havia grandes potências na Europa e hoje elas são as primeiras a reconhecer que há no Novo Mundo uma grande e poderosa nação com que devem contar e

---

[37] Despacho reservado para Washington — Rio Branco a Gomes Ferreira, 31/1/1905 (AHI).

que necessariamente há de ter a sua parte de influência na política internacional do mundo inteiro.[38]

À época, a aproximação entre o Brasil e Estados Unidos era incentivada por comparações possíveis sobre o tamanho, população e potencial de ambos os países. A implicação disso era ver dois líderes no continente, cada um atuando na parte que lhe cabia e apoiando-se mutuamente. Rio Branco, apesar de não fazer apologia dessa idéia, afirmava que ambos os países deveriam ter uma influência benéfica sobre o continente. Além dessas características parecidas, a aproximação com os Estados Unidos tinha como fundo outras similaridades políticas como a forma de governo republicana, o federalismo e o regime constitucional. O Brasil também estava cercado e convulsionado por grande parte dos países limítrofes de língua espanhola, nos quais Rio Branco não confiava. Essa falta de confiança na América hispânica e a conseqüente percepção de isolamento dentro do hemisfério o levaram a notar o potencial de relacionamento com os Estados Unidos, outro aparente isolado.

Na verdade, se Rio Branco, pela educação européia, pelas preferências monárquicas e pela sua característica aristocrática, cultivou certas prevenções contra os Estados Unidos, sobretudo quando a política externa desse país parecia estar no nítido caminho de um imperialismo político, comercial e territorial, acabou por ver a necessidade de ajustar as suas idéias à realidade quando se tornou ministro, percebendo as mudanças que se operavam no meio internacional com a ascensão do poder norte-americano (Lins, 1995, p. 314). A sua estada nos Estados Unidos entre os anos de 1893 e 1895, quando ainda não era ministro, por conta da defesa no arbitramento da região de Missões — a questão teve desfecho favorável ao Brasil —, bem como o apoio norte-americano indireto na arbitragem do Amapá de 1898, serviu também como lembrança preciosa para, a partir de 1902, inclinar sua política rumo a Washington.

Um episódio, no entanto, seria chave para cristalizar em Rio Branco essa política de aproximação. A Questão Acriana (ou do

---
[38] Despacho de Rio Branco para Washington (apud Lins, 1995, p. 318).

Bolivian Syndicate) de 1902-1903 funcionou como um teste para a diplomacia cordial que se tentaria estabelecer entre o Brasil e os EUA nos anos posteriores. Aqui, não o apoio, mas a neutralidade dos Estados Unidos, foi essencial para o Brasil poder negociar e resolver a questão com o governo boliviano, mostrando a Rio Branco que uma amizade com os Estados Unidos poderia trazer benefícios para os interesses brasileiros (Smith, 1991, p. 43).

Resumidamente podemos dizer que, quando Rio Branco assumiu o Ministério das Relações Exteriores, existia a seguinte situação: semelhante aos contratos com os quais as empresas estrangeiras trabalhavam nas colônias da África e da Ásia, a Bolívia cedeu poderes praticamente soberanos de administrar, policiar e explorar recursos naturais de uma região do Acre, que estava com a fronteira indefinida com o Brasil, a um consórcio de capitalistas norte-americanos e ingleses, especuladores de *Wall Street* e da *City* de Londres, entre os quais, o primo do ainda vice-presidente Theodore Roosevelt (Bueno, 2003, p. 310). Esse era um problema de grande vulto para a diplomacia brasileira, pois além de negociar com o governo da Bolívia era necessário negociar com o sindicato norte-americano. Para complicar ainda mais as coisas, o Peru reivindicava uma negociação conjunta para a questão, apregoando ter direitos nas terras em litígio.

A grande preocupação nessa situação era não só a perda do território, mas também que a aceitação da presença de uma empresa estrangeira numa área contestada, que só tinha saída para o mar através dos rios brasileiros, era um precedente, no mínimo, perigoso (Ibidem). A bandeira americana poderia vir acompanhando os interesses comerciais, algo que havia sido expressado no final do século XIX pelas palavras do Comodoro Robert Shufeldt, um dos percussores de Mahan, nas palavras: "nossa marinha mercante e nossa marinha de guerra são apóstolos ligados" (apud Schoultz, 2000, p. 310).

Não valeria a pena entrar em considerações específicas a respeito do desenlace dessa questão que já se arrastava desde a década de 60 do século XIX, mas o caso foi que Rio Branco lhe deu uma nova interpretação tornando a área oficialmente em litígio. Por manobras diplomáticas em Londres, vontade política de Washington e por ações militares no Acre, conservou-se a neutralidade norte-americana na questão, isolou-se o *Bolivian Sindicate* mediante indenização, negociou-se com a Bolívia uma solução para o litígio (que viria a ser o Tratado de Petrópolis) e desconsiderou-se a negociação conjunta pretendida pelo Peru, que na verdade não tinha direito algum sobre a área e agia de forma oportunista.[39]

Trabalhando com diplomacia e força, Rio Branco atingiu todos os objetivos que poderia querer e viu na neutralidade norte-americana o seu grande trunfo. Na sua opinião, abrir qualquer conflito de interesses com os Estados Unidos nessa questão poderia enfraquecer a posição brasileira perante a Europa (Bueno, 2003, p. 320). A criação da embaixada em Washington poucos anos depois deve ser vista, nesse sentido, como uma tentativa de buscar garantir essa convergência de posições pela aproximação diplomática, servindo como complemento para dissipar indisposições provocadas pelos países latinos, já que lá seria

> o principal centro das intrigas e dos pedidos de intervenção contra o Brasil por parte de alguns dos nossos vizinhos, rivais permanentes ou adversários de ocasião [...] Todas as manobras empreendidas contra este país em Washington, desde 1823 até hoje, encontraram sempre uma barreira invencível na velha amizade que une o Brasil e os Estados Unidos, e que é dever da geração atual cultivar com o mesmo empenho e ardor com que cultivaram os nossos maiores (Rio Branco, 1948, p. 151).

No que concerne aos pressupostos dessa política de cordialidade, os dois chefes que a conduziram, Roosevelt e Rio Branco, parecem, num primeiro momento, aproximar-se em certas idéias. Da mesma forma que Roosevelt, nosso chanceler fazia uma hierarquia entre as nações de acordo com seu grau de cultura, "nível" de civilização e honestidade de seus governos (Bueno, 2003, p. 129). Seguindo a ideologia belicista da época, tinha a convicção de que somente uma nação bem armada era capaz de defen-

---

[39] Para uma análise pormenorizada da questão, ver Bueno, 2003, pp. 309-26; Burns, 2003, pp. 101-10.

der apropriadamente os seus interesses, atuar autonomamente no meio internacional e negociar a paz. Mesmo assim não é possível atribuir a Rio Branco uma convergência ideológica fina com Roosevelt, já que a política externa brasileira da época era dotada de um liberalismo jurídico fiel a compromissos internacionais, defensora dos direitos herdados, moderada e equilibrada em seus intentos que nunca tiveram caráter de agressão ou intromissão nos assuntos de outras nações. Se as convergências aproximavam ambos os países, diferenças de postura, no entanto, nunca os afastaram. Acontece que elas não se convertiam em nenhum tipo de constrangimento aos objetivos dos dois países, porque os seus campos prioritários de ação eram, do lado norte-americano, o Caribe, e do lado brasileiro, o Cone Sul. Dessa forma, o que houve na maior parte do tempo foi aproximação e o endosso brasileiro das pretensões continentais norte-americanas.

Segundo Ricupero, a política externa de Rio Branco baseava-se na *Realpolitik* internacional e em questões econômicas, e três eixos definiriam a aproximação do Brasil com os Estados Unidos dando o suporte de um paradigma de política externa. O primeiro deles diz respeito à convicção das elites de que brasileiros e norte-americanos partilhavam valores e percepções semelhantes sobre os critérios de legitimidade internacional. O segundo indica que o Brasil buscou colocar os Estados Unidos a serviço de seus objetivos nacionais. Aceitava-se assim um vínculo pragmático de apoio a pretensões norte-americanas no cenário mundial, e em especial hemisférico, em troca de ajuda aos interesses brasileiros. O terceiro eixo, como conseqüência dos dois outros, dava prioridade à relação bilateral com os Estados Unidos dexando a América Latina subordinada a esta preferência (Ricupero, 1996, pp. 40-1).

Burns afirma que o que se instituiu nessa época foi uma aliança não escrita entre ambos os países, em que cada qual prestaria apoio mútuo a fim de melhor servir aos seus respectivos interesses (Burns, 2003, p. 252). Tanto essa argumentação quanto a de Ricupero nos autorizam a dizer que esse relacionamento visou ser pragmático. Queremos dizer com isso que, ao contrário da postura inicial dos homens da República, Rio Branco tentou conduzir uma política utilitária, em vez de ideológica.

De fato, Rio Branco vai pensar o relacionamento com os Estados Unidos como uma estratégia que seria a viga mestra da sua política. Deu-lhe uma função de base, não como um fim ou objetivo em si, mas como um meio que ajudaria a viabilizar os interesses principais de uma política sub-regional e nacional.[40] Nacional no sentido que contemplava os interesses da elite cafeeira.[41] Como se sabe, a economia brasileira nessa época era essencialmente agroexportadora e o café, nosso principal produto de exportação, era à época um gênero consumido em grande quantidade por todos os países em processo de industrialização. Vindo a receita da união em grande parte da venda desse produto, a política nacional tendia a girar em torno da burguesia que o dominava (Fausto, 1997, pp. 206-09). A instauração da Política dos Governadores, o empréstimo do *funding-loan* no governo Campos Sales, o Convênio de Taubaté que tentou a valorização do preço do café no meio internacional em 1906, tão depreciado pelas superproduções dos anos anteriores, são todas políticas nacionais tomadas com a finalidade de preservar a oligarquia dominante, que se constituía nos grandes produtores de café.[42]

O comprador mais importante dos nossos principais produtos de exportação, o café e o açúcar, eram os Estados Unidos, pois mesmo a Inglaterra continuando a ser nossa mais importante vendedora e investidora, estava muito longe de figurar no rol dos nossos melhores compradores. O café brasileiro não era taxado nos Estados Unidos e isso ajudou a configurar uma situação na qual, em 1897, o que era fornecido para a Europa (somando todos os principais importadores do café brasileiro: Alemanha, França, Áustria-Hungria, Inglaterra, Bélgica e Suíça) girava em torno de 5.085.900 sacas de 60 kg, ao passo que o fornecido para os Estados Unidos era, no mesmo período, de cerca de 5.302.800

---

[40] Lins fala em motivos de caráter político e de ordem econômica — Lins, 1995, p. 320.

[41] No despacho reservado para Washington de 31/1/1905 (AHI), Rio Branco diz a Gomes Ferreira que "Os Estados Unidos são o principal mercado para o nosso café e outros produtos".

[42] Para a história da construção política e financeira de República, ver Bello, 1976, capítulos XII e XIII.

sacas de 60 kg.⁴³ Em 1906 esse porcentual havia diminuído, mas continuava sendo absolutamente expressivo. Os Estados Unidos nesse ano receberam 37,9% da safra brasileira ao passo que a Alemanha, segunda melhor compradora, não chegava a 22%.⁴⁴ No mesmo caminho, 94,5% das exportações brasileiras estavam livres de impostos nos Estados Unidos, e do lado brasileiro nenhum produto norte-americano gozava de isenção e, se a média de tarifa para os produtos brasileiros era de 4,8%, a dos produtos norte-americanos era de 45% (Burns, 2003, p. 84). Tal situação permitia ao Brasil um acúmulo de dólares para serem gastos na compra de produtos manufaturados europeus. O interesse do Itamaraty era obviamente manter esse *statu quo* e, caso isso não fosse possível, utilizá-lo como moeda de troca.

Contemplava-se dessa forma o lado comercial que animava as elites de ambos os países, pois, de fato, o comércio entre eles era um importante fator de relacionamento. Tanto para o Brasil, que queria manter as isenções das exportações do café, a venda do açúcar, borracha, frutas e couros, quanto para os Estados Unidos, que queriam garantir certos produtos primários na mesa do trabalhador norte-americano, especialmente o café, que se havia transformado em um item praticamente básico. Era ainda interesse norte-americano buscar maior entrada no mercado consumidor brasileiro, até então muito fechado, para os seus produtos manufaturados. A busca por vincular politicamente, no plano internacional, o Brasil com os Estados Unidos, deve ser entendida então como a tentativa de colocar a política externa brasileira em compasso com a crescente vinculação econômica que se desenvolvia (Ibidem, p. 107).

O outro interesse da política externa de Rio Branco que utilizou a aproximação com os Estados Unidos como meio de ação, era a política subregional de definição de limites com os países fronteiriços latinos. É possível dizer que um dos maiores problemas nacionais na época em que Rio Branco assume o ministério são as fronteiras (Ibidem, p. 57).⁴⁵ De fato, definir e conservar

---

⁴³ Dados do Ministério da Fazenda (apud Bueno, 1995, pp. 142 e 143).

⁴⁴ Dados do Ministério da Fazenda (apud Bueno, 2003, p. 97).

⁴⁵ Para maiores informações sobre os pressupostos jurídicos da ação de Rio Branco nas questões de limites, ver Ricupero, 2000.

as fronteiras nacionais são pré-requisitos para se exercer a soberania e praticar uma política externa ativa (Ricupero, 2000, p. 33). Rio Branco acreditava que o apoio moral dos Estados Unidos ou a sua neutralidade facilitaria essa tarefa, no sentido de lhe dar mais autonomia (Burns, 2003, pp. 213-4; Bandeira, 1973, p. 170). No caso, a materialidade de uma aliança com os Estados Unidos não era um objetivo. O importante é que os outros países acreditassem ou percebessem a sua existência, aumentando a capacidade de manobra do Brasil no jogo diplomático sul-americano.

Por fim, um último benefício advindo da aproximação exemplificada na própria criação da embaixada em Washington era o prestígio que trazia a percepção do bom relacionamento do Brasil com a potência do continente, acreditando que "o prestígio era e é componente não desprezível do poder" (Ricupero, 2000, p. 39). A Argentina, por exemplo, apesar de nunca ter reconhecido o papel do Brasil como líder da América do Sul, preocupava-se com o crescente destaque internacional e alianças estratégicas que dotavam o governo brasileiro de uma envergadura diplomática, refletida em autonomia regional, sem precedentes.

Segundo Burns, "o patriotismo de Rio Branco orientava a sua política destinada a ampliar o prestígio do Brasil no mundo, dando ao seu país uma posição predominante na América do Sul" (Burns, 2003, p. 65).[46] Para tal empreendimento Rio Branco tentou melhorar os vínculos diplomáticos com alguns países da América Latina, aumentou a participação do Brasil em conferências internacionais, reformulou o Itamaraty e seu quadro de representantes, trouxe vários estrangeiros importantes para conhecer a capital, etc.

---

[46] Em carta de 26/3/1906 (Fundaj), Rio Branco pede a Nabuco que se encontre com o ministro da Turquia para convencê-lo da necessidade de este país designar um ministro residente no Rio de Janeiro com o argumento de que o Brasil tem uma grande colônia turca. Na mesma carta explica o verdadeiro motivo: "Não ocultarei de V.Ex.ª que o meu objetivo com esta indicação é contribuir para que o corpo diplomático estrangeiro seja aqui mais numeroso do que em qualquer outra capital da América Latina, como deve ser atenta a maior importância política e comercial do Brasil". A criação da embaixada de Washington tinha o mesmo objetivo de engrandecer a posição do Brasil nos quadros continentais e internacionais — Lins, 1995, p. 321.

Nesse contexto sul-americano podemos dizer que existia uma disputa constante entre o Brasil e a Argentina pela liderança regional. Ao passo que a Argentina tinha bom relacionamento com grande parte dos países hispânicos, o Brasil só tinha como verdadeiro aliado o Chile, não por coincidência o único país que não nos faz fronteira. Para o Brasil era essencial obter o apoio norte-americano a fim de fazer a balança de poder, influência ou liderança pender para o seu lado. Assim o Brasil estaria em boas graças.

Os Estados Unidos fizeram nesse contexto tumultuado pelo conflito bilateral entre Argentina e Brasil o mesmo que fizeram no contexto asiático entre a Rússia e o Japão. Quando o conflito entre esses países, nos primeiros anos do século XX, ficou explícito, Roosevelt, trabalhando com uma diplomacia de equilíbrio de poder, atuou para enfraquecer a Rússia que buscava uma preponderância na região e apoiar o Japão, proporcionando uma medida parecida de poder para ambos e, conseqüentemente, ações mais moderadas (Kissinger, 1994, p. 32). Roosevelt, mediando a questão, conseguiu a assinatura de um tratado de paz.

No caso sul-americano, a lógica foi a mesma. Em retrospectiva, fica claro que os Estados Unidos nunca se inclinaram por demais, nem explicitamente, em favor de nenhum dos dois países quando surgiam questões importantes na agenda da região. Suas ações sempre tentaram preservar o tênue equilíbrio que havia. Foi assim com a visita do secretário de Estado Elihu Root de 1906 à América Latina, na disputa armamentista de 1908 e na escolha da sede da III e da IV Conferência Pan-Americana.

Utilizando o que lhe era possível nessa relação com os Estados Unidos, a política externa de Rio Branco tentou definir para o Brasil um espaço internacional próprio. Fez isso tanto materialmente com a definição das fronteiras, como politicamente com a alternância diplomática de relacionamento entre o norte e o sul do continente. Nessa circunstância, o Brasil serviu muitas vezes de intérprete dos objetivos norte-americanos para a América do Sul (Ricupero, 2000, p. 6; Lins, 1995, p. 318). É o caso da Doutrina Monroe que, estando em boa compreensão entre as duas maiores repúblicas do continente, estava mais solidamente exposta para os países latinos. Da parte de Rio Branco essa doutrina não era vista como um pronunciamento unilateral para a autodefesa dos Estados Unidos. Da mesma forma que a encarava como uma fórmula de aproximação dos países mais importantes da América, nunca quis ver o monroísmo como um princípio particular do continente americano no sentido de representar uma separação da Europa (Lins, 1995, p. 323). Entendia que o velho continente carregava uma tradição e era importante para os países novos estarem em contato com ela. Acreditava, além disso, que devíamos nossa construção como entidades políticas a ela, uma dívida a ser paga com o tempo e com relacionamento.

Em conclusão, Rio Branco, um conservador dirigido pelo pragmatismo, buscou nos Estados Unidos um parceiro mais poderoso para viabilizar o que se consideravam os interesses nacionais do momento: adquirir mais autonomia em questões sub-regionais, aumentar o prestígio do Brasil no meio internacional mediante a assunção da imagem de líder no continente e garantir a manutenção da dependente economia nacional cafeeira. Essa aproximação nunca representou um descarte dos relacionamentos sul-americanos e europeus, mas conferiu à diplomacia brasileira, especialmente com a criação da embaixada em Washington em 1905, uma nova missão que ainda não tinha rumo preciso ou as certezas dos caminhos já trilhados.

Capítulo 2
FATORES ESTIMULANTES DA AÇÃO E REFLEXÃO DE NABUCO À FRENTE DA EMBAIXADA

DEPOIS DO LAUDO DA ITÁLIA, NABUCO VOLTA A LONdres onde permanece até meados de maio para aguardar o retorno de Roosevelt à capital norte-americana, já que tinha decidido entregar ele próprio suas credenciais ao presidente. Além disso, como seu cargo de embaixador ainda não havia sido aprovado pelo Senado, estava sem as devidas prerrogativas constitucionais e, por isso, sem validade. Nesse ínterim, Nabuco vai a alguns jantares de despedida, oferece outros, organiza seus arquivos e recebe honras pelo trabalho na Missão Especial de Roma.[1] Embarca para Washington em 10 de maio, chegando nove dias depois a Nova York. Gomes Ferreira, que substituía Assis Brasil como encarregado dos negócios da Legação desde abril de 1903, recebia suas revocatórias de Rio Branco com ordens para só deixar o cargo após apresentar Nabuco ao consultor jurídico do Brasil, o professor John Basset Moore. Nabuco chega pouco antes da cerimônia de apresentação das suas credenciais ao presidente Roosevelt, em 24 de maio de 1905 e, apesar de já nos primeiros momentos ter causado boa impressão nos norte-americanos

---
[1] Nabuco oferece dois jantares para os quais convida uma série de representantes da América Latina no intuito de entreter boas relações e estimular confiança. Graça Aranha o chamava em Londres de o *leader da South America* (Cartas II, 1949, p. 127). Recebe também homenagem da Real Sociedade de Geografia (cf. Costa, 1968, p. 70).

(Costa, 1968, p. 94), sente-se apreensivo com as incertezas que cercavam esse projeto (Viana Filho, 1952, p. 293).

A estabilização de Joaquim Nabuco no cargo de embaixador não foi fácil. Como vimos, num primeiro momento questionou o título, a política pretendida e a viabilidade financeira de tal empreendimento. Mas como entendia que toda a situação era uma experiência[2] que poderia ou não dar certo, era necessário dar tempo ao tempo.[3] Caso tudo corresse bem, politicamente, ele se comprometia a esquecer "as seduções da Europa"[4] e se doar ao novo cargo.

Ainda que não tivesse certeza da sua adequação a um cargo de tal importância e dificuldade, não demorou muito para que reavaliasse as suas primeiras críticas. Já em fevereiro de 1905 reconhecia a criação da embaixada como "um rasgo de audácia e de inspiração que abriu ao país e à América do Sul toda novos e largos horizontes", sendo que "em nossa vida internacional ato algum produziu ainda o efeito desse".[5]

As apreensões de Nabuco iam se deslocando para diferentes âmbitos. Primeiro sua preocupação havia sido a validade e importância da criação empreendida por Rio Branco. Nesse outro momento, já reconhecendo suas qualidades e a proporção que ganhava internacionalmente, temia agora que a expectativa gerada pelo ato não fosse condizente com seus prosseguimentos,[6] por isso esperava "que o autor da peça e o empresário a julguem tão importante quanto o julga toda a gente da Europa e na América".[7] Da parte de Rodrigues Alves, "o empresário", Nabuco estava tranqüilo pelo que havia sido escrito em suas credenciais de embaixador nas quais deixava clara sua capacidade para o cargo e o propósito da elevação diplomática visando tornar mais cordiais as relações entre os dois países (Costa, 1968, pp. 71-2).

---

[2] Carta de Joaquim Nabuco a Graça Aranha, 15/1/1905 (Cartas II, 1949, p. 207).

[3] Carta de Joaquim Nabuco a Graça Aranha, 5/1/1905 (Cartas II, 1949, p. 203).

[4] Carta de Joaquim Nabuco a Graça Aranha, 15/1/1905 (Cartas II, 1949, p. 206).

[5] Carta de Joaquim Nabuco a Graça Aranha, 2/2/1905 (Fundaj).

[6] Em carta a Graça Aranha de 2/2/1905 (Fundaj) Nabuco diria que "os jornais norte-americanos estão exagerando o brilho da embaixada; mas esta uma vez criada obriga a muito".

[7] Carta de Joaquim Nabuco a Graça Aranha, 2/2/1905 (Fundaj).

Mas se palavras gerais vindas do presidente da República eram suficientes, não poderiam sê-lo se vindas do Ministro Rio Branco, o "autor da peça". Nabuco esperava dele uma orientação precisa para a política que deveria ser realizada em Washington. Acreditava na convergência, ao menos geral, das suas idéias de aproximação com as de Rio Branco. Só assim seria possível ter ações articuladas no intuito de construir uma base diplomática sólida para o futuro. E assim, com os questionamentos e indecisões minimamente equacionados, Nabuco agora via a necessidade de "construir *in perpetuum*"[8] essa obra. Isso dizia respeito à construção de uma política consistente, mas também a uma construção material. À primeira necessidade era preciso responder com forte coerência na ação cotidiana durante anos e à segunda era preciso responder com empenho e desejo de conseguir do Congresso as verbas necessárias para manter um pessoal maior do que em legações e adquirir uma "casa *digna da iniciativa*",[9] tarefa de Rio Branco.

A problemática material foi recorrente durante todos os cinco anos que Nabuco esteve em Washington. Reclamações por causa de vencimentos insuficientes, falta de pessoal, mobília e casa inadequadas, etc. eram comuns. Nabuco nunca esteve contente nesse aspecto.[10] Ele entendia que nós precisávamos, para sermos respeitados da mesma forma que as potências européias alocadas em Washington, de meios parecidos.[11] Isso, de fato, demandaria uma soma muito grande de dinheiro, o que nunca foi possível fornecer integralmente na época de Nabuco. Tudo em Washington custava três vezes mais do que em Londres, de modo que tal legação, mesmo com sua importância, não poderia servir de parâmetro para as necessidades dos vencimentos da embaixada.

---

[8] Carta de Joaquim Nabuco a Graça Aranha, 2/2/1905 (Fundaj).

[9] Ibidem.

[10] Podemos ver cartas de Nabuco que reclamam dessas questões até final de 1908, por exemplo, em carta a Graça Aranha de 12/11/1908 (Cartas II, 1949, p. 321).

[11] Nabuco chega mesmo a encarar seriamente o abandono do cargo caso o Congresso não lhe desse os meios necessários para se manter e manter a embaixada. Achava humilhante um país promover um ato de tal magnitude e não ter recursos para mantê-lo (Costa, 1968, p. 89).

Nabuco acabou instalando a embaixada em Lafayette Square, do lado esquerdo da Casa Branca. Era uma casa alugada, que havia sido ocupada por seu futuro aliado na política americana, Elihu Root, então secretário de Guerra. A boa e permanente instalação da embaixada sempre preocupou Nabuco que insistiria na aquisição de uma casa própria, acreditando que isso ajudaria na consolidação da obra iniciada em 1905. Críticas feitas a Nabuco pela utilização dos recursos da embaixada criaram a lenda de Nabuco gastando *en grand seigneur* (Ibidem, p. 92).[12]

Na época da apresentação das credenciais Nabuco já estava contagiado pelo cargo e pela sua missão. E se ainda existia alguma dúvida ou prevenção de sua parte quanto à importância da sua posição, elas foram dissipadas pela impressão e repercussão que teve seu discurso e o do Presidente Roosevelt no jantar oficial para seu reconhecimento como embaixador, a tal ponto que Nabuco diria em ofício a Rio Branco, no dia seguinte

> Considero data 24 de maio de 1905 tão grande nossa ordem externa quanto 13 de maio 1888 nossa ordem interna (apud Costa, 1968, p. 76).

O *Evening Star*, por exemplo, em 24/5/1905, qualificava de "particularmente cordial e feliz" as palavras trocadas entre ambos. De fato, Nabuco utilizara toda a sua eloqüência para cativar os presentes, tanto fazendo elogios ao cargo de presidente dos Estados Unidos onde "há horas que se tornam épocas, gestos que ficam sendo atitudes nacionais imutáveis", quanto reconhecendo o poder norte-americano no continente ao afirmar que "a posição deste país no mundo lhe faculta iniciativas [. . .] nessa direção do comum ideal americano".[13] Roosevelt, impressionado, diria "que recebia com mais do que o usual prazer o instrumento pelo qual o governo brasileiro acreditava o seu primeiro embaixador, e que estava particularmente grato por ter a escolha recaído em quem tinha tantos conhecimentos, experiência e capaci-

---

[12] Jornais como *O Correio da Manhã* foram especialmente críticos dos gastos do embaixador.

[13] Discurso transcrito em ofício de Washington — Nabuco para Rio Branco, 30/5/1905 (AHI).

dade" e, fugindo do protocolo, ao dizer: "agora fazer o que não costumo, acrescentar ao que li", continuou a manifestar prazer de ver a aproximação dos dois países e sua fé nos destinos do Brasil (apud Costa, 1968, pp. 72-4).

Feitas essas importantes preliminares de reconhecimento mútuo, agora o compromisso assumido por Nabuco seria o de responder às expectativas[14] que o ato havia gerado. Para isso iniciaria o processo de implementação da política de aproximação com os Estados Unidos.

Como se viu anteriormente, essa política de aproximação com os EUA foi um dos pilares da política externa que Rio Branco estabeleceu à frente do Ministério das Relações Exteriores. Ao atentarmos para certos pormenores do período, visualizando as concepções e ações de Nabuco à frente da embaixada, somos levados a crer que ele teve papel importante na orientação da aproximação que efetivamente se concretizou entre os dois países. Na prática, isso acarretou alguns embates de ações e posições com Rio Branco sobre eventos internacionais, que refletiam também suas diferentes concepções sobre a política externa a ser seguida em relação aos Estados Unidos.

Esses embates revelam uma discórdia importante entre os dois amigos que pode ser posta na base da ação, por vezes de afronta, que Nabuco teve na embaixada. Já na própria apresentação de credenciais ele teria dado mostras de tentar elaborar uma política sua, ou, nas palavras de Viana Filho, "fazer jogo próprio" (Viana Filho, 1952, p. 299). Viana chega a afirmar que Nabuco atribuiu intenções próprias às instruções de Rio Branco. Teria dito numa carta a Evelina, sua esposa: "Emprestei-lhe na Casa Branca uma política que ele não havia sugerido no Palácio do Catete" (apud Viana Filho, 1952, p. 294). Modificara as instruções do chanceler ao exagerar as qualidades que conferiu à influência norte-americana sobre o continente e à ênfase no interesse brasileiro em vê-la crescer.

As discórdias já visíveis em 1905 podem ser rastreadas mais claramente até o momento em que Rio Branco assumiu o minis-

---

[14] Nabuco diria em carta a Rodrigues Alves de 6/6/1905 que era necessário cumprir com as expectativas depositadas na criação da embaixada (Fundaj).

tério em 1902. Esse acontecimento começou a modificar algo na relação que o chanceler tinha com todos os seus antigos amigos. Especialmente com Nabuco, Rio Branco acumulava longa história e vivência comum. Ambos cursaram, como era praxe para todos os nascidos em famílias distintas do Império, a Faculdade de Direito de São Paulo, pedindo no último ano transferência para a de Recife.[15] Mesmo sendo filhos de consagrados estadistas, símbolos das melhores tradições políticas, também os dois tinham fama de *bon vivant* e por isso sofreram restrições de D. Pedro II, um moralista rígido, para ingressar na vida diplomática. Somente no ano de 1876 Nabuco foi nomeado adido de legação em Washington, e Rio Branco, cônsul em Liverpool. Transitando entre a diplomacia e a política partidária, Rio Branco e Nabuco passam seus anos em encontros e desencontros nos corredores do poder do Império durante as últimas décadas do século XIX. Enquanto Nabuco desenvolve a campanha abolicionista, da qual Rio Branco sempre foi adepto, apesar de nunca ter atuado, o futuro chanceler exercitava a diplomacia na Europa.

Monarquistas por convicção, aceitaram trabalhar sob a República pelos mesmos motivos: a crença na continuidade da nação através das mudanças de regimes. E ainda que com uma cultura essencialmente européia e aristocrática, os dois se voltariam para a América nos momentos finais de suas vidas. A amizade de ambos se evidencia exemplarmente na troca de correspondências que tiveram quando Rodrigues Alves ofereceu o cargo de ministro a Rio Branco. Enquanto este buscava a sugestão de um amigo fiel sobre o assunto, Nabuco oferecia elogios e apelava à sua competência e fidelidade nacional para aceitar essa missão.[16]

O início das mudanças nas relações dos dois companheiros ao trabalharem juntos em questões de grande importância como era a da Guiana Inglesa, ou de inovação e invenção como era a criação da embaixada em Washington podem ser creditadas, em

---

[15] Nabuco, da mesma forma que Rodrigues Alves, Afonso Pena, Castro Alves e Rui Barbosa, não foram colegas de turma de Rio Branco em São Paulo. Eles pertencem à turma de 1866-1870 e, em 1866, Rio Branco estava terminando o curso em Recife (cf. Lins, 1995, p. 34).

[16] Para essa e outras mostras de amizade, ver Costa, 1968, p. 129; Lins, 1995, pp. 246-50 e Andrade, 1978, p. 25.

parte, às suas diferentes personalidades:[17] Nabuco era um entusiasta, otimista e detentor de um liberalismo prático que sempre buscou traduzir-se em ação na política partidária; Rio Branco era extremamente reservado, cauteloso e conservador, cultivando na política externa a unanimidade que lhe seria impossível nas fricções da política interna. Nessa época ainda pairava no ar uma rivalidade, às vezes velada, às vezes explícita, entre grandes personalidades políticas, homens de admiração pública e excepcional capacidade e potencial como Rui Barbosa, Oliveira Lima, Rio Branco e Joaquim Nabuco. Ela, no entanto, só se extremava quando dois ou mais desses homens se encontravam trabalhando num mesmo âmbito. Foi o que aconteceu por exemplo com Rui e Nabuco no caso da Conferência de Haia, Oliveira Lima com Nabuco e com Rio Branco durante toda gestão da política americana ou Rui com Rio Branco na época da questão acriana e a assinatura do Tratado de Petrópolis.

No caso das rivalidades entre Nabuco e Rio Branco sobre as orientações da diplomacia americanista podemos dizer que, apesar de elas terem raízes em concepções políticas diferentes espelhadas em personalidades distintas, foram exponenciadas pela diferença hierárquica que havia sido estabelecida entre ambos em 1902. Rio Branco nunca deixou de utilizar a autoridade e autonomia que lhe fora conferida por Rodrigues Alves junto com o Ministério, o que criava algumas divergências na relação pessoal de amizade que tinha com Nabuco. Este, por sua vez, nunca reconheceu totalmente essa situação, até por que ele mesmo também havia sido indicado por Rio Branco para substituí-lo no Ministério quando saísse. Para pessoas que se consideram iguais, a posição de subalterno pode criar incompatibilidades inconciliáveis e, se no caso de Nabuco e Rio Branco isso não chegou a tal extremo, foi

---

[17] Viana Filho afirma que dois momentos determinaram o progressivo distanciamento entre ambos. O primeiro se deu em Paris, quando Rio Branco insistiu fortemente para que Nabuco acumulasse os cargos de chefe da Missão Especial da Guiana Inglesa e a Legação de Roma. Nabuco recusa veementemente a proposta e diria: "A atitude dele coage-me extraordinariamente e se eu pudesse demitia-me de tudo". Após esse desentendimento vem a vultuosa vitória diplomática do Tratado de Petrópolis que deixou Rio Branco um tanto "inebriado pelos seus próprios feitos", e os dois companheiros de longa data nunca mais trocaram gentilezas pessoais de outros tempos (Viana Filho, 1952, pp. 299-300).

porque, tanto Rio Branco dava certo espaço de manobra para Nabuco, quanto porque as idéias de ambos não eram tão distantes.

De qualquer forma, em retrospectiva é correto afirmar que, de maneira geral, impuseram-se as posições de Rio Branco, se também pela sua posição hierárquica, principalmente pelo desfecho de certos acontecimentos históricos do período que acabariam por lhe dar razão. Mas como para nós, aqui, o fim importa menos que a jornada, devemos pensar que, tendo a influência de Nabuco sua importância nesse contexto, é necessário pressupor que ele tivesse uma concepção própria a respeito dessa política de aproximação com os Estados Unidos que não coincidisse totalmente com a do ministro. Tal concepção nós já afirmamos que ele teve e trataremos dela no próximo capítulo. Precisamos mostrar aqui, então, o que motivou Nabuco a desenvolver tais idéias.

Prestígio pessoal, liberdade de ação, decepção com Rio Branco

Segundo Lins, quando Rio Branco decidiu escolher Nabuco para um cargo de altíssima confiança como era Washington, o fazia acreditando que este seria o embaixador completo "em três aspectos diferentes: mundano, nos salões; intelectual, nas universidades; político, nos gabinetes" (Lins, 1995, p. 320). Além disso, Nabuco era um adepto da Doutrina Monroe e de uma aproximação estreita com os Estados Unidos, o que, somado ao fato de Rio Branco também ter a preocupação de mandar para o exterior somente pessoas de bom aspecto e aparência européia para dar prestígio à "raça" brasileira nos meios internacionais, fazia de *Quincas, O Belo*, como era conhecido, o padrão estético e ideológico do perfeito diplomata para Washington. Junto disso podemos somar a vontade de Rio Branco de compensar os bons serviços prestados por Nabuco na questão da Missão da Guiana Inglesa (Costa, 1968, p. 58).

Dessa forma, o diplomata chegava ao cargo com o mesmo prestígio da embaixada e incorporando certo protagonismo transparecido nos seus dizeres: "sou chamado a criar esse papel".[18] Essa

---

[18] Carta de Joaquim Nabuco a Graça Aranha, 2/2/1905 (Cartas II, 1949, p. 207). Algum tempo depois, já via a política da aproximação com os Estados Unidos como uma política sua, uma obra particular (cf. Nabuco, 2005, p. 389).

atitude podia ser contrária à posição inviolável de Rio Branco no Ministério, mas se é verdade que sua personalidade dominava o Itamaraty, planejando os métodos e a política externa para alcançar objetivos definidos por ele próprio, é enganoso pensar que tratava todos os seus funcionários como meros cumpridores de ordens. Nesse sentido, a própria escolha de Joaquim Nabuco, mesmo a de Rui Barbosa, homens conhecidos por polêmicas e pensamentos independentes, para ocupar cargos estratégicos, punha em dúvida esse argumento trazendo a idéia que, de fato, parece ter havido algum espaço para movimentos individuais dentro dos limites impostos pela política planejada, de forma que alguns de seus subordinados forneciam contribuições (Burns, 2003, p. 69).

No que concerne a Nabuco, há de se frisar que não havia possibilidade de Rio Branco não levar em conta o entusiasmo e a independência com que o amigo abraçava as causas que defendia. De fato, essa era uma marca de Nabuco, ainda que não só dele. O embaixador havia feito parte da chamada Geração de 70, identificada com a crise geral da elite intelectual e política brasileira que viu seu mundo do século XIX se desfazer pouco a pouco ante seus olhos. A maioria dos que alcançaram algum papel de destaque nesse momento se movimentou através dos valores emergentes do positivismo, cientificismo, republicanismo, americanismo. Esse foi o caso de Nabuco. Salles afirma que o abolicionismo, por exemplo, como ideologia, possibilitou que vários intelectuais se posicionassem no que chama "distância reveladora" da trama econômica, social, política e cultural excludente que o escravismo havia criado. Essa distância os afastava do seu velho mundo, mas ao mesmo tempo em que eram críticos do seu presente, o eram também do futuro que se delineava, afinal, a abolição não foi uma solução para os problemas surgidos com a escravidão presente em nossa formação histórica. Assim, essa "distância reveladora" acaba por se revestir de uma ambigüidade quase crônica do pensamento que marca a ação de tais intelectuais para além desse momento. Como um monarquista reformador Nabuco incorpora bem esse papel no meio político, oscilando na sua ação e pensamento entre reformismo e conservadorismo, liberdade e ordem, nação e cidadania (Salles, 2002, pp. 27-8). Amigos seus como Machado de Assis podem ser definidos como a expressão literária desse dilema.

Nabuco havia trabalhando na adolescência em jornais como *A Reforma*, fortemente crítico da monarquia de D. Pedro II. Por algum tempo não lhe fora possível escolher com certeza que partido tomar entre a República e a Monarquia, o que viria a decidir somente depois de suas viagens para Londres e seu contato com Bagehot.[19] Nabuco também atua no Partido Liberal por temas liberais, mas com um radicalismo que o destaca desse meio partidário. É nesse sentido que encara a abolição como uma cruzada nacional, suprapartidária, que aos poucos vai ganhando caráter mais amplo de reforma social, articulando-se com certa democracia política que visava a liberdade do voto, a preocupação com a classe pobre, o dilema agrário e a liberdade do trabalho e do cidadão (Nogueira, 1984, p. 134). Nesse momento Nabuco é visto quase como um revolucionário, adiantando questões que viriam à tona somente décadas mais tarde, e a República prematuramente ceifa essa postura no auge de sua ação política.

Antes da chegada do novo regime, Nabuco, já antecipando a queda da monarquia, vai se dedicando ao tema do federalismo como nova causa de vida, articulando-o com os desenvolvimentos da questão social que o abolicionismo suscitava. "Nabuco parecia antever o esgotamento da causa abolicionista e a necessidade de encontrar, para si mesmo, uma outra que a substituísse e permitisse a continuidade de seu empenho reformador"(Ibidem, p. 148). Esse seu reformismo, já alerta à unidade nacional, buscava salvar a coroa do imperador mediante a descentralização do seu poder para as mãos das fortalecidas oligarquias provinciais, um esforço que se mostrou estéril.[20]

Num retraimento político, que também foi um retraimento do seu liberalismo radical, justificável pelo trauma que representou o advento da República para suas aspirações, incorpora ago-

---

[19] Para informações detalhadas a respeito das influências que levaram Nabuco a se decidir pelo sistema monárquico, ver Nabuco, 1999, principalmente capítulos II e XII.

[20] Para uma discussão a respeito do federalismo nabuquiano, ver Andrade & Dantas, 1992.

ra uma postura defensora do antigo regime, relegando todo o resto a um segundo plano. O *Dever dos Monarquistas*,[21] opúsculo escrito como resposta ao *Dever do Momento* do Barão de Jaceguai, é o documento dessa nova fase, reedição, numa causa diferente, dos dilemas de vinte anos atrás. Esse movimento de oscilação transparece bem a *distância reveladora* citada por Salles, vista em perspectiva, entre o liberalismo radical do abolicionismo e o liberal conservadorismo do seu monarquismo.

O americanismo, como causa pessoal, chega a ele no momento preciso em que necessita transpor sua dedicação para outro plano que não o monarquismo, esvaziado pela sua progressiva aceitação do novo regime a partir de 1899. Os problemas do jacobinismo republicano e do militarismo iam se atenuando e Nabuco, justificando-se pelo patriotismo, torna-se um diplomata. Por meio dessa substituição de causas, tendo na superfície o incentivo da sua vaidade pessoal e nas causas profundas o pertencimento a uma geração que havia encontrado cada uma das suas referências esfaceladas com a chegada do século XX, Nabuco tendia a buscar novamente um grande papel político.[22] Ao Rio Branco lhe oferecer Washington, a oportunidade havia surgido e, mesmo sem saber por onde Nabuco caminharia, o chanceler supunha pelo menos que este não ficaria indiferente à questão americana, transformando-se num burocrata subalterno, sendo esse um novo rumo aberto a iniciativas.

A criação de uma embaixada no início do século XX não era um mero movimento burocrático como quase o é atualmente. Ela era, ao contrário, uma "raridade diplomática" (Burns, 2003, p. 119) normalmente reservada para grandes potências. Para se ter idéia da excepcionalidade que era uma embaixada, em 1905 o Brasil ainda não tinha nenhuma no Rio de Janeiro, ao passo que Washington tinha apenas sete. Seis delas — Alemanha, Áustria-Hungria, França, Grã-Bretanha, Itália e Rússia — eram de im-

---

[21] Para consultar o documento e sua análise, ver Alencar & Pessoa, 2002.

[22] Nabuco deixaria bem claro a falta que lhe fazia a devoção a grandes causas em carta de 23/7/1905 ao Sr. Garrison (Fundaj). Diria que desde a abolição "eu senti o vácuo que a grande causa, uma vez ganha, deixou na vida daqueles que a ela se tinham devotado e esse vácuo só pode ser preenchido na minha, pela grande tarefa de iniciar o Brasil e os Estados Unidos em relações de amizade".

portantes países europeus, grandes ou médias potências. O único país latino-americano que tinha lugar nesse meio era o México. A criação desta sua embaixada em 1899 esteve ligada a uma forte adesão à Doutrina Monroe[23] e à participação, ao lado dos EUA, na II Conferência Pan-Americana (Costa, 1968, p. 57). Da mesma forma que era rara tal construção, era também politicamente poderosa. Assis Brasil, na condição de ministro em Washington, reclamava da diferença de hierarquia dos postos do Brasil e do México, dizendo que depois que este último criou uma embaixada, mesmo sendo um país menos populoso, mais pobre e menos importante, não havia quem não o colocasse como a potência mais significativa da América Latina. O diplomata dava o diagnóstico da situação ao afirmar que "infelizmente do presidente não posso aproximar. Especialmente depois que se criaram Embaixadas neste país, os simples Ministros Plenipotenciários ficaram em plano inferior e os da nossa América pior do que ninguém".[24]

A criação da embaixada brasileira em Washington, somada à figura badalada de Nabuco, reconhecida pela opinião pública,[25] juntamente com sua postura, dava relevo único ao relacionamento entre o Brasil e os Estados Unidos. Criava um título que destacava o Brasil em toda a América do Sul e o colocava em hierarquia igual a das potências européias. Formava-se assim, tanto aos olhos dos países americanos, como aos olhos dos nacionais, uma imagem de que o ocupante deste cargo teria um razoável poder potencial. Isso era verdade já que, como vimos, todo esse movimento estava intimamente de acordo e ligado à política de prestígio de Rio Branco.

---

[23] Além dessa forte adesão à Doutrina de Monroe, levanta-se ainda o fato de que a elevação da legação teria ligação com a substituição do ministro mexicano à época pelo embaixador Aspiroz, antigo promotor do tribunal que condenara à morte o Imperador Maximiliano (cf. Costa, 1968, p. 57).

[24] Ofício de Washington — Assis Brasil para Rio Branco, 4/2/1903 (apud Burns, 2003, p. 120).

[25] O *Chicago Tribune* de 10/7/1906 (apud Costa, 1968, p. 94), por exemplo, dizia: "Ele é um homem de esplêndida personalidade, digno e cortês, e causou impressão agradável ao Presidente e aos membros do Governo com os quais esteve em contato". Oliveira Lima também faz registro em suas memórias que "em Washington Nabuco não passou *unnoticed*, como em Londres" (Lima, 1937, p. 197).

As possibilidades de ação do cargo de embaixador realmente não eram pequenas, especialmente para o Brasil. Por seu turno também o embaixador era tido nessa época como importante agente político dos Estados, já que pelas suas relações diplomáticas estabelecidas em lugares estratégicos do governo e conselhos estrangeiros, guiado pela vivência cotidiana no país em que está acreditado, tornava-o não um mero executor de políticas predefinidas pelo seu Ministério, mas um contribuinte dessas diretrizes (Pino, 2001, p. 91).[26] Essa situação, que promovia certa amplitude de ação aos embaixadores, era ainda dilatada pela distância e lentidão dos meios de transporte e comunicação, que dificultava o diálogo e o encontro entre representantes e ministros-chefes do exterior. Normalmente esses mesmos ministros entendiam que existia necessidade e benefícios em dar certa discrição aos seus enviados, uma vez que eram eles que estavam mais bem inteirados acerca da situação econômica e política do local onde estavam acreditados e podiam, por isso, agir com maior clareza (Ibidem).

Nabuco, quando Rio Branco em 1906 foi convidado pelo novo presidente Afonso Pena para continuar no cargo de ministro, dirá, no sentido de garantir uma atuação digna no cargo de embaixador

> Vejo que você será o Ministro. Pelo país estimo, pois você é uma força ao serviço da dele [. . .] por mim na parte que me é direta felicito-me, pois você não me desconfessará e me dará liberdade de ação, sem a qual nada posso fazer pela amizade Americana.[27]

Além das motivações relacionadas intrinsecamente ao cargo, à figura de embaixador e às características pessoais que incentivavam uma ação mais propositiva da parte de Nabuco, existia ainda o fato de que as orientações de Rio Branco também nunca

---

[26] Em carta de Azeredo a Nabuco de 25/5/1906 (Fundaj), o amigo diz ver "com prazer que a sua embaixada na grande República lhe depara ocasiões e meios de exercitar a atividade política que é a base do seu temperamento, e de influir praticamente no progresso do Brasil e da América, digno objeto de sua nobre ambição".

[27] Carta de Joaquim Nabuco a Rio Branco, 12/10/1906 (AHI).

lhe pareceram claras ou suficientes.[28] Faz sua primeira reclamação sobre o assunto alguns meses após a assunção do cargo.

O Rio Branco, esse, não me escreve, nem me diz nada, de modo que não posso conjeturar coisa alguma quanto aos planos e pensamento dele.[29]

Ele achava que o chanceler, depois de ter dado força à política de aproximação, não lhe dava a devida continuidade. Na correspondência ativa de Nabuco pode notar-se claramente esse descontentamento desde que assumiu seu posto em Washington. Várias cartas mostram uma inquietação proporcionada pelo silêncio de Rio Branco quanto à política a ser seguida em Washington, tanto de maneira geral quanto em situações específicas. Isso é notório nos primeiros momentos de embaixada,[30] por ocasião da organização do Congresso Pan-Americano de 1906 que se realizou no Rio de Janeiro[31] e, de modo geral, Nabuco reclamaria da falta da correspondência pessoal e atenção de Rio Branco para com ele próprio durante todo o tempo que atuou na embaixada.[32] Nabuco mescla suas reclamações sobre a falta de orientação do ministro Rio Branco com ressentimentos pessoais em relação ao amigo Juca Paranhos. De fato, saber onde acabava o amigo e começava o cargo sempre foi uma dificuldade de ambos.

Como foi exposto acima, Nabuco tinha certa vaidade ambiciosa que sempre o levou a buscar adquirir independência de ação nos cargos que ocupou. Essas características faziam que, quando recebia instruções do chanceler, pensasse que

> Não teria obtido nada se me cingisse às instruções que ele me tem mandado e não procurasse chegar aos fins desejados

---

[28] Ver também Costa, 1968, p. 129.

[29] Carta de Joaquim Nabuco a Graça Aranha, 21/6/1905 (Cartas II, 1949, p. 219).

[30] Carta de Joaquim Nabuco a Graça Aranha, 21/6/1905 (Cartas II, 1949, p. 219); Carta de Joaquim Nabuco a Oliveira Lima, 5/10/1905 (Cartas II, 1949, p. 224).

[31] Carta de Joaquim Nabuco a Rio Branco, 19/12/1905 (Cartas II, 1949, p. 237).

[32] Cartas de Joaquim Nabuco a Graça Aranha de 21/6/1905 (Cartas II, 1949, pp. 217-9), 2/2/1906 (Cartas II, 1949, p. 242) e 12/11/1908 (Cartas II, 1949, p. 321); Carta de Joaquim Nabuco a Cardoso de Oliveira de 22/10/1909 (Fundaj).

por outros meios [. . .] A prática de Rio Branco é reduzir o agente a porta-voz [. . .] Mas que zelo admirável, que vigilância em torno de suas fortificações.[33]

Não podemos dizer com base nessa documentação que Rio Branco não tinha um plano com a criação da embaixada. Na verdade isso seria um engano. Como já vimos, existiam objetivos concretos com a criação e a aproximação com os Estados Unidos. O distanciamento e a pouca troca de informações entre ambos pode ter-se dado por vários motivos. Talvez Rio Branco confiasse em Nabuco a ponto de lhe entregar a condução da maioria das ações da embaixada para um melhor relacionamento com os Estados Unidos, e um ministro do Estrangeiro não pode formular pensamentos detalhados sobre a política específica a ser seguida por cada um dos postos diplomáticos no estrangeiro e mandar fazê-los cumprir no cotidiano diplomático, ficando somente com a política mais ampla. Seria possível então dizer que o relacionamento com os Estados Unidos era somente um dos âmbitos da política externa de Rio Branco (ainda que essencial) e que existiam outros assuntos que mereciam atenção, como os embates político-diplomáticos com a Argentina, as questões litigiosas ainda não resolvidas, a manutenção de relações com a Europa apesar do privilégio dos assuntos americanos e as tentativas de aproximação com alguns países latinos para a celebração de tratados de segurança e comércio?

Não. Esse tipo de argumento, em resumo, retira a importância central que teve a política de relacionamento com os Estados Unidos e sugere que, porque Rio Branco tinha muito trabalho, não pôde cuidar de todas as necessidades. Não concordamos com isso, nem temos conhecimento claro das possibilidades ou restrições, formais e informais, do cargo de ministro, que propiciariam a situação descrita acima. Afirmar tal coisa seria forçar os fatos a um esquema predefinido. Talvez pudéssemos então chamar a atenção sobre o caráter um pouco reservado e extremamente seguro de Rio Branco, para dizer que desconsiderava necessário debater pormenores de sua política com Nabuco, o qual

---

[33] Diário de Nabuco (apud Costa, 1968, p. 130); cf. Viana Filho, 1952, p. 303.

somente deveria cumprir o determinado. De fato, Rio Branco só dava satisfação de suas ações ao presidente e, às vezes, à opinião pública quando o assunto requeria, tendo parado de submeter os devidos relatórios anuais ao Congresso em 1902 e se mantendo distante das questões internas durante quase todo o período que esteve à frente do Ministério. Mas isso é muito questionável porque reconhecemos que Rio Branco dava alguma abertura para seus funcionários mais prestigiados.

Todas essas explicações, se adotadas, soariam como um remendo malfeito. Partamos, então, por um ângulo político de análise para descobrir que todas as possibilidades descritas podem ser referidas a uma questão de fundo e central: as diferentes concepções de Nabuco e Rio Branco sobre a função da embaixada. A postura de ambos sobre esse tópico está relacionada intrinsecamente com suas concepções estratégicas de aproximação com os Estados Unidos[34] e o seu apontamento é elucidativo para mostrar que a motivação para a ação e reflexão de Nabuco já vinha também de uma concepção distinta sobre a materialidade da política de aproximação, que era a embaixada em si. Mostremos essas posições.

Quando Nabuco chega a Washington em 24/5/1905 recebe um telegrama de Rio Branco nos seguintes dizeres

> Saúdo afetuosamente o novo embaixador certo de que aí permanecerá muitos anos, relacionando-se cada vez mais com os homens influentes para que nesse posto possa prestar ao nosso país todos os serviços que esperamos do seu saber e patriotismo (apud Costa, 1968, p. 89).

Aí está contida a linha geral da função da embaixada para Rio Branco. Poderíamos descrevê-la como uma função reativa, já que o novo embaixador teria o compromisso de conhecer os meandros do poder na capital norte-americana, estabelecendo o melhor relacionamento possível com pessoas-chave do governo com o objetivo de garantir para o Brasil, num momento de necessidade, meios de defesa contra intrigas latino-americanas e,

---

[34] As táticas de relacionamento com os Estados Unidos de Nabuco e Rio Branco serão explicadas no Capítulo 4.

principalmente, o apoio político dos Estados Unidos. A embaixada seria assim acionada em determinadas situações pontuais e, por isso, a comunicação do ministro com seu embaixador só foi necessária, por exemplo, quando os Estados Unidos decidiram criar uma taxa para o café brasileiro, quando se necessitou de apoio na questão do rearmamento naval ou quando os EUA se declararam contra as propostas brasileiras em conferências internacionais.[35]

Para Nabuco a embaixada tinha uma função mais propositiva. Diria em carta a Domício da Gama:

> O Governo nos traça o roteiro, mas a responsabilidade da navegação é nossa. Por isso não deve ter neles senão homens de confiança [. . .] são navios que não podem ser comandados de fora.[36]

Imbuído dessa percepção de independência, além de exercer as funções indicadas por Rio Branco, objetivava um trabalho mais público, tanto promovendo eventos que estimulassem e divulgassem essa cumplicidade com os Estados Unidos, quanto disseminando a imagem brasileira. Mas esse movimento mais ativo necessitava de um diálogo constante com o chanceler para ser homogêneo nas suas aparências, não dando margem para dubiedades sobre as posições brasileiras.

O importante para nós aqui é que a percepção de Nabuco sobre a situação era a de que estava apartado das diretrizes políticas de Rio Branco e que durante a maior parte do tempo e dos eventos que se sucederam nos seus anos como embaixador, as coisas eram planejadas com ele ou simplesmente não eram planejadas, o que, dada sua idéia de necessidade de aproximação

---

[35] Por toda a época em que Nabuco atuou em Washington existiram fortes pressões para a taxação do café brasileiro que culminaram numa crise em 1908-1909; Rio Branco buscou rearmar a marinha brasileira que à época se encontrava completamente defasada e enfrentou forte resistência da Argentina a esse projeto de 1908; na Conferência de Paz de Haia em 1907 os Estados Unidos se opuseram a algumas importantes propostas do governo brasileiro. Em todos esses episódios Joaquim Nabuco foi solicitado por Rio Branco para atuar com o fim de beneficiar o Brasil a partir de Washington. Veremos mais à frente tais eventos em específico.

[36] Carta de Joaquim Nabuco a Domício da Gama, 31/10/1908 (Fundaj).

com os Estados Unidos, era ainda pior. Sendo assim, tendia a formular de maneira cada vez mais detalhada suas concepções sobre o relacionamento continental e o meio internacional e aplicá-las sempre que possível dentro da ótica geral, que sabia estar aceita, de uma política de aproximação com os Estados Unidos. Para ter algum tipo de aval, Nabuco, em algumas ocasiões, comunicava-se por cartas particulares com os presidentes da República Rodrigues Alves e Afonso Pena,[37] que também eram amigos de velha data. Essas cartas acabavam ganhando conteúdo político. Dirá, por exemplo, que

> Você me encontrará neste posto, e eu não sei se lhe devo pedir que me deixe nele. Isto dependerá da sua política. Se esta for francamente americana, no sentido de uma *inteligência perfeita* com este país eu terei grande prazer em ser seu colaborador nele.

Esse tipo de carta, até intimidadora, tinha também o objetivo de informar sobre o momento pelo qual passavam nossas relações com os Estados Unidos. Nabuco queria que os presidentes soubessem o que ele fazia e pensava para o país. Por vezes Nabuco dava tal tom a sua correspondência que parecia mesmo o ministro do Exterior. Diria, por exemplo, a Afonso Pena que "não convém iludir os americanos" quanto aos propósitos do Brasil no continente e na aproximação bilateral e, para que eles ficassem claros para todos os interlocutores, nacionais ou estrangeiros, indicava no final de 1905 ser "[. . .] da maior vantagem que esta [mensagem presidencial] contenha um tópico sobre as nossas relações com os Estados Unidos".[38]

Essas correspondências preocuparam Graça Aranha, amigo e confidente de Nabuco em boa parte de seus anos como embaixador, por entender que Rio Branco poderia ver isso de maneira

---

[37] Cartas de Joaquim Nabuco a Rodrigues Alves de 2/12/1905 (Cartas II, 1949, p. 230) e 6/6/1905 (Fundaj); Cartas de Joaquim Nabuco a Afonso Pena de 2/12/1905 (Cartas II, 1949, p. 229). Viana também faz referência a essa atitude de Nabuco de relacionar-se com os presidentes para contornar uma eventual má vontade de Rio Branco (Viana Filho, 1952, p. 304).

[38] Carta de Joaquim Nabuco a Afonso Pena, 2/12/1905 (Cartas II, 1949, p. 230).

negativa. Graça afirmava que o chanceler, por conta da popularidade, autoridade e independência alcançada no cargo, havia-se transformado em uma "avalanche" que arrastava todos os que se antepusessem a ela. Nabuco lhe responde

> Tranqüilize-se pois não darei ao Rio Branco tão justo motivo de queixa como seria esse de me estar correspondendo secretamente com o Presidente.[39]

A verdade é que as orientações detalhadas e diretrizes de ação que Nabuco esperava conseguir de Rio Branco nunca vieram e sua decepção, exposta nas palavras "a mim o Rio Branco esqueceu aqui; não me honra mais com a sua amizade",[40] impulsionou-o à ação.

Influência de Nabuco na política externa brasileira

A influência de Nabuco na política externa brasileira não poderia ter-se dado pela formulação de uma política oficial, sendo ele um embaixador. Ela se deu, na verdade, pelo efeito irreversível causado pelas suas ações diplomáticas que chegaram ao conhecimento da opinião pública e ganharam repercussão. Quando Nabuco agia numa certa direção diante de determinado assunto ou evento internacional, gerando publicidade, sua ação acabava adquirindo o caráter da política externa do governo brasileiro, um tom oficial. Era como uma ação sem volta que imprimia num ato a marca desse seu protagonista e, mesmo que isso não estivesse completamente de acordo com o pretendido pelo governo, ela era percebida e gerava repercussões enquanto tal.

Dizemos ação sem volta porque, mesmo quando desmentida oficialmente, ela já havia gerado o efeito devido. Isso não foi uma regra de conduta de Nabuco, mas esses atos — podemos chamar de desvios — aconteceram e podem ser vistos como a marca mais visível de Nabuco na política externa brasileira. O caso expressi-

---

[39] Carta de Joaquim Nabuco a Graça Aranha, 17/1/1907 (Cartas II, 1949, p. 263).

[40] Carta de Joaquim Nabuco a Cardoso de Oliveira, 22/10/1909 (Fundaj).

vo é o incidente da "Panther" em 1905 e os conseqüentes eventos da III Conferência Pan-Americana de 1906.

O incidente da canonheira alemã *Panther*

O caso *Panther* foi um incidente exclusivamente diplomático, mas de tamanha repercussão que tomou lugar nas páginas dos principais jornais da América e da Europa. A importância que o caso ganhou relaciona-se diretamente com as circunstâncias internacionais do momento e os lados envolvidos.

Os acontecimentos iniciaram-se no dia 27 de novembro de 1905. Nessa madrugada, alguns oficiais e marinheiros alemães do navio de guerra que dá nome ao incidente, encarregados pelo seu respectivo comandante, desembarcaram no porto de Itajaí, Santa Catarina, sem nenhuma permissão das autoridades responsáveis, para aprisionar Jaren Steinoffer, um suposto desertor. Após o capturarem rumaram para o lado do Rio Grande do Sul onde permaneceram por algum tempo. O fato realmente era uma violação das normas de conduta internacional, já que somente às autoridades brasileiras cabia em terra tal ação de polícia praticada. A opinião pública e a imprensa nacional ficaram estarrecidas com o que consideraram uma grande afronta à soberania nacional e exigiram represálias contra a *Panther* e o governo alemão. Essa indignação deve ser contextualizada.

O evento ganhou a proporção que simbolizava. Era a mostra de como o Brasil se inseria no embate interimperialista da época, sendo uma área de disputa, por influência ainda que não de colonização, de duas potências emergentes — Estados Unidos e Alemanha — que abriam espaço por entre a já declinante hegemonia inglesa. O fato ocorre no momento em que crescia o medo da colonização germânica na região sul do continente (Lins, 1995, p. 328).[41] Esse temor apoiava-se na ocorrência de grupos alemães, tradicionalmente fechados, trazidos pelas correntes migratórias do final do século XIX, que formavam cidades praticamente autônomas com igrejas, educação, língua e escrita próprias, soma-

---

[41] É dessa época, por exemplo, o opúsculo *O Germanismo no Sul do Brasil*, de Sílvio Romero.

da à força da questão racial que ganhava peso com as teorias sociais evolucionistas. Esses grupos eram disseminados nos estados brasileiros de Santa Catarina, Rio Grande do Sul e Paraná, onde o temor, seja de separatismo, seja de colonização, se reforçava nesse elemento estrangeiro. O temor era ainda ampliado pelo periódico pangermanista chamado *Grenzboten*, expressivo órgão publicado em Berlim que "mantinha, com respeito ao Sul do Brasil, pretensões que de fato só poderiam trazer inquietações, pois vislumbrava, na costa ocidental atlântica, um império colonial que aproveitasse a base da colonização já existente" (Bueno, 2003, p. 328). Além disso, estimava-se que existiam importantes interesses comerciais para a Alemanha no Brasil, interesses que eram concorrentes aos norte-americanos (Ibidem, p. 337).

Então, se, como ficou claro mais tarde, o incidente ganhou proporções exageradas na imprensa,[42] com artigos e notícias exaltadas e na opinião popular, com irritação e revolta, tudo isso estava de acordo com a percepção do perigo que representava a Alemanha na época e a vontade do Brasil de estar do lado americano e contíguo aos Estados Unidos.

Da imprensa nacional a notícia se espalhou com a mesma gravidade para os jornais americanos e, depois, europeus. Nos Estados Unidos a notícia ganhou vulto especialmente por conta do histórico de farpas trocadas em linguagens oficiais entre este país e a Alemanha. Formava-se então, pouco a pouco, entre os norte-americanos, a idéia de que a Alemanha era seu principal rival no continente e logicamente, nesse estado de tensão, a Doutrina Monroe era citada em todo momento.

> A Doutrina Monroe é erroneamente vista como agressiva em algumas partes da América do Sul e existe uma crença popular aqui que a influência Alemã é largamente responsável por essa condição [...] Politicamente e comercialmente a Alemanha deve ser considerada o grande rival dos interesses americanos e sua atitude tem sido tal que pode causar um embate de armas (*Washington Times*, 27/11/1905).

---

[42] O jornal que representa essa tendência desde o início de 1905 é o *Jornal do Commercio* do Rio de Janeiro (cf. Bueno, 2003, p. 334).

Rio Branco não queria tomar nenhuma atitude precipitada por perceber a potencialidade explosiva da questão e esperava inquéritos conclusivos a respeito do incidente. Nesse ínterim, acionou a figura de Nabuco na embaixada de Washington a fim de formar opinião favorável ao Brasil, deixando claro o quanto o irritara a violação de soberania e mostrava até onde estava disposto a chegar para obter a reparação formal do ocorrido pelo governo alemão. Rio Branco diria então a Nabuco:

> Trate de provocar artigos enérgicos monroístas contra esse insulto. Vou reclamar entrega preso condenação formal ato. Se inatendidos empregaremos força libertar preso ou metermos a pique Panther.[43]

No entanto, mesmo querendo estar próximo aos Estados Unidos nessa questão, Rio Branco não admitia, tendo por base pressupostos nacionais de autonomia e prestígio, que o Brasil pedisse apoio aos EUA para resolver uma questão de soberania e honra como era aquela. Mas era exatamente isso que os jornais norte-americanos noticiavam. O *Chicago Tribune*, no dia 11/12/1905, exibia uma charge de título *Brasil desafia a nuvem negra*, na qual o Brasil, representado por um português de espada e canhão, abriga-se em uma nuvem com os traços de Bismarck vinda do navio de guerra *Panther*, com um guarda-chuva onde se lê a inscrição manifesta: DOUTRINA MONROE.

Nabuco havia assumido a embaixada fazia pouco mais de seis meses e já se deparava com uma questão dessa grandeza. Mesmo assim, quando ficou sabendo o que ocorrera em Itajaí por meio do telegrama citado de Rio Branco, não teve dúvida sobre qual deveria ser sua ação.

> Nesse mesmo dia fui ao Departamento de Estado e não encontrando Mr. Root informei o que havia ocorrido ao Sub-Secretário Mr. Bacon.[44]

---

[43] Telegrama de Rio Branco a Nabuco, 9/12/1905 (AHI).
[44] Ofício de Washington — Nabuco para Rio Branco, 15/12/1905 (AHI).

Alguns jornais americanos, especialmente a agência de notícias Associated Press, divulgaram então a informação de que o governo brasileiro havia pedido ajuda aos Estados Unidos para resolver a questão por meio da embaixada de Washington.[45] Rio Branco se irritou especialmente com o fato de Nabuco não ter desmentido prontamente a notícia, ao que este responde que não o fizera por três motivos: eram sem-número no jornalismo norte-americano informações inexatas de incidentes dessa natureza; se tivesse dito ao secretário de Estado que o próprio Rio Branco desejava que o governo norte-americano soubesse do grave desacordo que havia tido lugar entre o Brasil e a Alemanha por conta de um atentado à nossa soberania estaria fazendo algo de acordo com a prática das nações amigas e possíveis aliadas; desmentir a notícia de modo que fosse crido que ele, Nabuco, não havia atuado segundo ordens de Rio Branco, equivaleria a repudiar perante o mundo a simpatia, a comunidade do sentimento americano que uniria os dois países.[46]

A verdade é que Nabuco não entendia qual o problema de ter apresentado os fatos ao Departamento de Estado norte-americano na questão, mas, mais que isso, não entendia a preocupação de Rio Branco com as notícias que vinculavam o Brasil aos Estados Unidos por esse episódio, o que para ele era um avanço nas relações entre os dois países mais importantes do continente. É nesse tom que se expressa a Rio Branco

> Você telegrafou que desmentira aí que me tivesse encarregado de ir ao Departamento de Estado e estou sem atinar com a razão desse desmentido. De certo não fui lá da sua parte, mas que pode ter havido tão desagradável na falsa notícia para você esmagar publicamente e dar-me aviso de que o fizera?[47]

Justificando ainda que

---

[45] Cf. Ofício de Washington — Nabuco para Rio Branco, 15/12/1905; telegrama de Rio Branco a Nabuco, 12/12/1905 (AHI).

[46] Cf. Ofício de Washington — Nabuco para Rio Branco, 15/12/1905 (AHI).

[47] Carta de Joaquim Nabuco a Rio Branco, 19/12/1905 (Cartas II, 1949, pp. 236-7).

Fiz assim com os Estados Unidos o que devera fazer com uma nação nossa amiga e possível aliada, o que aliás faz a França, a Inglaterra, a Alemanha sempre que se trata de complicações presentes ou eventuais na América do Sul.[48]

Mas diante da pressão de Rio Branco, que já havia feito questão de desmentir a notícia nos jornais brasileiros, Nabuco manda uma carta para o secretário de Estado norte-americano Elihu Root para esclarecer que o "objetivo da minha visita foi apenas proporcionar ao Departamento a informação mais segura sobre o incidente" com o fito de "proteger com este documento, a ser guardado em nossos arquivos, a verdade alterada por uma notícia de agências telegráficas aqui e no estrangeiro que eu apelara ao governo americano com relação ao incidente", ao que Root responderia que "a declaração concorda perfeitamente com a minha própria informação. Não apelaste para o Governo dos Estados Unidos por causa desse incidente [. . .] houve simplesmente uma troca de informações".[49]

Mas o caso era que pouco importava o que ocorrera de fato, importava sim, pelo menos para Rio Branco e sua política de prestígio, a percepção que ficou do que ocorrera de fato e com ela a visão que o Brasil ganhava internacionalmente. Não que Rio Branco não quisesse a seu favor o apoio moral dos Estados Unidos na questão, pois isso lhe daria maior margem de manobra com o governo alemão, como realmente lhe deu,[50] mas não queria ver vinculado esse apoio a um pedido formal do governo brasileiro, como transpareceu ao mundo todo a ida de Nabuco ao Departamento de Estado. O Barão, pelas suas convicções, nunca apelaria para algo como uma intervenção dos Estados Unidos,

---

[48] Ofício de Washington — Nabuco para Rio Branco, 15/12/1905 (AHI).

[49] Carta de Joaquim Nabuco a Elihu Root, 14/12/1905 (Fundaj).

[50] O Departamento de Estado norte-americano tomou iniciativas que tendiam a favorecer o Brasil na questão da Panther. Root conversou com o embaixador alemão Speck von Sternberg e despachou um telegrama e várias cartas para a embaixada americana em Berlim fornecer informações, ainda que não desse instruções para nenhuma ação. Assim, a Alemanha poderia deduzir que os Estados Unidos se preocupavam com os rumos que poderia tomar o acontecimento e ver sua inclinação para o lado brasileiro (cf. Burns, 2003, pp. 128-9).

mesmo que parcial, em incidentes internacionais. Parecia-lhe uma fraqueza, uma abdicação de soberania, ao mesmo tempo que um reconhecimento de um poder excessivo e intervencionista dos Estados Unidos (Lins, 1995, p. 315).

Queria sim que o auxílio norte-americano fosse tomado como iniciativa própria e amigável dos Estados Unidos. O que ocorreu, além disso, foi que a imprensa norte-americana deslocava a questão da responsabilidade do Brasil com o seu território para a responsabilidade da Doutrina Monroe (e conseqüentemente dos Estados Unidos) com a preservação do continente.[51] A ênfase dada à Doutrina Monroe, somada à ida de Nabuco ao Departamento fazia transparecer que o Brasil se escondia por não conseguir dar conta de sua soberania (fato exemplificado na charge descrita pouco acima). Talvez seja nesse sentido, de tentar trazer respeito e prestígio para ação positiva do Brasil na questão, que deva ser entendida a postura "mais altiva, enérgica e sombranceira" de Rio Branco, não se mostrando "disposto a nenhuma transigência" (Ibidem, pp. 329-30) nas negociações com a Alemanha. De qualquer forma, a vinculação da proteção, quiçá bélica, do Brasil pelos Estados Unidos, se não era simpática aos olhos de Rio Branco, ia ao encontro do que Nabuco queria dessa política de aproximação.[52]

Por fim, o incidente foi resolvido nos primeiros dias do ano de 1906 com o pedido de desculpas das autoridades alemãs e a punição dos oficiais da *Panther*, que, ficou provado, agiram independente de ordens do governo alemão. Não houve maiores danos na relação com o Brasil, mas a marca deixada pelo incidente na sua imagem internacional, de vinculação estreita com os Estados Unidos, repercutiria por algum tempo, especialmente na reunião da III Conferência Pan-Americana de 1906.

---

[51] Vários jornais fazem referência a isso, tais como: *Washington Post* de 11/12/1905 que dizia "este incidente alemão no Brasil é mais importante do que parece na superfície [. . .] ele tem forte aparência de desafio para os Estados Unidos" e o de 10/12/1905 que diria "Talvez [o Brasil] peça nosso suporte para assegurar satisfação da Alemanha"; o *The Chicago Tribune* de 10/12/1905 ou o *The Sun* de 10/12/1905 que faziam a chamada de suas matérias com o título "Doutrina Monroe em teste".

[52] Nabuco "receava que esta chamada indignação do espírito nacional escondesse alguma intriga contra a sua política americana" (Costa, 1968, p. 239).

Nabuco, Elihu Root e a III Conferência Pan-Americana

Nas reuniões que tomaram lugar no Bureau das Repúblicas Americanas[53] no mês de novembro de 1905, e às quais Nabuco não esteve presente, o secretário de Estado norte-americano Root levantou a necessidade de se reunir a III Conferência Pan-Americana ao que o ministro da Costa Rica, J. Calvo, lembrou o direito preferente do Brasil pela significação do país no sul do continente, acompanhando-o o ministro do Chile, Walker Martínez. Root afirmou na ocasião que se a sede da conferência fosse no Brasil, iria ele próprio ao evento.

Nabuco, nesse sentido, nada teve que ver com a indicação formal e iniciativa do secretário de Estado de vir ao Brasil a não ser para, como ele mesmo diria, "preparar a disposição de espírito da qual o impulso nasceu espontâneo".[54] Rio Branco, movido pela lógica de sua política de prestígio (Bueno, 2003, p. 58), concorda em trazer para o Brasil a reunião e propõe, como era normal, que ela tivesse lugar no Rio de Janeiro, a capital do país.

A junta que elaboraria o programa era formada por representantes do México, Costa Rica, Chile, Argentina, Cuba, além de Nabuco e Root (que seriam presidente e vice-presidente do evento) e se instalou no final de dezembro de 1905. Todos os outros países americanos puderam opinar sobre o programa e poucos não o fizeram. Algumas questões controversas, no entanto, tinham de ser dirimidas e excluídas do programa para a conferência não tocar em pontos melindrosos. Era o caso do arbitramento obrigatório proposto pelo Peru que, vendo-se envolto em pendências territoriais com vizinhos, pensou em utilizar esse expediente para facilitar suas negociações; da livre navegação de rios que, para o Brasil, era questão delicada, relacionada à integridade territorial e ponto de controvérsias com vários vizi-

---

[53] O Bureau foi um órgão criado na conferência pan-americana de Washington em 1889-1890 para representar a aproximação americana com sede no mesmo local da reunião e que teria a função de divulgar informações gerais sobre comércio, transporte, etc. dos países membros.

[54] Cf. Ofício reservado de Washington — Nabuco para Rio Branco, 23/12/1905 (AHI).

nhos;[55] da Doutrina Drago[56] para a Argentina que queria vê-la constando do temário da conferência, mas em relação à qual não existia consenso dos três mais importantes países do Cone Sul (Argentina, Brasil e Chile); da ampliação da Doutrina Monroe para questões de dentro do continente, proposta pela Bolívia, tendo em vista que havia perdido um território importante na Guerra do Pacífico.

Pelo trabalho diplomático de Nabuco e Rio Branco, somado à postura da maioria dos países, especialmente dos Estados Unidos, de não causar constrangimentos entre si ou transformar a conferência numa disputa de posições políticas,[57] todas essas questões foram contornadas e do programa aprovado constaram itens basicamente consensuais.[58]

Apesar de já se ter prevenido na escolha dos tópicos do programa, Rio Branco tomava mais alguns cuidados avisando Nabuco sobre a postura que se deveria ter durante a conferência. Influenciado que estava pelos últimos acontecimentos do incidente da *Panther*, diria que "[. . .] em caso algum ficaremos vencidos ou sacrificaremos os interesses do Brasil [. . .] não vamos a

---

[55] Por conta dos preparativos para a IV Conferência Pan-Americana que iria realizar-se em Buenos Aires, Nabuco diria ao Secretário de Estado Knox: "O que nós objetivamos quando o programa da III Conferência estava sendo discutido, e poderemos objetivar agora, é termos os nossos direitos de soberania sobre os nossos rios em discussão por um corpo de nações estrangeiras que não fazem parte do seu curso e algumas não tendo sequer um rio seu digno do nome" (carta de Joaquim Nabuco a Knox, 11/3/1909, Fundaj).

[56] O Ministro Drago, da Argentina, propôs, em retaliação ao bloqueio venezuelano de 1902 por potências européias para a cobrança de dívidas, a tese de direito público internacional que tomava como admissível o uso de força nesses casos. Nabuco era particularmente contra a presença desse tema na conferência. Diria que "não gostaria de ir as paredes do Rio de Janeiro afixadas com grandes bandeiras de cartão desta maneira. «Cuidado com Obrigacionistas Estrangeiros — Dívidas públicas não mais sujeitas a pagamento compulsório mesmo no caso do maior mau trato e depudiação mais escandalosa. Princípio adotado pelo Encontro dos Devedores no Rio de Janeiro»" (carta de Joaquim Nabuco a Griscom, 26/3/1906, Fundaj).

[57] Em carta a Rio Branco, datada de 29/4/1906 (AHI), Nabuco firma que "O programa do Brasil na Conferência é promover a harmonia e nada mais. O nosso partido nele é do bom humor e da boa vontade. Esse deve impor a lei aos provocadores de barulhos [aqui Nabuco falava especialmente da Argentina que pressionava para pôr seus temas controversos na pauta de discussão da conferência] e aos que inutilizam os esforços dos outros para mostrar ao mundo uma América Unida".

[58] Para informações detalhadas sobre os tópicos constantes do programa, ver Bueno, 2003, p. 63.

congressos para subscrever o que os outros querem, mas sim para fazer prevalecer as nossas idéias ou aceitar as que nos pareçam boas e convenientes".[59]

Mas para Nabuco o evento passou a ter importância extremamente especial quando Root declarou oficialmente em 7 de dezembro de 1905, que iria ele mesmo à Conferência no Rio de Janeiro, entendendo que esse era "um acontecimento cardinalício".[60] É em torno desse tópico que se dará uma posição destoante com a de Rio Branco.

Nabuco, durante todo o movimento preliminar de organização do Congresso, fez forte pressão sobre Rio Branco para que este tivesse atitudes condizentes com o que achava ser a política externa brasileira mais acertada. Pressionava Rio Branco utilizando a observação de que, com a criação da embaixada e a decorrente perspectiva de uma aproximação com os Estados Unidos, percebida até mesmo como uma tentativa de aliança, era necessário corresponder aos anseios gerados.[61] Isso fica patente em várias cartas enviadas por Nabuco, que na maioria não teriam resposta de Rio Branco.

Nabuco entendeu ser esse um acontecimento único pelo fato de ser a primeira vez que um secretário de Estado deixava o território norte-americano. Queria que o governo brasileiro reconhecesse a honra e oportunidade de tal evento para utilizá-lo com objetivo de expandir a relação dos dois países até o ápice. É nesse intuito que se reporta uma vez mais ao Presidente Rodrigues Alves:

> Posso fazer muito aqui até julho para que os termos dessas saudações mútuas vão até onde seja possível atualmente a este país [. . .] Preciso, porém de uma palavra que me diga ou que não me adiante, ou que trabalhe nesse sentido [. . .]

---

[59] Despacho para Washington — Rio Branco a Nabuco, 30/3/1906 (AHI).

[60] Carta de Joaquim Nabuco a Carlos de Magalhães de Azeredo de 9/12/1905 (Cartas II, 1949, p. 234). Diria ainda em carta a Graça Aranha de 17/12/1905 (Cartas II, 1949, p. 235) que "do ponto de vista americano a visita do Secretário de Estado (é a primeira) equivale no nosso continente às visitas reais da Europa com fim político. É o maior passo que esta nação poderia dar [. . .] a reunião do Congresso perde toda a importância diante dessa visita, exceto como quadro decorativo para ela".

[61] Carta de Joaquim Nabuco a Rio Branco, 29/4/1906 (AHI).

Nada assinalaria tão notavelmente a sua administração como uma aproximação com os Estados Unidos que fosse compreendida por eles, por nós, pelo mundo, como uma aliança tácita.[62]

O fato é que Nabuco achava que Elihu Root parecia cada vez mais convencido de que era com o Brasil que melhor se podia entender numa política continental.[63] Mas Rio Branco mostrava-se um pouco alheio a esse intento de tamanha volúpia, provavelmente cauteloso e receoso de se comprometer com certas posições na vinda de Root ao Brasil. Por isso, Nabuco encontra-se apreensivo em Washington por não ver entusiasmo em Rio Branco em usar a ocasião para aproximar mais explicitamente o Brasil dos Estados Unidos. Para Nabuco o saldo da conferência seria catastrófico caso os norte-americanos levassem para um lado ruim a eventual frieza da recepção e por isso diria a Rio Branco que

> Estou tremendo por pensar que você não aproveitará a ocasião maior, única, de sua vida. Eu acredito estar chocando para você e o presidente [. . .] um ovo de águia, mas tenho medo de que levado para aí ele saia gorado por falta de calor monroísta no governo e no país. Veja em que você me meteu. Você dirá que não me encarregou disso, é certo, mas a simples criação da embaixada criou aqui esperanças e expectativas, que a escolha de um monroísta (declarado em cartas a você) como eu ainda aumentou e que a minha linguagem nunca desaprovada levou ao auge [. . .] A questão para mim é se trabalhei em vão, se preparei um *acontecimento* que, por falta de inteligência prévia com você, não chegará a sê-lo.[64]

A conferência reuniu-se entre 23 de julho e 27 de agosto de 1906,[65] e dela participaram as delegações de dezenove países deixando de comparecer os representantes do Haiti, da Venezuela e

---

[62] Carta de Joaquim Nabuco a Rodrigues Alves, 18/12/1905 (Fundaj).

[63] Cf. Carta de Joaquim Nabuco a Rio Branco de 29/4/1906 (AHI).

[64] Carta de Joaquim Nabuco a Rio Branco de 19/12/1905 (Cartas II, 1949, p. 237).

[65] Existiram problemas com a data da conferência, já que a Conferência de Haia estava programada para a mesma data. Com a intervenção dos Estados Unidos foi

do Canadá, que não foram convidados. Nela, novamente o objetivo de Rio Branco era "poder em tudo estar de acordo com os Estados Unidos",[66] mas como não queria ver novamente o Brasil citado na imprensa e na opinião pública como um subalterno dos Estados Unidos na América do Sul, via a vinda de Root como algo importante, porém delicado e que necessitava de cuidado. De fato, Root no Brasil, após a questão da *Panther*, poderia dar o tom errado da visita. Ao invés de prestigiar o Brasil, poderia desprestigiá-lo ao apontar o fato como vinculação por demais estreita aos Estados Unidos a ponto de ficar subentendido a negação da presença européia pela força que tomava a Doutrina Monroe e o corolário Roosevelt e a imposição, por aval dessas, da preponderância brasileira sobre os países latino-americanos e sobre certas questões políticas na América do Sul. Rio Branco queria essa preponderância, mas não abria mão da autonomia brasileira de uma não-vinculação, ao menos explícita, com os Estados Unidos. No entanto, isso era exatamente o que os eventos que se sucediam iam dando a entender. Por isso, nessa época, Rio Branco breca essa direção em dois momentos. O primeiro na própria abertura da conferência pan-americana, em que faz uma referência importante à Europa:

> Nações ainda novas, não podemos esquecer o que devemos aos formadores do capital com que entramos na concorrência social. [A Europa] nos criou, ela nos ensinou, dela recebemos incessantemente apoio e exemplo, a claridade da ciência e da arte, as comodidades da sua indústria, e a lição mais proveitosa do progresso.[67]

O segundo foi no pedido feito por Nabuco para Rio Branco para que se retribuísse a cortesia norte-americana de ter mandado seu secretário de Estado à Conferência demonstrando sua amizade. Nabuco diria que

---

feita a transferência da Conferência da Paz para 1907, mas a imprensa norte-americana não deixava passar a ocasião de enxergar a "mão alemã na data de Haia" (*New York Herald*, de 8/4/1906) para prejudicar o Congresso Pan-Americano.

[66] Despacho para Washington — Rio Branco a Nabuco (apud Lins, 1995, p. 335).

[67] Discurso de Rio Branco na abertura da III Conferência Pan-Americana — (Rio Branco, 1948, p. 87).

Próximo inverno espero que vocência venha pagar visita de Root.[68]

Rio Branco responderia que

Achaques velhice me não permitiriam viagem de aparato, além despesa seria muito grande e não houve visita especial a este governo.[69]

Nabuco via a questão de forma inteiramente diferente de Rio Branco. Achava que o governo norte-americano havia feito, sim, uma cortesia, que significava uma política implícita de aproximação e que o Brasil deveria responder o ato à altura. Rio Branco sabia que uma ida sua aos Estados Unidos poderia aumentar ressentimentos latinos com a aproximação ascendente dos dois países que, tanto não deveria fugir ao controle, quanto deveria ser feita em etapas e com reservas. Nabuco expõe seu ponto de vista nesses termos:

O Presidente e o Secretário de Estado estão na crença de que este fez ao nosso governo, do qual foi hóspede, uma visita formal, pois até foi feita em navio de guerra. É certo que ele não visitou somente o Brasil, como primeiro pensou [. . .] Mas é sabido que as demais visitas ele fez instado [. . .] e [. . .] o fato de ter visitado outros países não modifica o caráter da visita ao Brasil. O Presidente e o Secretário de Estado ligam importância histórica a essa visita. Enquanto ela não for paga, estaremos em dívida. Não reconhecer tal dívida me parece um mau efeito.[70]

A posição de Rio Branco é definitiva, e o chanceler não vai aos Estados Unidos. Convencido de que era necessário, sem ser contra o governo de Washington, manter uma boa relação com os países americanos e cuidar para que essas relações não se de-

---

[68] Telegrama cifrado de Nabuco para Rio Branco de 27/05/1908 (AHI).

[69] Telegrama cifrado de Rio Branco para Nabuco, 28/5/1908 (AHI).

[70] Ofício confidencial de Washington — Nabuco para Rio Branco, 29/5/1908 (AHI).

teriorassem com a proximidade aos Estados Unidos. É nesse espírito que vai iniciar conversações mais substantivas, já em 1908, sobre o projeto de aliança entre as três repúblicas, consideradas pelo chanceler como as mais importantes do Cone Sul, Argentina, Brasil e Chile.

Nabuco diria que "[. . .] será uma fatalidade, se nós não concordarmos em encarar o futuro do nosso país do mesmo modo, por que da concordância podia nascer um grande acontecimento, uma nova era nacional".[71] De fato, não houve esse acordo em nenhum dos momentos descritos acima. A tonalidade da aproximação com os Estados Unidos era um ponto essencial da política em marcha e ela era diferente em Nabuco e em Rio Branco. Se a de Nabuco não prevaleceu nesse ínterim, a de Rio Branco também não, e isso se deveu em grande parte à influência do embaixador nesses dois eventos que ganharam grande significação continental e mundial. O Brasil estava, pelo menos aos olhos da opinião pública, vinculado aos Estados Unidos como um caudatário de sua política externa para a América do Sul, algo que Rio Branco queria ver evitado a qualquer custo, mas que já podia ser visto em jornais como o *Evening Star* de 24/3/1906 que diria: "é a intenção do Presidente organizar uma aliança informal com o Brasil e delegar para ele a política da Doutrina Monroe na América do Sul".[72] Bem, isso estava de acordo com a posição de Nabuco sobre a questão.

Em resumo, dentro do propósito do capítulo, podemos dizer que a personalidade de Nabuco ocupando um cargo de significativa responsabilidade, poder e prestígio, somada à sua percepção decepcionada quanto à falta de atenção de Rio Branco ao cargo de embaixador e sua respectiva política e as tomadas de atitude relativamente autônomas de Nabuco, acabaram forçando certo direcionamento da política oficial, já que lhe forneceram oportunidade e motivação para influenciar a política externa da Primeira República com o objetivo de vincular politicamente, mais do que o planejado por Rio Branco, os Estados Unidos ao Brasil, ganhando este último, na América do Sul, o rótulo de subimperialista.

---

[71] Carta de Joaquim Nabuco a Rio Branco, 19/12/1905 (Cartas II, 1949, p. 237).
[72] *Evening Star* de 24/3/1906.

Capítulo 3
CONCEPÇÕES DE NABUCO
À FRENTE DA EMBAIXADA

NABUCO, AO ATUAR NA POLÍTICA EXTERNA BRASIleira o fez com base em um conjunto de conceitos, experiências e convicções. Reunimos neste capítulo as idéias principais que contribuíram para estruturar a sua atuação na embaixada, já que, girando em torno de pontos-chave do relacionamento com os Estados Unidos, definiam posições e revelavam falhas e acertos de percepção.

Essas idéias tiveram matizes variados e sutis, mas que merecem apontamento, uma vez que ajudam na visão do quadro geral. As heranças políticas do pai, o senador Nabuco de Araújo, por exemplo, demonstram grande importância. A notável biografia paterna feita por Nabuco, terminada em 1894, tendo como pano de fundo a política do Segundo Reinado, dá a dimensão do reconhecimento do autor como filho e discípulo. Explicitamente poria nessas palavras esse reconhecimento

> Por onde quer, entretanto, que eu andasse e quaisquer que fossem as influências de país, sociedade, arte, autores, exercidas sobre mim, eu fui sempre interiormente trabalhado por outra ação mais poderosa [. . .] essa influência foi a que exerceu meu pai (Nabuco, 1999, p. 143).

Desse ícone familiar Nabuco herdou tanto certos critérios de ação e postura política, quanto sua inclinação liberal.[1] Baseava-se no que considerava a maior qualidade de seu pai — "adaptar os meios aos fins e não deixar periclitar o interesse social maior por causa de uma doutrina ou de uma aspiração" (Ibidem, p. 146) —, percebendo o quanto de doação exigiu o seu envolvimento com temas espinhosos como a restrição à escravidão, atuando pela Lei do Ventre Livre ou a reforma da magistratura imperial, que buscava aumentar a eficiência da justiça na ordem administrativa. Forjado na melhor estirpe dos estadistas, Nabuco de Araújo trafegou do conservadorismo da mocidade para um liberalismo prático, empolgado e ao mesmo tempo circunscrito às necessidades que considerava evidentes para o País. A devoção com que encarou cada um desses temas serviria de exemplo para seu filho que, tendo em vista sua própria trajetória política, agiu modelarmente.

O liberalismo político de Nabuco, já mencionado acima, pode ser apresentado como pano de fundo das suas idéias políticas, desde o abolicionismo até o americanismo. Nos anos em que começa sua reconciliação com a República esclarecerá essa constante ao afirmar:

> Fui e sou monarquista, mas essa é uma caracterização secundária para mim, acidental; a caracterização verdadeira, tônica, foi outra: liberal, — liberal não no sentido partidário, estreito, mas no sentido que decorre destas duas consciências profundas que tenho em mim, de criatura de Deus e de membro da humanidade. Essa é a caracterização política da minha vida, como a afetiva é a brasileira. São essas três grandes correntes morais — Deus, pátria, Humanidade que formaram a zona temperada do meu liberalismo, a única em que vivi.[2]

No Brasil, o liberalismo teve o caráter ambíguo de proclamar com uma retórica radicalizada o que se mostrava de difícil

---

[1] Nabuco dirá que seu liberalismo é de fundo hereditário (Nabuco, 1999, p. 23).
[2] Carta de Joaquim Nabuco a Domingo Alves Ribeiro, s.d. (Cartas II, 1949, p. 23).

aplicação na política real e incapaz de mobilizar a população, causando a conhecida distância entre o Brasil legal e o Brasil real. A instalação desse recorrente paradoxo pode ser explicado tanto pela importação sem adaptação dos modelos europeus para o contexto brasileiro, como pela falta de seriedade com que a elite política encarava a ampliação dos mecanismos democráticos e da cidadania. De fato, segundo Nogueira, esse era mais um "liberalismo conservador, elitista e antipopular, tingido de autoritarismo, antidemocrático e sem heroísmo" (Nogueira, 1984, p. 67).

Em contraste, o liberalismo de Nabuco nessa fase pode ser classificado como radical pela defesa do abolicionismo, de temas sociais, da ampliação da democracia e da federalização, ainda que tivesse limites claros tanto no parlamento como na legalidade (Leite, 2001, p. 92). Não foi diferente com o seu americanismo, que nunca deixou de lado o direito internacional e a solução de controvérsias pela diplomacia. Assim, se no liberalismo do nosso personagem é possível ver aspirações da fase revolucionária da Revolução Francesa, da onde se queria que fosse a inspiração do liberalismo do país, o que se encontrava disseminado pela elite política era algo bem diferente, mais parecido com a reação conservadora a essa fase, algo como um jacobinismo radical, que barganhava com a liberdade e a separava da democracia.

Mesmo distanciando-se da política partidária pelo ingresso na diplomacia a partir de 1899, Nabuco pôde continuar fiel ao seu liberalismo. Ele não era, no entanto, o mesmo da época abolicionista e reformista. Carlos Costa nos esclarece esse novo momento de Nabuco ao afirmar que especialmente após a proclamação da República, nosso personagem incorpora um pensamento mais conservador, evidenciado nos livros escritos nessa época, como *Um Estadista do Império*. Na tentativa de deixar para as gerações futuras um modelo de civilização e política, faz uma apologia da época imperial voltando-se a temas que resgatam e conciliam seus antagonismos (Costa, 2003, pp. 130 e 220). Centra sua análise no Estado brasileiro, seus estadistas, D. Pedro II. Podemos dizer que, nesse novo momento, seu liberalismo assume caráter nacional ao atuar pela política externa, exercendo sua eterna empolgação cosmopolita datada dos tempos de juventude. A questão prioritária para Nabuco desloca-se para o campo do que poderíamos determinar como "interesses superiores da pátria", ou seja, a inserção internacional a partir da qual o país poderia alcançar níveis melhores de desenvolvimento e civilização.

É nesse mesmo contexto intelectual liberal que o movimento abolicionista traz a sua contribuição para as concepções internacionais de Nabuco. Apesar de ele não ter o caráter religioso que ganhou, por exemplo, na Nova Inglaterra (Nabuco, 1999, p. 181), a defesa dos escravos, somado à decorrente preocupação com a "questão social", estimularia a vertente humanitária de Nabuco, advinda de suas inclinações cada vez mais cristãs,[3] reforçando certa visão pacífica, senão solidária, do relacionamento entre os povos. Dar-lhe-ia ainda conceitos de raça, meio e civilização que reformularia e transportaria para o contexto internacional. A contribuição mais prática do período abolicionista para essa nova fase de Nabuco como embaixador, no entanto, talvez tenha sido o desenvolvimento da oratória e o reconhecimento da propaganda como elemento importante de ação, já que fez parte não só do abolicionismo de palanque, mas também do praticado como pano de fundo dessa política parlamentar, o dirigido à formação de uma opinião pública a partir da divulgação de idéias através dos meios de comunicação da época.

As viagens de Nabuco à Europa e aos Estados Unidos na década de 1870 também tiveram parcela de importância nas suas concepções internacionais já que, a par do maior interesse que tinham à época para ele as questões relacionadas aos regimes políticos e à política interna, expuseram-no ao panorama internacional norte-americano e europeu, servindo de experiência trinta anos depois quando adquiriu seu cargo de embaixador.

De fato, o momento em que as questões internacionais começaram a assumir caráter mais importante para Nabuco, estimulando sua reflexão para construir um arcabouço mais estruturado e coeso sobre o meio externo, é após a queda do Império em 1889, já que, sendo monarquista assumindo e ferrenho, distanciou-se da política e encarou por dez anos um exílio político

---

[3] Para melhor compreensão das idéias religiosas de Nabuco, ler Nabuco, 1985.

auto-infligido. Entre os anos de 1893 e 1899 escreveu uma série de artigos para jornais e revistas, e parte deles viria a ser compilada em livros como *Balmaceda* (publicado em 1895) e *Intervenção Estrangeira Durante a Revolta da Armada* (publicado em 1896). Nessa dupla de livros, discute pontos que depois vão reaparecer na agenda internacional nos anos de atuação como embaixador em Washington, como a interrogação sobre a legitimidade de intervenções de nações estrangeiras em assuntos nacionais, a assimetria de poder no qual Brasil e EUA se relacionavam, o monroísmo como direito ou dever do governo norte-americano. Tais discussões que Nabuco esboçou nesses livros serão desenvolvidas ao longo dos anos posteriores e funcionarão como uma prévia reflexão e treino de um olhar de observador internacional.

Esses componentes ideológicos gerais e constantes do pensamento e ação de Nabuco, complementados por vivências pessoais, ajudam a compreender melhor o que buscaremos expor abaixo acerca das concepções internacionais mais significativas que pudemos identificar e que, em conjunto, estruturaram e direcionaram as políticas do embaixador.

Nabuco e os Estados Unidos — dois momentos (1876-1905)

A visão de Nabuco sobre os Estados Unidos não foi homogênea. Ele teve impressões diferentes sobre esse país em diferentes épocas da sua vida. Como num *dégradé*, os EUA foram ganhando com o tempo qualidades e se transformando em um modelo de país, no qual os outros, latinos, deviam espelhar-se. Essas mudanças se deram por dois motivos: um histórico e outro pessoal.

Na entrega das credencias de Nabuco a Roosevelt, um jornal de Washington, *Evening Star* de 24/5/1905, notando que o novo embaixador havia estado no início de sua carreira diplomática em Nova York nos anos de 1876-1877, diria que "ele escreveu muitos livros nos quais expressou os melhores sentimentos para com os Estados Unidos". Essa afirmação não é de nenhuma forma exata. Na verdade, na sua autobiografia de 1900, Nabuco teceu uma crítica severa à cultura e à política interna norte-americanas. Fazia isso recapitulando eventos e impressões do seu serviço diplomático citado pelo jornal. Essas críticas eram ainda reminiscências da influência inglesa predominante em Nabuco, da má impressão causada pela intervenção norte-americana na baía de Guanabara, da apreensão sobre os caminhos que tomaria o monroísmo intervencionista que ganhava força e da falta de uma perspectiva útil para o relacionamento desse país com o Brasil e com o continente americano, de modo que dirá que a missão dos Estados Unidos na história é ainda "a mais absoluta incógnita" (Nabuco, 1999, p. 142).

A influência inglesa havia-se firmado em seu espírito entre os anos de 1874-1876, passados em Londres com as leituras de Bagehot.[4] Seja em relação à idéia da superioridade da monarquia constitucional, seja na noção de liberdade individual e igualdade de direitos ou da atmosfera aristocrática, Nabuco acreditava na superioridade inglesa sobre as outras sociedades. Diria assim que "a influência inglesa foi a mais forte e mais duradoura" (Ibidem, p. 84) e, apesar de ambos os norte-americanos e os ingleses pertencerem a um "espírito comum de raça" (Ibidem, p. 109), a comparação dos rumos que tomaram o desenvolvimento das suas culturas mostrava-se desfavorável aos primeiros.

Os anos em que Nabuco esteve nos Estados Unidos como adido de legação foram conturbados para a política norte-americana. Democratas e Republicanos brigavam pela definição de quem teria o cargo executivo do governo após uma eleição de resultado duvidoso, por suspeitas de fraude. O caso foi parar em uma comissão formada por congressistas das duas casas legislativas e do Supremo Tribunal Federal e, para Nabuco, "as qualidades e deficiências da política americana estavam todas visíveis e patentes nesta lição de coisas" (Ibidem, p. 111).

Pudemos destacar alguns pontos essenciais de críticas de Nabuco aos Estados Unidos evidenciadas em *Minha Formação*. O primeiro deles diz respeito à corrupção e formação da classe dos *politicians*. Os norte-americanos, que compensavam com dinheiro seu distanciamento da política, deixavam homens inferiores a dominarem, afastando assim qualquer classe social com escrúpulos. As discussões políticas se davam como em um *big show* em

---

[4] Para maiores informações sobre a importância de Bagehot para as idéias política de Nabuco, ler Andrade, 1978, pp. 103-09 e Nabuco, 1999, pp. 28-37.

que o terreno em que se travava a luta não era no "[...] das idéias, mas no das reputações pessoais" e isso era a exteriorização da "[...] degradação dos costumes públicos do país, coincidindo com o seu desenvolvimento e cultura, com a sua acumulação de riquezas e de energias, com os seus recursos ilimitados [...]" (Ibidem, p. 129).

A par dessas críticas, afirmava que, no campo individual, "ninguém que conheça o tipo [...] desconhecerá que a característica, por excelência, do americano é a convicção de que *melhor do que ele não existe ninguém no mundo*" (Ibidem, p. 131). Nabuco, buscando entender os povos também pela sua raiz cultural, via a característica anglo-saxônia de "sede insaciável por dinheiro" (Ibidem, p. 134), nítida e vigorosamente ampliada no povo norte-americano. E, num golpe final, Nabuco expressava o que considerava a característica viciosa por excelência do posto-chave da administração norte-americana, ao afirmar que "uma coisa o governo americano não é: não é o governo do melhor homem, como pretendiam as democracias antigas" (Ibidem, p. 137).

Mas nas questões internacionais Nabuco percebia, já em 1900, que, apesar de os EUA ainda não terem produzido culturalmente nada de relevante para a humanidade, esse país, que caminhava para ser o mais rico e mais forte do mundo, teria de em algum momento deixar de lado seu isolamento e entrar no cenário mundial a partir de alianças (Ibidem, p. 121). Nessas alianças, no entanto, não seriam privilegiados os países latinos, uma vez que os norte-americanos não os viam como iguais.

Segundo Silveira, da mesma forma que nos EUA, a intelectualidade brasileira também absorvera e adaptara desde a década de 1870 os paradigmas cientificistas de análises sociais fundamentalmente baseados no positivismo e no darwinismo social, permeado pelas teorias raciais e do evolucionismo de Spencer, que levavam à hierarquização dos países pelo seu nível de desenvolvimento. A assunção dessa perspectiva implicava o reconhecimento de uma escala entre as sociedades das mais simples (ou piores) para as mais complexas (ou melhores). Os Estados Unidos e a Europa, supostamente o topo dessa pirâmide, eram vistos como naturalmente superiores (Silveira, 2000, pp. 123-4).

Utilizando os dois conceitos balizadores dessas teorias, "raça" e "meio", a intelectualidade buscava encontrar explicações e soluções para dar o rumo certo ao processo civilizatório brasileiro.[5] Nabuco, que incorporara esses referenciais a partir da sua vivência européia e do debate abolicionista,[6] deixava-os explícitos na sua autobiografia, dando pistas da mudança de perspectiva, quase paradoxal, que se operaria poucos anos depois nas suas concepções sobre os Estados Unidos. Afirmava assim que a *raça* anglo-saxônica, da qual descende a norte-americana, teria qualidades próprias que dariam a base do desenvolvimento material extraordinário conseguido pelos Estados Unidos, e que tiveram na fortuna do seu *meio* possibilidades ampliadas para prosperar. Enxergava nessa linha a criação de um povo único a partir de cada região do mundo e isso dava as diferenças específicas tanto entre o anglo-saxão norte-americano e o inglês (Nabuco, 1999, p. 134), quanto entre a Europa e a América.

O que mudou por volta de 1905 para que Nabuco enxergasse nos Estados Unidos algo mais do que havia escrito em 1900? Antes de mais nada é necessário levar em conta o fato de que agora Nabuco tornara-se embaixador. O cargo lhe propiciou e estimulou um novo entendimento da situação. Como poderia desfazer do posto que agora ocupava afirmando desconhecer sua importância? Deu-lhe assim um sentido no cenário mundial, especialmente continental, no intento de poder atuar por uma causa. Afinal, reconhecia que

> A vida diplomática é de todas a que convém menos para acabar; exceto quando se trabalha nela por uma política [. . .].[7]

---

[5] Segundo Hobsbawm, nessa época "a humanidade foi dividida segundo a «raça», idéia que penetrou na ideologia do período quase tão profundamente como a de «progresso»" (Hobsbawm, 1998, p. 54).

[6] É segundo todas essas noções evolucionistas que a elite intelectual brasileira vai discutir temas dominantes do contexto como "a Abolição, o aproveitamento dos ex-escravos como trabalhadores assalariados, a colonização estrangeira associada à imigração, a consolidação institucional da República, as possibilidades de desenvolvimento futuro da nação e sua constituição como povo" (Silveira, 2000, pp. 126-7).

[7] Carta de Joaquim Nabuco a Rodrigues, 6/1908 (Fundaj).

Encontrou, ajudado pelas circunstâncias, um propósito para a nação norte-americana e a importância da política que foi realizar em Washington como embaixador. Essas circunstâncias relacionam vários aspectos. O tal desenvolvimento econômico e material, as potencialidades das invenções e a postura de cada indivíduo na busca pelo novo e pelo melhor, exemplificado na figura de linguagem de Nabuco do "indo sempre *ahead* como a locomotiva",[8] só haviam ganhado força com o passar dos anos e Nabuco reconhecia tudo isso. Começava a dar valor a essas características norte-americanas, pois elas haviam elevado a posição internacional do país a um nível muito alto e, apesar de continuar sem enxergar, na parte cultural, qualquer contribuição dos Estados Unidos para o mundo, entendeu que havia uma outra contribuição tão importante quanto ou maior, que ganhava perspectiva: a promoção da paz pelo exercício do seu poder. Concorreu especialmente para isso a forte impressão que lhe causou a mediação de Roosevelt em 1904, que pôs fim à Guerra Russo-Japonesa[9] e, a partir daí, definiu para si qual era a função dos Estados Unidos em termos mundiais. Por conta desse evento Nabuco escreveria a Roosevelt

> Eu peço que V.Ex.ª gentilmente aceite a expressão de nossa gratificação e comum orgulho americano pela nobre página que você escreveu na história da civilização. Todo o mundo lerá isso como um prefácio para uma nova Era de paz [. . .] Nesse sentido você criou para a presidência americana uma função que conquistará para ela a hegemonia moral do mundo, a única que pode ser aceita.[10]

---

[8] Diário de Nabuco de 19/7 a 9/8/1876. Apud Nabuco, 1999, p. 120.

[9] Por sugestão da Alemanha e do Japão, os EUA mediaram o conflito iniciado por conta da instauração de uma zona de colonização na China e, estando o secretário de Estado Hay já comprometido pela doença que o vitimaria, o próprio Roosevelt, que havia acabado de assumir a presidência, encabeçou as discussões que promoveram um entendimento forçado nos interesses do Japão, aliado norte-americano, pela assinatura do Tratado de Portsmouth (Cf. Morrison & Commager, s.d., p. 520). Nabuco diria que "nesse dia foram os Estados Unidos reconhecidos o mais poderoso fator da paz existente no mundo" (Nabuco, s.d., p. 168).

[10] Telegrama de Nabuco a Theodore Roosevelt, 30/8/1905 (AHI).

Na verdade, esse era um bom exemplo de como os Estados Unidos despontavam cada vez mais nos assuntos internacionais. Como já foi levantado quando tratamos da política externa de Rio Branco, após a guerra hispano-americana os assuntos internacionais ganharam relevância para a administração norte-americana e, desde aí, com a intervenção na zona do canal, as questões com a Venezuela e o corolário Roosevelt, passou-se a uma postura mais ativa de política externa.

Todas as características do que poderíamos chamar de "civilização material" menos importantes para Nabuco se comparadas com o peso histórico do Velho Mundo (instituições, arte, tradição), estavam, nos Estados Unidos, produzindo frutos, à vista do nosso embaixador, excepcionais. Assim, ele relativizou a importância que dava à Europa e atribuiu mais relevância ao desenvolvimento material dos Estados Unidos, visando que tal reconhecimento pudesse trazer benefícios para o Brasil, o que, dentro do processo ideológico de americanização em que vivíamos no início do século XX, acabou dando expressão e significação ao que considerava uma condição modelar da sociedade mais avançada do nosso continente, a norte-americana.

Há de se notar, ainda, que todas as impressões de Nabuco antes de 1905 haviam sido do norte-americano médio que, por muitas vezes, se engajava na política. Sendo assim, ficou impressionado, de maneira muito positiva, com o que considerou os alicerces da administração sob a qual trabalharia em Washington. Via no presidente Roosevelt, reeleito em 1904, e no secretário de Estado Elihu Root complementos de uma mesma política[11] direcionada tanto num sentido mundial quanto continental. Nabuco diria sobre ambos que

> Cada vez mais o [Root] admiro mais e tenho como uma das minhas maiores fortunas da minha missão aqui o ser ele o Secretário de Estado. A outra foi ter encontrado como Presidente o Mr. Roosevelt, o qual tem para o Brasil maiores aspirações do que nós mesmos e que me honra com a sua confiança.[12]

---

[11] Cf. Ofício de Washington, Nabuco para Rio Branco, 10/7/1905 (AHI).
[12] Ofício reservado de Washington, Nabuco para Rio Branco, 27/5/1907 (AHI).

O fato é que Nabuco e Root tiveram uma grande empatia recíproca durante todo o tempo em que trabalharam próximos. Pela parte de Nabuco, o cultivo da amizade de Root era importante já que este mantinha ótimas relações com o Congresso e o Senado norte-americanos, encarregados de ratificarem tratados.[13] Também Root, como secretário de Guerra, chegara a administrar Cuba, Porto Rico e Ilhas do Pacífico durante algum tempo, fora amigo e colaborador do secretário de Estado Hay e era tido como o sucessor de Roosevelt para a presidência. Era um conhecedor dos assuntos americanos e, pouco depois de assumir o cargo de secretário de Estado, fez um discurso sobre a política continental nesses termos:

> Nós não afiançamos que as Repúblicas das Américas Central e do Sul devam ser libertadas das suas obrigações internacionais. Nós não afiançamos que as potências européias não devam exigir seus direitos contra esses membros da comunidade de nações.
> É somente quando essa exigência de direitos chega a ponto de tomar posse de território que nós dizemos que ela é incompatível com a paz e a segurança dos Estados Unidos (apud Costa, 1968, p. 218).

Nota-se que Root tinha idéias perfeitamente convergentes com as de Roosevelt e seu corolário e, enquanto o continente continuava com receios e desconfianças para com essa dupla de estadistas, Nabuco via neles uma eterna boa vontade com as questões brasileiras, um apoio essencial à melhoria da comunidade americana e da nossa posição nela. Na sua visão, Root seria "o único da sua espécie no interesse pela América Latina".[14] Realmente, da mesma forma que Hay e Blaine, Root estava convencido da necessidade de aproximar os Estados Unidos do resto do continente americano, tanto comercial, quanto politicamente. Tinha como hábito buscar seus objetivos por contatos pessoais com os homens certos e, no círculo diplomático de

---

[13] De acordo com Costa, dos 109 tratados apresentados por Root ao Senado, somente três foram rejeitados (1968, p. 217).

[14] Carta de Joaquim Nabuco a Rio Branco, 20/10/1907 (Cartas II, 1949, p. 290).

Washington, Nabuco não passou despercebido. Sempre trocando favores e vistas suaves sobre a política para o continente no tocante a solidariedade e cooperação, ambos trabalharam para aproximar seus países, e é inegável que essa relação ajudou na reformulação e melhoria da imagem que Nabuco passou a ter sobre os Estados Unidos.

Pan-americanismos: origens e desenvolvimentos

Segundo Glinkin, parece ter havido duas etapas pan-americanistas na história do continente: uma latino-americana (desde as independências hispano-americanas até o final do século XIX) e outra norte-americana (desde o fim do século XIX) (Glinkin, 1984, p. 46).

A idéia de solidariedade latino-americana nasceu com as batalhas revolucionárias pela independência no primeiro quarto do século XIX e, nesse sentido, deve ser entendida como uma orientação anticolonial. Bolívar, chamado de *Libertador* por ter sido um dos grandes comandantes dessas revoluções, pode ser visto como o ícone dessa corrente. Em sua famosa *Carta de Jamaica* de 1815, que daria a linha de ação para a guerra de independência diria:

> Desejo mais do que ninguém, ver formar-se na América a maior nação do mundo [. . .] o que pode nos tornar capazes de expulsar os espanhóis e de fundar um governo livre é a união (Bolívar, 1992, pp. 67 e 74).

O processo de reconhecimento da independência dos países latinos foi motivo de grandes controvérsias com os Estados Unidos que, apesar de acabarem por se ater ao princípio de autodeterminação dos povos (Fenwick, 1965, pp. 14-5), apoiando-os, mantiveram durante as primeiras iniciativas rebeldes uma neutralidade constrangedora, encorajando desconfianças que atravessariam séculos.

Após o final dos conturbados processos de emancipação, estimulado pela idéia de união que pairava entre parte dos líderes revolucionários, Bolívar convoca o Congresso do Panamá para o ano de 1826, reunião que será o baluarte desse pan-americanismo latino. O maior obstáculo que o Congresso enfrentava ao propor aliança às jovens repúblicas era o fato de as ex-colônias terem sido governadas como unidades autônomas, separadas umas das outras, mantendo relações mais estreitas com a Espanha do que com seus próprios vizinhos (Ibidem, p. 26). Também, a precariedade dos meios de transporte, a instabilidade institucional desses países ilustrada na ocorrência de poderosas oligarquias regionais, a decorrente falta de uma unidade nacional sólida, a fraqueza econômica e financeira evidente pela estrutura produtiva agroexportadora e uma série de desconfianças que apontavam Bolívar como um pretenso hegemonista, acabaram sufocando êxitos reais. Vilaboy e Gallardo afirmam, ainda, que um forte fator para esse fracasso foi o intento pronunciado de Bolívar de libertar Cuba e Porto Rico depois de obter a união hispano-americana (Vilaboy & Gallardo, 2000, p. 59).

Compareceram ao Congresso somente os governos da Colômbia, América Central, Peru e México. Atores de peso como o Brasil, o Chile e as Províncias do Prata declinaram o convite e os Estados Unidos não foram convidados. Com todos esses problemas, somados às dificuldades inerentes às primeiras iniciativas, não ocorreu nenhum resultado prático, ainda que os quatro representantes tenham assinado um "Tratado de União, Liga e Confederação Perpétua" (não ratificado posteriormente). De fato, as decisões do Congresso não afetaram em nada o curso dos acontecimentos nacionais e internacionais das novas repúblicas, mas sua significação, esta sim, teria reverberação por anos.

As idéias de solidariedade latina, vindas junto com o irresistível movimento de independência que tomou lugar no continente, encontravam-se em várias partes da América espanhola e discutiam em sua base questões políticas e territoriais. Existiam dois planos gerais de organização dessa união. Um deles assumia a idéia de uma América hispânica emancipada e unida através de uma só república. Francisco de Miranda[15] foi seu propositor. Esse

---

[15] Francisco de Miranda nasceu em Caracas numa tradicional família aristocrática. Foi comandante-chefe do exército francês na Bélgica durante a Revolução Francesa e retornou à então capitania-geral da Venezuela com o objetivo de comandar uma revolução libertadora, mas acabou derrotado e preso. Foi sucedido no comando do movimento por Bolívar.

projeto, que tem a Junta Suprema de Caracas constituída em 1810 como seu evento mais significativo, se inspirava nas instituições inglesas, mas buscava resgatar a base cultural da sociedade hispano-americana. Propunha assim um imperador inca governando Estados indo-americanos federativos (cf. Martínez, 1957, p. 18). Esse era um projeto altamente centralizador, que se mostrou, em todos os seus termos, uma utopia irrealizável. O outro caminharia pela via de uma confederação de nações, separadas no exercício de questões particulares, mas unidas especialmente para garantia da independência adquirida e da integridade territorial contra potências estrangeiras, promoção de relações pacíficas entre os membros desse grupo e estímulo à pratica de uma política externa ativa. Considerava, ainda, que era essencial ter uma nação liberal de peso que pudesse dar proteção a essa iniciativa, enquanto ela não pudesse sustentar-se por si mesma. Essa nação seria a Inglaterra (Ibidem, pp. 30, 37).[16] Essa era a proposta de Bolívar, menos centralizadora que a de Miranda, mas igualmente de difícil implementação, pois essas propostas, ao definirem o relacionamento colaborativo como a solução para vários dos problemas econômicos e sociais que assolavam todos os países recém-formados (Glinkin, 1984, p. 12), tocavam num ponto nevrálgico para esses novos países orgulhosos, a soberania, da qual nenhum deles estava disposto a abdicar, mesmo em parte.

A precariedade econômico-social, a falta de vontade política e o fracasso do Congresso do Panamá se somavam a uma outra questão pouco debatida, mas essencial: a identidade cultural. A generalização das características culturais comuns da América espanhola que deveriam resultar numa comum identidade, sempre foi exaltada e colocada como um benefício para a união política, mas devemos olhar mais de perto essa aparente homogeneidade. Por trás dela vamos encontrar o fato de que nem mesmo os colonizadores espanhóis a tinham. Eram castelhanos, andaluzes, asturianos, galegos por sua identidade e espanhóis somente sob a imposição do Estado. Tampouco tinham uma cultura comum os

---

[16] A orientação de Bolívar tendia a considerar a Inglaterra como o aliado mais benéfico da causa das independências dos países latino-americanos. Pretendia que esta fosse uma política tática de preservação de autônoma e garantia de liberdade, ainda que ignorasse, no entanto, os aspectos negativos e limitantes de tal aliança.

escravos que foram trazidos da África ou os indígenas (Castillo, s.d., p. 25). A verdade é que essa pretensa identidade nunca teve base real e, por isso, nem sempre foi possível sua utilização como ideologia mobilizadora.

Todas essas questões desencadearam forças centrífugas, exemplificadas num sem-número de guerras civis, que fizeram com que desaparecessem as alianças até então alcançadas e os interesses locais prevalecessem sobre a unidade (Ibidem, p. 24). Com elas também se arrefeceu o primeiro momento do pan-americanismo, ainda latino, que declinaria no decorrer do século XIX, movimento transparecido nas pouco expressivas, ainda que recorrentes, conferências tentadas durante vários anos (Lima, 1848; Santiago, 1856; Lima, 1864-1865; Lima 1877-1879; Caracas, 1883; Montevidéu, 1888-1889)[17] até chegar ao início do segundo momento pan-americano, o norte-americano.

Ainda em 1823 havia sido colocado um novo elemento nesse ambiente, que ajudaria a desestabilizar o pan-americanismo latino. Na verdade, a mensagem presidencial norte-americana que originou a Doutrina Monroe, apesar de não ser propriamente uma proposta integradora que rivalizasse com as idéias de integração bolivarianas, acabou lhe tirando grande parte da força por se propor a "garantir" a independência das nações recém-descolonizadas. As independências pareceram, assim, protegidas de investidas européias e uma das grandes motivações da união latina se viu questionada (cf. Glinkin, 1984, p. 27).

A mensagem anual do presidente Monroe determinava três aspectos:

Primeiramente não seria aceito pelos EUA a recolonização de nenhum país americano por algum país europeu.

[. . .] julgou adequada a ocasião para proclamar como princípio no qual os interesses dos Estados Unidos estão en-

---

[17] Podemos pensar nessas Conferências em dois momentos: até a segunda conferência de Lima de 1864-1865 quando ainda existia uma busca, ainda que retórica, pela confederação fracassada no Panamá e após ela, quando se abandonaram essas ambições originais e os interesses se voltaram para as questões jurídicas e particulares dos países. Para mais detalhes sobre as conferências latinas, ver Atkins, 1991; Fenwick, 1965, pp. 31-45; Vilaboy & Gallardo, 2000, pp. 60-72.

volvidos, que os continentes americanos, mediante a condição de independência que alcançaram, e que mantêm, não poderão no futuro ser considerados como sujeitos a futura colonização por parte de qualquer potência européia [. . .].[18]

Afirmava, também, a separação entre os assuntos europeus e americanos, considerando qualquer intento europeu de instituir seu sistema político na América como ato inamistoso para com os Estados Unidos:

> O sistema político das potências aliadas é essencialmente distinto a esse respeito do Americano. Esta diferença se origina naquela que se dá entre seus respectivos governos [. . .] devemos conseqüentemente manifestar com toda sinceridade, a luz das relações amistosas que se dão entre essas potências e os Estados Unidos, que consideramos qualquer intento de sua parte para estender seu sistema para qualquer porção desse hemisfério, como perigoso para nossa paz e segurança.[19]

E, por fim, dava como compromisso norte-americano não intervir nos assuntos europeus de nenhuma forma:

> Nossa política com respeito à Europa [. . .] permanece inalterada, a saber, não interferir nos assuntos internos de qualquer de suas potências.[20]

A Doutrina Monroe foi incentivada especialmente pelo momento que se vivia e pelo histórico norte-americano. Os impérios coloniais da Espanha e Portugal no continente americano estavam praticamente banidos, ficando essa zona, na visão das potências do momento, à mercê de novas colonizações. Essa era a época da Santa Aliança.[21] Surgida no início do século XIX como

---

[18] Mensagem anual do Presidente James Monroe de 2/12/1823. Apud Pino, 1999, p. 77.

[19] Ibidem, p. 77.

[20] Ibidem.

[21] A proposta da Santa Aliança partiu do czar da Rússia, Alexandre I. Ele, o imperador da Áustria e o rei da Prússia assinaram um tratado em 1815 que estipulava ajuda mútua, mas o grande artífice de tal concerto foi o príncipe austríaco Metternich.

uma reação ao movimento liberal-revolucionário que havia tomado lugar na Europa com Napoleão e se estendido para a América, buscava restabelecer a ordem do Antigo Regime pela repressão de qualquer iniciativa alternativa aos padrões impostos pelos seus membros. Ela se instaurou como um instrumento para manter a França sob vigilância, reprimir movimentos revolucionários, liberais, separatistas ou nacionais europeus, mas tendia a estender seus domínios ou aspirações européias no Novo Mundo.

A par dessa circunstância histórica, em princípio ameaçadora, uma outra questão influiu para o estabelecimento da Doutrina Monroe. Se existia uma forte rivalidade dos Estados Unidos, herdada de sua época como colônia, em relação à postura de exploração das metrópoles européias, o conceito que melhor define essa rivalidade é o dos dois hemisférios. O *princípio dos dois hemisférios* se referia à clara sensação dos norte-americanos de que os rumos políticos escolhidos na América, de independência, liberdade, democracia e governo republicano, juntamente com a sua formação cultural e social diferenciada, separava-se claramente do mundo europeu marcado por governos monárquicos, pelo Absolutismo e pelas guerras de poder e conquista (Pino, 1999, p. 68).[22] Esse princípio evidencia-se na postura isolacionista norte-americana desde a independência.

Deve-se fazer referência também ao princípio proclamado pelo Presidente Jefferson de *não-transferência territorial*, que postulava a inalienabilidade dos territórios americanos ante qualquer potência européia. Esse princípio está claramente exemplificado nas negociações e guerras territoriais empreendidas pelos Estados Unidos após a independência, com o fim de garantir um espaço nacional seguro (Pino, 1999, p. 69).[23]

Junto desse princípio, ou incentivado por ele, caminhava a chamada doutrina do *Destino Manifesto*, também levada às últimas conseqüências por Jefferson. Essa doutrina postulava que os Estados Unidos estavam determinados a controlar o continente

---

[22] Para detalhes históricos sobre o princípio das duas esferas, ver Perkins, 1960, pp. 17-23.

[23] Em 1776 os EUA estavam rodeados pelas potências navais da Espanha ao sudeste e da Inglaterra a noroeste.

nas fronteiras de um a outro oceano, o que acarretou a guerra contra o México e, mais tarde, também o imperialismo no espaço caribenho (Atkins, 1991, p. 159).[24]

Fica claro, assim, que todos os elementos da Doutrina Monroe já estavam presentes na política norte-americana em 1823: separação dos mundos europeu e americano, não-intervenção européia nos negócios americanos, preponderância norte-americana no continente. O que se fez foi juntá-las, dar-lhes liga e um tom político internacional impositivo, num momento em que nenhum país europeu pudesse lhes fazer frente. Pois a chamada Santa Aliança, que era a organização política européia por excelência contrária ideologicamente a esse princípio, estava, já por volta de 1820,[25] desmoralizada e com seu poder na escala internacional em frangalhos, sem nenhuma condição de afrontar um país grande como os Estados Unidos do outro lado do Atlântico.[26] A Inglaterra, que poderia ser uma rival de peso na questão, estava mais preocupada em garantir seus mercados consumidores livres e não colonizados. Antecedentes diplomáticos da Declaração de Monroe apontam que Canning, ministro do Exterior inglês, teve envolvimento direto no fato. Alguns autores afirmam que ele, seguindo interesses ingleses, teria dado aval à Doutrina Monroe e mesmo a estimulado, ao passo que outros questionam essa posição, afirmando que o ministro, ao ver no anúncio de Monroe uma atitude unilateral norte-americana, após ter apresentado várias propostas para uma declaração conjunta com o governo inglês, teria dito: "esse princípio vai ser combatido pelo meu governo com todas as suas forças".[27]

---

[24] Só para se ter idéia do que representou esse pensamento, os EUA, em somente cinqüenta anos (1803-1853), fez crescer o seu território das treze colônias originais até quase os limites atuais.

[25] Os esforços da Santa Aliança não haviam conseguido abafar a rebelião dos gregos contra os turcos (1821-1827) nem a independência das colônias da América do Sul (1810-1824).

[26] A idéia de que os EUA foram os salvadores da liberdade na América pertence ao reino das lendas tão recorrentes na história internacional. A Santa Aliança não representava nenhuma ameaça real de recolonização dos países hispano-americanos (Glinkin, 1999, p. 25).

[27] Canning foi conhecido principalmente pelo pioneirismo na defesa do princípio da não-intervenção nos assuntos internos de outros Estados, seguindo os inte-

A Declaração de Monroe e os subseqüentes princípios, doutrinas ou ações internacionais dos Estados Unidos no continente americano pautaram-se sempre, segundo Atkins, em dois eixos específicos que teriam o objetivo essencial de garantir a sua segurança nacional: minimizar intrusões estrangeiras e promover a estabilidade latino-americana (Ibidem, pp. 150-1). A dita doutrina significava resolver o primeiro eixo. O segundo ainda demoraria alguns anos para ser ativamente pensado. A atuação mais efetiva em sua função teria de esperar a política imperialista do final do século XIX.

As diferenças entre o monroísmo e o pan-americanismo latino são bem claras. Ao passo que o último se pretendia universalista, já que buscava o diálogo com as outras partes do mundo a partir da confederação dos países latinos, o monroísmo tendia a isolar o hemisfério e dicotomizar o mundo em duas partes. Da mesma forma, seja na sua essência, interpretação ou desenvolvimento, o pressuposto da idéia bolivariana era o multilateralismo, ao passo que a de Monroe pressupunha unilateralidade. Especialmente por essa última característica fica claro que o pan-americanismo latino visava o bem comum dos países envolvidos no movimento, algo distante do monroísmo que tinha como preocupação essencial os benefícios para os próprios Estados Unidos.

O final do século XIX marca o início do que denominamos o pan-americanismo norte-americano. A composição do termo *pan-americanismo* só apareceu na imprensa pela primeira vez no *Evening Star*, jornal de Nova York, na edição de 5 de maio de 1888 (cf. Gomes, 1950, p. 45).[28] Ela se relaciona com a convocação, pelos Estados Unidos, da I Conferência Internacional Americana para o ano de 1889. Quem disseminou o termo foram os Estados Unidos por intermédio seu secretário de Estado James Blaine, que já o utilizava em documentos oficiais desde antes de 1888. Nem a data da conferência nem o termo são, obviamente, aleatórios.

---

resses liberais ingleses pelo incremento do comércio mundial. Para detalhes sobre as questões diplomáticas que envolveram Canning e Richard Rush (ministro dos Estados Unidos na Inglaterra), ver Pino, 1999, pp. 72-6 e a posição oposta de Inman, 1964, pp. 636-40.

[28] De acordo com Hélio Lobo (1939, p. 1) e A. Glinkin (1984, p. 45), o termo apareceu um pouco mais tarde, na edição do *Post* de 27/7/1889.

Os Estados Unidos viam nessa época a necessidade do estabelecimento de um domínio sobre o Hemisfério Ocidental, algo essencial para o seu comércio, já que estavam cada vez mais convencidos de que a nova ordem imperial ameaçava seu potencial mercado de exportações (Bethell, 2001, p. 615; Lieuwen, 1966, p. 30). Mostrava-se assim patente que houvesse uma reorientação da política externa do país com o objetivo de atender a esses interesses, encarando as mudanças internacionais que se operavam. É nesse sentido que se propõe o pan-americanismo como um movimento ideológico e político orientado para criar um sistema fechado de relacionamento interestatal, tendo como centro os Estados Unidos (Glinkin, 1984, p. 4). A idéia alimentada por Blaine era a de que esse sistema interamericano poderia ser funcional, dada a existência de uma comunidade de interesses entre os países do continente americano, desde que os Estados Unidos a liderassem (Bethell, 2001, p. 617).

Seguindo a periodização de Campos, esse é um momento de "ajuste hegemônico" (Campos, 2000, p. 241).[29] iniciado com a guerra contra a Espanha. Depois de alcançado o controle preliminar sobre a América Central e o Caribe, os EUA teriam iniciado o trabalho de impor sua presença ao resto do continente com sucessivas políticas estratégicas, como a do pan-americanismo.

Por meio do resgate da idéia de união americana,[30] os Estados Unidos buscaram estimular seu intercâmbio comercial com os países centro e sul-americanos no objetivo de, como já vimos em capítulo anterior, espraiar as mercadorias que lotavam seus parques industriais (cf. Aguilar, 1968, p. 40).[31] Provas dessa intenção são os temas que figuraram no programa da Conferência em Washington, como união aduaneira, pesos e medidas, direitos de invenção, moeda comum. Antes desse momento não havia

---

[29] A etapa precedente é a pré-hegemônica, que compreende a Doutrina Monroe e se estende até o final do século XIX.

[30] Há autores que afirmam ser o pan-americanismo norte-americano, nesse sentido, fruto das iniciativas latino-americanistas do início do século XIX, especialmente de Bolívar. Ver por exemplo Martínez, 1957, p. 29; Glinkin, 1984, p. 46.

[31] O autor chega a firmar que essa perspectiva estava imbuída de algo como um Destino Manifesto revisitado. Ver também Lieuwen, 1966, p. 52; Mecham, 1967, p. 52-5; Yepes, 1955, pp. 10-1; Costa, 1968, p. 178.

muito motivo para que os países americanos se preocupassem com intercâmbios entre si, já que eles eram particularmente repositórios de matérias-primas do centro comercial e manufatureiro europeu (Bueno, 2003, p. 54), mas, com o aumento da produção e a facilitação do transporte, essa necessidade foi criada especialmente para os Estados Unidos. Sem maiores interferências da Inglaterra, que continuava a ver nesses propósitos de liderança norte-americana a manutenção da ordem na região, uma condição *sine qua non* para o aumento de seus investimentos externos já expressivos na América Latina, os Estados Unidos tinham abertura para agir.

Todos os países se fizeram representar na conferência de 1889, que marcou um novo momento de relacionamento entre os países americanos. Apresentando-se de maneira solidária, o conteúdo do pan-americanismo dessa época assumiu componentes práticos para o comércio e resgatou a idéia latino-americana de união, já que era necessário que existisse uma representação ideológica que possibilitasse a aproximação (Magnoli, 1997, p. 192). Essa representação, no entanto, não apelava para a unidade hemisférica a partir de uma correspondência cultural ou histórica, mas da visão de destino comum compartilhado a partir da Doutrina Monroe em contraposição à Europa. Assim, as Américas começavam a ser encaradas de forma vertical, passando a existir uma única América pautada numa proposta de reuniões multilaterais, mas com a liderança norte-americana (Ibidem, p. 198). Tal insistência norte-americana em ser o ponto dessa convergência política fez que os países latino-americanos receassem que o movimento destacado fosse um pretexto para o desenvolvimento de um imperialismo *yankee* (Lieuwen, 1966, p. 52).

De fato, o pan-americanismo do início do século XX foi o instrumento a partir do qual os EUA pretenderam dirigir a inserção internacional dos países americanos para o pertencimento a uma esfera de influência marcadamente norte-americana. Assim, integrou-se com o passar dos anos e das conferências,[32] um subsistema regional americano no sistema internacional em transição.

---

[32] Oito conferências internacionais americanas e duas especiais tiveram lugar entre os anos de 1889 e 1940.

Nabuco, o monroísmo e o pan-americanismo: preliminares

O Brasil, a partir da política externa adotada desde o início da República e, especialmente após a assunção de Rio Branco ao cargo de ministro do Exterior, colocava-se de maneira positiva ante esse novo pan-americanismo norte-americano, apoiando e promovendo iniciativas no seu sentido. Prevenções hispano-americanas em relação ao Brasil incentivavam esse apoio que, por seu turno, também animavam um ciclo inamistoso nas cercanias sul-americanas. Pode-se dizer que o Brasil sempre foi uma ovelha negra no sul do continente. Isso se deveu especialmente ao contraste entre o republicanismo hispano-americano e o monarquismo brasileiro, diferença que se expandia para outros âmbitos, como o das alianças e dos projetos nacionais. O sistema escravista brasileiro foi outro ponto de divergência com os países latinos, bem como as questões litigiosas fronteiriças. Alguns eventos históricos, no entanto, foram particularmente importantes para firmar esse esplêndido distanciamento recíproco, como o reconhecimento brasileiro da coroação de Maximiliano no México, em 1862, contra toda a posição latina, e a Guerra do Paraguai.

Nabuco, no quadro da política externa da Primeira República, se autodefine como monroísta. Além da declaração de "sou um forte monroísta"[33] feita a Rio Branco e já relatada aqui, diria a amigos "manifesto-me monroísta"[34] e, como "Rio Branco me quer lá [Washington] [. . .] terei portanto que ir estudando desde já a doutrina Monroe".[35] A reflexão sobre o tema monroísta vem, no entanto, de um momento anterior a seu cargo como embaixador. Os primeiros esboços dessa futura postura já estão no ensaio *Balmaceda*.

Nessa análise Nabuco já descarta a possibilidade de os EUA terem uma política agressiva, expansionista, aos moldes europeus

---

[33] Carta de Joaquim Nabuco a Rio Branco, 7/7/1902 (Cartas II, 1949, p. 132).

[34] Carta de Joaquim Nabuco a Gastão da Cunha, 14/12/1905 (Fundaj).

[35] Carta de Joaquim Nabuco ao Barão de Albuquerque, 5/1/1905 (Cartas II, 1949, p. 199).

no continente americano. Assim, ao avaliar a posição potencial da América Latina ante os dois processos de expansão que ocorriam no mundo, o norte-americano e o europeu, se questiona:

> Se a solução não é o protetorado europeu, será por acaso o Monroísmo? Os Estados Unidos que já assumiram a proteção do Continente, desde que se comprometeram a defendê-lo contra as invasões da Europa, sentirão um dia que essa garantia lhes dá direitos ou que lhes impõe deveres? (Nabuco, 1937, p. 185).

E, apelando para seu já referenciado estereótipo da raça anglo-americana dirá:

> Os Estados Unidos [...] rejeitariam para os Estados da União cada um dos candidatos da América Latina. A nação americana está convencida de que todo acréscimo de população, de hábitos, de crenças, e índole inteiramente outras, causaria um profundo desequilíbrio em seu sistema de governo e uma incalculável deterioração de sua raça (Ibidem, p. 185).

Acaba, assim, por reforçar aquela noção naturalizada da superioridade da civilização norte-americana, posta nos seus atributos e no seu sistema de governo, repousando nesse caráter superior a impossibilidade histórica de o monroísmo transformar-se em uma solução colonial pela criação de protetorados ou pela anexação de territórios (cf. Silveira, 2000, pp. 247-8). Estava preparado o terreno, dessa forma, para sua posterior adesão a esse princípio norteador de suas ações como embaixador.

Essa é, a nosso ver, a última fronteira em que se pode notar alguma reflexão de Nabuco sobre a Doutrina Monroe. Não há para ele, nesse sentido, uma longa história com a idéia de monroísmo, e podemos dizer que é só na defesa do direito do Brasil na questão da Guiana Inglesa que a concepção de uma política monroísta para o Brasil começa a fazer sentido para Nabuco, porque ela se torna palpável e passível de efetividade ganhando uma real dimensão política.

Quanto ao conceito "pan-americanista", seremos mais cautelosos. Não o utilizaremos para definir as concepções de Nabuco à frente da embaixada. Acreditamos que isso necessariamente reduziria o escopo de análise, pois, circunscrever seu pensamento a essa única dimensão, implicaria não contemplar outros elementos que até mesmo lhes são contrários.

Na verdade, as indicações de que Nabuco pensasse politicamente à frente da embaixada como um ardente defensor dessa causa nos termos em que usualmente se julga, ou seja, de um missionário da união e solidariedade incondicional de todos os países americanos,[36] encontra barreiras em sua visão hierarquizada dos países, na sua idéia de relacionamentos preferenciais independentes e na perseguição de interesses nacionais brasileiros alheios a de outros, idéia que veremos nos próximos tópicos. Não queremos dizer com isso que dentro de suas noções de relacionamento continental não existisse um componente solidário e de aproximação entre os países americanos. Esse componente realmente existiu, mas coordenado com outros elementos, de forma que ele não pode ser definido como a característica norteadora das suas concepções.

A disposição pan-americanista de Nabuco é complexa, difusa e, mais importante, em alguns momentos contraditória, característica recorrente da sua trajetória de vida. Referenciando-se num liberalismo humanitário, teve sempre a preocupação prática de desfazer intrigas e mal-entendidos quando seu cargo o possibilitava. Distanciava-se, no entanto, dela, quando concorriam com necessidades da política externa brasileira. Suas concepções de relacionamento continental podem assim ser encaixadas perfeitamente na definição de Costa sobre Nabuco para quem

> Há um Joaquim Nabuco idealista, romântico mesmo, às vezes sonhador. Há um Nabuco realista, positivo, concreto (Costa, 1968, p. 7).

---

[36] Pode ser visto referências nesse tom em trabalhos como o de Andrade, 1978, p. 55; C. Nabuco, 1958; Gomes, 1950, pp. 123-4. Esses autores e outros, pela simplicidade que apregoam ao pensamento de Nabuco, acabam reduzindo a análise a uma abordagem moral, onde ou lhe exaltam pela defesa do que consideram nobres ideais ou lhe rotulam de idealista.

No que concerne a esse âmbito do pensamento de Nabuco sobre uma união americana, a maioria dos pesquisadores do tema tenta montar também um quadro histórico da construção dessa idéia, mas se utilizam de argumentos pouco consistentes. Costa, por exemplo, que, faça-se a ressalva, tem possivelmente o trabalho mais competente no assunto, afirma que a idéia de uma aproximação mais estreita com as Américas era antiga em Nabuco (Ibidem, p. 103). Na verdade sua afirmação não passa de um argumento já defendido por Carolina Nabuco, alicerçado no fato de que, por ocasião da I Conferência Pan-Americana, Nabuco havia ficado "[. . .] encantado com a confraternização capaz de garantir a paz no continente americano" (C. Nabuco, 1958, p. 402). Ora, esse reconhecimento em 1889 não deve ser superestimado. Nada diz de substantivo, fazendo somente referência ao já abordado liberalismo de Nabuco.

Andrade vai mais longe na história de Nabuco para mostrar essa relação. Dirá que ele se volta "[. . .] desde a mocidade para a vida americana", mas situa bem a questão lembrando que "só no seu exílio voluntário, quando escreve *Um Estadista do Império*, *Minha Formação* e *Balmaceda*, aprofundara-se no estudo da história nacional e continental, cheias de revelações apenas entrevistas na mocidade" (Andrade, 1978, p. 5). Concordamos nesse ponto com Andrade. É possível encontrar raízes, não só da adesão monroísta como vimos acima, mas também das idéias pan-americanas de Nabuco, que seriam mais bem refletidas na sua época como embaixador. Abordaria, assim, em *Balmaceda*, a interdependência dos países sul-americanos e a necessidade de irradiar uma solidariedade que teria o potencial de formar uma "Liga Liberal no Continente" (Nabuco, 1937, p. 186).

Num plano geral é, assim, aceitável, que Nabuco seja interpretado como um pan-americanista, mas devemos fazer as devidas ressalvas a essa afirmação, já que ele também sugeriu caminhos mais restritos para a política externa brasileira, seja nas possibilidades de seus relacionamentos, seja nos métodos para alcançar seus objetivos ou nos diagnósticos da nossa situação continental.

Essa prévia geral situa as concepções do nosso personagem, mas não dá a sua dimensão real, que só pode ser entendida levando em conta outros elementos do seu pensamento, como: a adesão ao monroísmo, sua idéia de sistema mundial, a aceitação dos Estados Unidos como líder do continente e o relacionamento com os outros países latino-americanos. Veremos adiante cada um deles.

A defesa do território e a adesão ao monroísmo: o litígio anglo-brasileiro de 1904

A questão da Guiana Inglesa foi certamente um dos grandes malogros da nossa diplomacia de limites. Ela já se arrastava há muito tempo quando, após ser colocada em arbitramento, Nabuco foi solicitado por Campos Sales em 1899 para defender o Brasil. Aceitou o convite num movimento de volta à política, depois de tantos anos distante. Esse foi um momento de reconciliação, que Nabuco explicava afirmando ser impróprio invocar qualquer tipo de incompatibilidade política com o governo, e ele próprio se colocou acima disso no momento em que o requereu para missão tão importante.[37]

A história desse litígio é cheia de idas e vindas. Sua complexidade não nos permite expor cada pormenor do fato, mas acreditamos que isso não se mostre realmente necessário. Em linhas gerais a região era um espaço de trinta mil quilômetros quadrados de terra, na fronteira entre a Guiana Inglesa e o Brasil, onde se encontra o rio Pirara, à beira do lago Amucu, região salubre e povoada, próxima de minas preciosas, num corredor fluvial que comunica, do Rupununi ao Tacutu, as duas bacias do Amazonas e do Essequibo (cf. Fernandes, 1927, p. 12). Essa visão é bem diferente da apresentada pelo ministro do estrangeiro Lorde Salisbury, incumbido de fazer a defesa inglesa, que afirmava com desprezo que aquela era "uma região em que não existe uma vaca".[38] Na verdade o maior problema desse litígio para o Brasil não era que o imenso vale tinha solo fértil, reservas minerais ainda não exploradas e imensas florestas desconhecidas, mas que os dois

---

[37] Cf. Carta de Joaquim Nabuco a Soares Brandão, 8/3/1899 (Cartas II, 1949, p. 7).

[38] Lorde Salisbury, em uma das discussões do litígio com Nabuco. Apud C. Nabuco, 1958, p. 379.

grandes rios citados acima, que corriam nessa região pendente, davam a chave para o sistema fluvial do Amazonas.

O território em questão havia sido explorado pela Coroa portuguesa a partir do forte de São Joaquim nos anos de 1781, 1784 e 1787. Quando se estabelece a soberania inglesa sobre a Guiana ela encontra seus antecessores holandeses espalhados pelo território entre o Tucutu e o Rupununi desde 1780. Quem cria de fato o litígio é um estudioso alemão chamado Roberto Schomburgk que, a pedido de um tal Lorde Palmerston, se embrenha na mata nativa da região e volta, num disfarçado afã cristão, pedindo com cartas a reverendos e políticos ingleses, que tropas recolham da região as populações indígenas que se encontram desumanamente residentes e oprimidas. Chega enfim a revelação dos seus verdadeiros intuitos quando se vê ignorado pelo governo inglês. Sugere que garantir acesso pelo interior do Brasil para o oceano Pacífico é algo que não se deve descartar facilmente e propõe alguns traçados de fronteira.

Mesmo com a completa falta de esclarecimentos o governo inglês decide adotar as sugestões de Schomburgk e ordena que se levante um mapa do local, bem como que se intime o governo brasileiro a se retirar de uma parte da região. Com alguma relutância, mas para evitar conflito maior, há a retirada, mas como existe forte contestação brasileira sobre a questão, se decide, em 1842, deixar o território como neutro até que se resolva o litígio.

Sessenta anos depois Nabuco aceitou a incumbência de voltar a essa ardilosa história para provar o direito do Brasil. O rei da Itália, Vítor Emanuel, era o árbitro do litígio e Nabuco, entre Roma e Londres, defende a questão com uma habilidade reconhecida por todos. Procura interpretar e argumentar a questão do litígio sempre em função das doutrinas[39] já utilizadas pela Inglaterra nas ocasiões em que disputou territórios com outros países, no intuito de ganhar credibilidade. De fato, essas doutri-

---

[39] São elas a doutrina do *wathershed line*, utilizada pela Inglaterra na disputa com a Venezuela anos antes de a questão da Guiana vir à tona, que determina que a ocupação de um rio e seus afluentes em território vacante implica a dos subafluentes secundários e a doutrina do *ichoate title* segundo a qual a descoberta, acompanhada de afirmação pública de propriedade e seguida de explorações, ainda que esporádicas, e de estabelecimentos, mesmo temporários, sustenta a pretensão ao domínio (Fernandes, 1927, p. 15).

nas pareciam dar grande força de argumento às pretensões brasileiras, mas, além de proposições abstratas, Nabuco também organizou um arquivo documental de provas de posse da região. Fez referência especial à contradição da Inglaterra reclamar para si uma parcela da região da bacia do Amazonas, quando não o havia feito na época da mudança de soberania da Guiana de holandesa para inglesa.

A Inglaterra utilizou a argumentação da posse atual, da soberania exercida e de influência comercial, todas comprovadas com o testemunho de índios. No entanto, essas provas referiam-se a um momento posterior a 1842, quando o território havia sido posto em neutralidade, e, por isso, eram todos nulos, argumentava Nabuco, já que nenhum novo título poderia ser criado. E, se a defesa inglesa demandara grande trabalho do *Foreing Office*, o trabalho de Nabuco foi simplesmente colossal e surpreendente.

Nabuco, em praticamente todo o tempo da defesa, a convite do gabinete governamental, ocupou o lugar do Ministro Sousa Correia na Inglaterra, que havia falecido em 1900. Primeiro teve lugar na legação como "plenipotenciário em missão especial", deixando sua chefia com o encarregado de negócios, e, em agosto de 1900, aceitou definitivamente o cargo de chefe da legação em Londres e tornou-se, afinal, um funcionário oficial da República. Em julho de 1900 tomou posse do cargo e em dezembro apresentou suas credenciais à Rainha Vitória. Entre 1900 e 1904 seguiu debruçado principalmente sobre a questão da Guiana e, ao seu final, o que existiam eram dezoito grandes volumes de texto, documentos e mapas, todos escolhidos e examinados por ele e com mais de duas mil páginas escritas do próprio punho, revestidas da eloqüência que caracterizava seu estilo de escrita (cf. C. Nabuco, 1958, p. 384). Nas palavras de sua filha, "sua defesa, depois de terminada, parecia-lhe uma fortaleza blindada, ao abrigo de todos os golpes inimigos" (Ibidem, p. 385).

Estava enganado. A sentença de Vítor Emanuel em 6 de junho de 1904 liquidou a controvérsia territorial com uma clara inclinação às pretensões inglesas, mesmo que teoricamente falasse da partilha da região entre os dois requerentes de forma igual. Dizia que não era possível determinar, tendo em vista as provas históricas e jurídicas de soberania apresentadas, o direito de cada nação, nem os limites que deveriam recortar a região. Essa tentativa de agradar as duas partes era comum nas questões arbitrais, porque uma decisão favorável a uma das partes significava uma certeza absoluta dos seus direitos e uma postura altiva do árbitro que teria de encarar o descontentamento da outra parte.

Nabuco respeitou a decisão, como não poderia deixar de fazê-lo. Suavizaria a questão dizendo que tudo se deveu a um amadorismo no seu estudo e não má-fé (Costa, 1968, p. 47). Mas fica claro que ela havia sido baseada em diversos erros questionáveis do árbitro, que acabaram por atribuir à Inglaterra um território maior do que ela mesma reivindicava. Julgou-se com demasiada severidade as pretensões do Brasil e com demasiada benevolência as inglesas, obtendo-se uma notável falta de critério (Costa, 1968, p. 46).

Fica claro o valor que todos os que se relacionavam com Nabuco (Rio Branco, Afonso Pena, Rodrigues Alves) tentaram dar aos seus esforços na defesa do direito do Brasil,[40] de tal forma que ele se convenceu de que, apesar de ter perdido a questão, "o país me fez representante do seu infortúnio em vez de me acusar dele".[41]

O malogro de Nabuco em Roma teve conseqüências importantes nas suas concepções políticas (Costa, 1968, p. 50).[42] O evento lhe calcou no espírito um elemento que se transformaria em um dos eixos de sua política diplomática: o território. A partir daí elevou a importância desse elemento, a ponto de colocar a sua proteção como o seu grande baluarte. Tinha a forte sensação de que o momento internacional tornara-se especialmente perigoso, necessitando o Brasil fazer mais atenção às suas fronteiras.

> A moralidade da sentença é que devemos fazer mais atenção às nossas fronteiras do que temos feito. No tempo de

---

[40] Telegrama de Rio Branco a Nabuco, 16/6/1904 (Fundaj); carta de Rodrigues Alves a Nabuco, 19/6/1904 (Fundaj); carta de Afonso Pena a Nabuco, 17/6/1904 (Fundaj).

[41] Carta de Joaquim Nabuco a Tobias Monteiro, 18/7/1904 (Cartas II, 1949, p. 169). Mesma idéia em carta a Rio Branco de 19/7/1904 (Cartas II, 1949, pp. 170-2).

[42] O autor ainda frisa a idéia dizendo que "não resta dúvidas que o ponto de partida do americanismo ativo de Nabuco, que muitos julgaram exagerado, deve ser situado durante a Missão Especial" (Costa, 1968, p. 50).

colônia os Portugueses se interessaram mais pelos limites do Rio Branco do que os Brasileiros depois da independência.[43]

Nabuco requeria a Rio Branco que algum funcionário da missão especial de Roma fizesse um estudo das questões geográficas do país, "[. . .] estudos para as respectivas explorações agora indispensáveis, se quisermos conservar as nossas fronteiras", pois "[. . .] muitos sentirão que sejamos assim tão grande".[44] A inveja de existir um país pouco desenvolvido como o Brasil com tamanho território e diversidade era motivo de preocupação.

Decisões arbitrais como essa refletiam também disputas de poder entre os países e não somente direitos jurídicos. Para Nabuco ficava claro que a Inglaterra, além de ser um Império experiente em questões desse tipo, tinha influenciado a decisão ao seu favor por sua condição de potência mundial. Diria que

> Em questões com a Inglaterra [. . .] um país fraco como o Brasil pode considerar-se vencedor, quando fica com a metade do que reclamava.
> Os longos circuitos diplomáticos pelos quais a Inglaterra estendeu o território da Guiana Inglesa até as margens do Tacutu provêm da sua arte consumada da tenacidade, da vigilância.[45]

A decisão ligava-se também à influência e centralidade do mundo europeu. O árbitro do litígio, Itália, e uma das partes, Inglaterra, partilhavam concepções importantes sobre critérios de ação internacional. Assim deve ser entendido o julgamento do rei da Itália, segundo Nabuco, "com as idéias do Congresso de Berlim"[46] de 1884.

---

[43] Carta de Joaquim Nabuco a Campos Sales, 3/10/1904 (Fundaj). E pode-se ver essa idéia mais uma série de vezes na correspondência de Nabuco. Carta a Florence de Berends, 16/7/1904 (Fundaj); Carta a Graça Aranha, 15/10/1904 (Fundaj).

[44] Carta de Joaquim Nabuco a Rio Branco, 9/7/1904 (AHI).

[45] Carta de Joaquim Nabuco [1904]. Procedência desconhecida (Fundaj).

[46] Carta de Joaquim Nabuco a Campos Sales, 3/10/1904 (Cartas II, 1949, p. 175). Para informação sobre a parcialidade do árbitro italiano, ver Dennison, 2006, p. 141. O objetivo principal do convite de Bismarck para o Congresso era o reconhecimento da Alemanha como nova potência mundial e, para tanto, era necessário que adquirisse protetorados coloniais, no caso, na África.

Tal Congresso havia tomado lugar por convite do chanceler alemão, Otto von Bismarck. Doze países que tinham algum tipo de interesse na África se encontraram em Berlim. Alemanha, França e Inglaterra fizeram reconhecimentos mútuos e firmaram uma partilha territorial de suas respectivas áreas. Esse evento representou um novo impulso ao colonialismo. Até 1914 a África estava completamente divida entre os principais países europeus (Inglaterra, França, Espanha, Itália, Bélgica, Portugal e Alemanha).

Nabuco achava que, talvez, sem a mediação do rei da Itália seria possível ter conseguido uma maior parte do território contestado. O arbitramento, assim, não havia sido a melhor solução para a questão e o seu precedente, estipulado nos contornos desse "direito africano", poderia trazer em outras situações parecidas grandes perdas para o Brasil. De fato, já em 1902, por conta da leitura dos jornais ingleses Nabuco diria que já se discutia "a partilha da América do Sul como se fosse a África".[47]

> [. . .] se tivesse dependido só de mim teríamos talvez feito com a Inglaterra um acordo direto que nos daria quase todo o território em litígio. Estou formidavelmente documentado quanto ao meu próprio papel na questão, mas senti duramente a perda do território incontestavelmente nosso e a invocação de princípios que nos fariam perder dois terços ou metade do nosso país, se ambições estrangeiras se levantassem de repente no Amazonas, no Paraguai e em todos os nossos sertões desconhecidos, ou desocupados.[48]

Esses elementos imperialistas implícitos na decisão arbitral fizeram com que Nabuco decidisse de uma vez por todas que nosso território sofria de uma grande vulnerabilidade e necessitava proteção. E esse temor não era, de nenhuma forma, ingênuo. O Congresso de Berlim firmara o princípio jurídico, terrível para o Brasil, de que a posse atual e ocupação efetiva do território eram o único meio de garantir e conservar a soberania

---

[47] Carta de Joaquim Nabuco a Tobias Monteiro, 15/12/1902 (Cartas II, 1949, p. 140).

[48] Carta de Joaquim Nabuco a Dona Maria Ana Soares Brandão, 21/7/1904 (Cartas II, 1949, pp. 172-3).

territorial. Era alarmante, no entanto, pensar que entre 1880 e 1914, a maior parte do mundo, exceto Europa e Américas, havia sido dividida em territórios sob governo direto ou dominação política indireta de um ou outro Estado de um pequeno grupo de potências (Hobsbawm, 1998, p. 88; Magdoff, 1979, p. 94; Barraclough, 1966, p. 60). Mesmo em 1900 a palavra *imperialismo* corria na boca de todo o mundo, reconhecida como prática internacional. Para um viés analítico deveríamos nos referir a esse movimento no plural, *imperialismos*, pois seus objetivos e motivações foram diversos nos países que o praticaram. Só é possível, assim, entender a ação de alguns deles num estudo individualizado.

O imperialismo duro, ou como Wolfgang argumenta, "formal" (Döpcke, 2001, p. 138), caracterizado pela conquista territorial, é o que mais nos interessa aqui, porque é o que mais se identifica com as preocupações de Nabuco. Apesar de os interesses políticos terem tido grande peso para configurar esse movimento agressivo, não podemos, como bem alerta Barraclough, fazer, nesse contexto, uma divisão nítida entre política e economia para defini-lo. Esses elementos são indistintos, pois cada um deles carrega interações com o outro (Barraclough, 1966, p. 57). Os motivos econômicos, que seguiam a lógica de espraiar a produção manufatureira em larga expansão nos países desenvolvidos a partir do acréscimo de novas tecnologias, para extensos mercados consumidores, buscando ao mesmo tempo garantir o fornecimento de matérias-primas para essa mesma indústria pela implantação das *plantations* (Renouvin, 1969, pp. 438-9), num clássico pacto colonial, só que mais complexo, misturam-se com as motivações advindas das tendências ideológicas nacionalistas e raciais (Döpcke, 2001, p. 144) da época e com o afã por prestígio e *status* internacional. As questões estratégicas também não devem ser desconsideradas, já que a rivalidade entre Estados-nação pressupunha a perda de espaço e poder de uns para a ascensão de outros.

Dessa forma, o laudo de 1904, precedente perigoso nesse estado de coisas, acabou de cristalizar em Nabuco a adesão ao monroísmo (Costa, 1968, pp. 48-9),[49] tendo a questão territorial

---

[49] O autor dirá que "não resta dúvida que o ponto de partida do americanismo ativo de Nabuco, que muitos julgaram exagerado, deve ser situado durante a Missão Especial" (Costa, 1968, p. 50).

como sua maior preocupação. Ele combinou dois pontos essenciais para Nabuco: a ameaça territorial e/ou colonial européia e a idéia de dois mundos, o europeu e o americano, distintos em suas visões de mundo. A Doutrina Monroe deveria ser, assim, seriamente aceita "como a fórmula exterior da independência do nosso Continente, como a lei da nossa órbita internacional à parte da do Velho Mundo".[50] Para o Brasil, em particular, ela deveria representar um grande interesse nacional, já que vivíamos em um período histórico em que as antigas ficções de direito iam perdendo terreno, e a força, justificada pelo progresso material que ela desenvolve por toda a parte, avançando sempre. Para o Brasil, "um mundo sobre o qual cada dia mais se dirigem as cobiças das nações que têm fome de terra, das raças que precisam expandir-se",[51] sem recursos de poder que pudessem ao menos se colocar perto da magnitude do problema, Nabuco só enxergava sobrevivência na habilidade de nossa política externa.

De fato, os dois pontos que caracterizavam o laudo de 1904, levantados por Nabuco, encontravam referências e solução na Declaração de Monroe, realimentada pelos Estados Unidos a partir das Conferências Pan-Americanas iniciadas em 1889. Nabuco juntava, assim, a adesão ao monroísmo à sua convicção de que "esta vitória [a de não ter sido pleiteada outras partes do território brasileiro] devemo-la, principalmente, aos Estados Unidos",[52] já que eram eles que havia refreado as ambições imperialistas inglesas na questão venezuelana da década de 1890, submetendo-a, ao menos, a arbitramento. Pensando de uma maneira preventiva, Nabuco achava importante cultivar o monroísmo ao lado dos Estados Unidos como política de defesa brasileira, quiçá continental, afirmando:

> A doutrina de Monroe só é uma defesa contra os estrangeiros *bona fide,* um interdito possessório. Digo que é só isso, mas isso já é sem preço, pois este abrigo criou a segurança, com toda a sua influência benéfica no desenvolvimento de

---

[50] Ofício de Washington — Nabuco para Rio Branco, 30/5/1905 (AHI).
[51] Carta de Joaquim Nabuco a Nilo Peçanha, 15/10/1906 (Fundaj).
[52] Carta de Joaquim Nabuco a Rio Branco, 22/7/1904 (AHI).

nações que estão, como as nossas, na fase de crescimento natural.[53]

Concepção de um sistema mundial e continental

A adesão de Nabuco ao monroísmo se complementa com sua concepção de sistema continental.[54] A Doutrina Monroe, ainda que sendo uma política particular norte-americana, daria uma liga ideológica entre os países americanos a partir do novo pan-americanismo, por apontar um destino uno para um mundo novo diferente do europeu. Nabuco achava que as mais importantes repúblicas do continente teriam a possibilidade de contribuir para a consolidação e manutenção da doutrina (Costa, 1968, p. 109). Assim, ele se insere na definição de Lafer que afirma que "a interpretação multilateral do monroísmo é parte constitutiva da doutrina de política externa brasileira" (Lafer, 2001, p. 67). Para nosso embaixador em Washington, no entanto, a liderança desse processo deveria estar nas hábeis, porque mais civilizadas, mãos norte-americanas. Nesse sentido, a melhor garantia da supranacionalidade do monroísmo residia na sua implementação concreta, tendo por base o caráter próprio de uma política externa nacional norte-americana (cf. Silveira, 2000, p. 251).[55] Essa construção intelectual tinha, na materialidade do continente americano, a necessidade de contrapor-se a algo para criar uma identidade. Esse "algo" exigiu de Nabuco a concepção, ainda que geral, de um sistema mundial. Basicamente pensava a existência de um bloco internacional americano, e seu poder potencial era o poder dos Estados Unidos, ao lado de outro bloco europeu, com centros distintos de poder.[56] Partilhando da idéia de dois

---

[53] Entrevista de Nabuco ao *Chicago Tribune* de 10/7/1905 (AHI).

[54] Entre os brasileiros, Nabuco era o que mais explicitava a existência de um sistema continental (Bueno, 2003, p. 166).

[55] Gomes também afirma tal idéia ao dizer que, diante da massa colossal européia, pensada junto com todas as suas possessões extracontinentais, para Nabuco, "a única solução [. . .] seria a união de todas as repúblicas americanas sob a égide da Doutrina de Monroe" (Gomes, 1950, pp. 126-7).

[56] Há referência a certo pioneirismo de Nabuco, no Brasil, no discernimento de um sistema mundial caracterizado por dois tipos de poder, um americano e outro europeu (Ganzert, 1942, p. 439).

hemisférios sintetizada na Doutrina Monroe, Nabuco acredita que desde o momento em que a América se tornou independente, significou que "[. . .] politicamente nós nos desprendemos da Europa tão completamente e definitivamente como a lua da terra" (apud C. Nabuco, 1958, p. 402).

Diferentemente da definição teórica clássica aroniana de sistema mundial, que o entende como sendo o conjunto das unidades políticas que mantêm relações entre si e estão suscetíveis de entrar em guerra (Aron, 2002, p. 153), a definição histórica de Nabuco para o início do século XX, seguindo uma diplomacia de equilíbrio, poderia ser colocada como o conjunto dos blocos de poder independentes, definidos a partir de áreas de influência territoriais que, mantendo relações políticas regulares entre si, contrabalançam suas características opostas.

> Quão verdadeiramente profética foi a palavra de Canning sobre a sua obra, que foi obra também de Monroe: "chamei à existência um novo mundo para restabelecer o equilíbrio antigo". Os Estados, sem a Doutrina de Monroe, não teriam restabelecido este equilíbrio (Nabuco, 1949, p. 450).

Reconhecendo o caráter imperialista dos Estados no início do século XX, os blocos de poder seriam as entidades internacionais formadas não só pelo seu território oficial, mas também pelos adendos coloniais advindos da política imperialista. Os Estados principais desses blocos, as grandes potências, teriam neles centralidade e comando. Seria de grande utilidade que eles tivessem uma política externa coesa, mas como são conjuntos de países, teriam forte dificuldade para sua consolidação. De qualquer forma, continuavam a existir atritos internacionais nesse estado de coisas, já que alguns grupos teriam um apelo fortemente expansivo, gerando conflitos bélicos eventuais.

O que havia proporcionado a descentralização do poder internacional, criando blocos diversos, teria sido a relativização do poder europeu pela ascensão de novos atores internacionais de peso. Nabuco não acreditava na tese da decadência européia. Achava, no entanto, que além do poder seria necessário à Europa dividir também a hegemonia moral do mundo com uma nova fonte de civilização que despontava na América, os EUA (Nabuco, s.d., p. 205).[57] Para Nabuco, os filhos de Washington seriam "os modelos da nossa civilização americana" (Ibidem, p. 206) e seu caráter mais visível a liberdade. O papel destinado à América Latina na história ainda era, no entanto, pouco perceptível (Ibidem, p. 205). Dessa forma, agradecia pelo resto do continente ao fundador desta sociedade, Lincoln, afirmando que

> Nós, como os demais países sul-americanos, lhe devemos o haver feito, do primeiro país do nosso continente, uma grande nação inteiramente livre, estabelecendo deste modo o verdadeiro caráter da civilização americana (Ibidem, p. 109).

A formação dos blocos desse mundo multipolar teria como incentivo uma série de inovações tecnológicas que ganhavam espaço nas sociedades industriais. Os países centrais desse processo utilizavam-nas como poder dominador, a partir da organização de uma nova força bélica e da diminuição do espaço físico, facilitando o controle e a exploração econômica das áreas adjacentes coloniais.[58] Nabuco diria que

> Hoje vivemos em um *croud* e dentro de um expresso. Não há nada mais sugestivo do que um mapa dos caminhos de ferro do velho mundo no almanaque Hachette deste ano. Daqui a pouco Europa, Ásia e África formarão uma só rede. E a que pequena distância dela ficaremos quando forem reunidos por trilhos o Senegal e a Argélia! É o sistema político do globo que começa em vez do antigo sistema europeu! É um grande assunto de observação tudo isso. Pode-se dizer que estamos nas vésperas de uma nova era.[59]

---

[57] Nesse sentido, Nabuco dirá: "há uma geografia intelectual do mesmo modo que uma geografia botânica e zoológica" (Nabuco, s.d., p. 205); Silveira, 2000, p. 252.

[58] Autores como Barraclough dão razão para Nabuco nessas observações. Barraclough afirma que o industrialismo foi um dos grandes catalisadores das modificações que se operaram no que classifica como "sociedade contemporânea" do século XX, fase posterior à "sociedade moderna" do século anterior (Barraclough, 1966, pp. 43-61).

[59] Carta de Joaquim Nabuco ao Barão de Albuquerque, 5/1/1905 (Cartas II, p. 200). Nabuco era deslumbrado com os progressos possibilitados pela ciência ao

Se desse lado do Atlântico o poder aglutinador eram os Estados Unidos, baseados na Doutrina Monroe, na Europa se podia ver pelo menos dois outros grupos, um liderado pela Alemanha e outro pela Inglaterra, ambos em expansão por conta de suas bases imperialistas "formais",[60] se quisermos utilizar tal termo, e baseados em um sistema de alianças, algo que não existia na América.[61] A unidade moral e não a conquista territorial seriam as bases para a consolidação do bloco americano. Para Nabuco, "as alianças passam, não têm elasticidade e são cheias de perigos, ao passo que a espontânea concorrência nas mesmas linhas de ação é o natural desenvolvimento do destino de cada nação". Nesse sentido, "a concentração das Repúblicas Americanas com a idéia de que todas formam, sob várias bandeiras, um só sistema político, já é uma aliança moral" (Ibidem, pp. 146-7).

O caminho da mundialização dos assuntos internacionais (Barraclough, 1966, p. 93), já assinalada por Nabuco, provocava esses diferentes blocos para a defesa de suas respectivas áreas de influência e da sua preponderância internacional. Os destinos do sistema em si e, por conseqüência, de todos os que dele faziam parte, seria dado pelo resultado do conflito.[62] Nabuco achava que estava "[. . .] em desenvolvimento uma transformação do equilíbrio político do mundo, que forçosamente afetará as rela-

---

homem. Diria que "A ciência aligeira sem dúvida as penas do homem, multiplica-lhe os labores, melhora-lhe a condição, em um grau e medida que a beneficência e a caridade nunca lograriam. Caridade é local, ciência é universal" (Nabuco, s.d., p. 115); Já em *Minha Formação* dirá: "Sou antes um espectador do meu século do que do meu país; a peça é para mim a civilização, e se está representando em todos os teatros da humanidade, ligados hoje pelo telégrafo" (Nabuco, 1999, p. 44).

[60] Nabuco diria: "Europa não é mais somente Europa. É Europa com África e Ásia e mesmo para tal poderosa combinação é bom que uma parte do globo fique fora disso como um terreno neutro. É um imenso benefício para toda a humanidade" (entrevista de Nabuco ao *Chicago Tribune* de 10/7/1905).

[61] É corrente na bibliografia que trata do tema o fato de os Estados Unidos nunca terem sido imperialistas nos moldes que foi, por exemplo, a Inglaterra. Ainda assim, não devemos nos enganar concluindo que os Estados Unidos não tenham praticado o imperialismo a seu modo.

[62] Nabuco diria que "[. . .] estamos caminhando para uma época em que a sorte de todos sem exceção tem que ser afetada pela solução que tiver o conflito de influência e preponderância entre os grandes sistemas atuais de forças, como sejam a Tríplice e a Dupla Aliança, o Império Britânico, a doutrina Monroe, etc." (Carta de Joaquim Nabuco a Rodrigues Alves. Apud Carolina Nabuco, 1958, p. 403).

ções internacionais/ a América do Sul/ quando se vier a completar, e dez anos é o prazo máximo para a fixação das vistas que hoje flutuam".[63]

Os dois blocos essenciais em questão, no entanto, tinham uma essencial característica distinta que fazia toda a diferença para o nosso continente. Os europeus tendiam à beligerância ao passo que o americano para a paz. Na cerimônia de apresentação de credenciais de embaixador Nabuco diria que

> Todos os votos do Brasil são, com efeito pelo aumento da imensa influência moral que os Estados Unidos exercem sobre a marcha da civilização e que se traduz pela existência no mundo pela primeira vez na história de uma vasta zona neutra de paz e livre competição humana.[64]

Após ser questionado pelo então secretário de Estado Hay, antecessor de Root, sobre o que quis dizer exatamente com "zona de Paz e livre competição humana", Nabuco explicaria que

> [. . .] a influência benéfica dos Estados Unidos na história é provada pela existência, pela primeira vez, de uma grande zona Neutra, como é toda a América independente, inclinada para a paz, ao lado de uma outra massa (a Europa formando agora por controle, alianças, etc., um todo com a África e a Ásia) inclinada para a guerra, real ou iminente.[65]

Assim, os Estados Unidos influenciariam, a partir de uma prevalência moral, exemplificada na Doutrina Monroe, o meio continental e mundial de maneira decisiva. Tinham também o compromisso, por serem o país de maior desenvolvimento econômico e bélico e de maior importância política já nos primeiros anos do século XX, de liderarem a América. Da mesma forma

---

[63] Carta de Joaquim Nabuco, sem destinatário, 1908 (Fundaj).

[64] Discurso de Nabuco para Roosevelt por conta da entrega de credenciais (AHI).

[65] Carta de Joaquim Nabuco ao Sr. Hay, 21/6/1905 (AHI). Aqui Nabuco explica sua idéia de Zona Neutra de livre competição humana sem guerras dita a Roosevelt por conta da entrega das credenciais.

que Rio Branco, Nabuco acreditava que os Estados Unidos eram o centro desse subsistema internacional de poder na América (Bueno, 2003, p. 165), mas o embaixador ia além ao incentivar a idéia de *Destino Manifesto* norte-americano, colocando esse país na missão de extrapolar a fronteira americana a partir do reconhecimento mundial de sua proteção, intrínseca pelo passado e necessária pelo presente.

A idéia de sistema americano já estava presente, é claro, na proposta norte-americana nas conferências pan-americanas. A partir delas se vislumbrava a construção de uma relação americana tendo em vista o desenvolvimento comum. O caso é que essa retórica era nitidamente estratégica com o objetivo de abrir os mercados latinos e a proposta de Nabuco era obviamente outra, porque tomava o pressuposto do interesse brasileiro como veremos no próximo tópico. Mas, de qualquer forma, era necessária uma atuação continental conjunta para que esse bloco americano pudesse ganhar alcance e força. É necessário fazer referência ao fato de que Nabuco realizava uma fragmentação sociocultural entre a América saxônica e a América latina, distanciadas durante muito tempo por um temor latino e pela indiferença norte-americana. Segundo Silveira, essa fragmentação, como já foi aventado anteriormente, representava uma diferenciação entre estágios de desenvolvimento, estando a norte-americana em um degrau bem superior (Silveira, 2000, p. 253). O contato dos menos desenvolvidos com essa alta civilização seria de grande benefício para os primeiros já que

> A América Latina [. . .] se impregnaria, em medida diversa, do vosso otimismo, intrepidez e energia (Nabuco, s.d., p. 143).

As Conferências Pan-Americanas teriam o seu papel na identificação de interesses comuns das nações americanas e no aprofundamento de suas relações, mas não bastariam, sendo necessário avançar rumo à criação de uma "opinião pública americana", condição essencial para o desenvolvimento das duas Américas. Uma vez que já existia uma opinião pública mundial, "ainda que distante e vaga", precisaríamos de uma nossa, do continente, "comum, ampliada pela concentração e reflexão direta de nação a nação [. . .] quando essa opinião chegar a seu completo desenvolvimento, fazer parte da União das Repúblicas Americanas importa imunidade para uma delas, não só de conquistas estrangeiras, mas também de governo arbitrário e suspensão de liberdade pública e individual" (Ibidem, pp. 149-50). Nabuco mostrava os elementos pan-americanos de suas concepções ao incentivar a criação de conhecimento e compreensão entre as nações americanas, a existência de uma propaganda para fomentar discussões e formar opiniões públicas continentais, uma comunhão de interesses materiais e morais. No caso da alta civilização americana, os Estados Unidos, o progresso conjunto traria a consolidação do seu poder em escala mundial e no caso da América atrasada, a latina, haveria um desenvolvimento comum com a possibilidade da criação de um sistema cooperativo continental.

Alguns fatores facilitavam ainda essa comunhão de ideais e progresso ante o resto do mundo. Para Nabuco, os preconceitos históricos e raciais que promoviam um sem-número de conflitos entre os povos, encontravam-se, na América, menos acentuados. E apesar das diferenças de raça, de línguas, de crenças, uma origem sociológica comum constituía um fator de unidade (Costa, 1968, p. 111). Nabuco acreditava que o movimento histórico fez que os países americanos se encontrassem todos em convergência de posição política, fazendo referência ao fato de que "o interesse que antes me inspiravam as coisas sul-americanas aumentou naturalmente depois da revolução de 15 de novembro. Desde então começamos a fazer parte de um sistema político mais vasto" (Nabuco, 1937, p. 182).[66] Nossa mudança da forma de governo monárquica para a republicana teria como causa importante nossa circunstância geográfica americana, estando ligado a isso a idéia de promoção da união americana (Ibidem, p. 182). Nabuco afirmava que, em relação às nossas ambições nacionais, a partir de então

---

[66] Nogueira também atesta esse paralelo entre republicanismo e união americana (Nogueira, 1984, p. 201).

Sem fazermos parte de um sistema, entregues aos nossos recursos somente, não poderemos olhar com sobranceria aquelas expectativas impacientes.[67]

Tudo isso levou Nabuco a considerar "que Wash. deve ser a nossa primeira legação no presente estado do equilíbrio político "mundial".[68] Mas se em termos mundiais a situação era essa, a organização de poder na América teria um caráter particular e mais complexo, apesar de fácil identificação e escolhas para o Brasil.

Brasil: aliança com os Estados Unidos e relacionamento com outros países do continente

Como vimos nos tópicos anteriores, o pleito de 1904 cristalizou em Nabuco a necessidade de uma aproximação maior com os Estados Unidos balizada no monroísmo. Isso se deu por duas razões. A primeira, mais imediata e concreta, foi a necessidade de proteção do território brasileiro contra as pretensões imperialistas das potências européias, que se tornavam cada vez mais favorecidas pela perda de legitimidade dos antigos critérios do direito internacional. Elaborou, a partir disso, uma idéia consistente da organização e funcionamento de um sistema continental e mundial, o que nos leva à segunda razão, de maior alcance e abstração, definida como ideal de união americana, considerada como uma esteira de progresso e desenvolvimento contínuo para o alcance do bem-estar social dentro dos Estados das Américas num primeiro momento e, depois, mediante irradiação dessa civilização, dos Estados do mundo inteiro.

Pretendemos aqui discutir as nuanças contidas em sua idéia de união continental. Acreditamos que Nabuco tinha propostas bem-definidas e singulares sobre o relacionamento do Brasil com os Estados Unidos nesse quadro. Deslocamos a análise, assim, para a particularidade do seu cargo como embaixador brasileiro em Washington, tentando apreender o outro lado de seu ameri-

---

[67] Carta de Joaquim Nabuco a Nilo Peçanha, 15/10/1906 (Fundaj).
[68] Carta de Joaquim Nabuco a Rio Branco, 4/1903 (Fundaj).

canismo, que se relaciona com as idéias de poder, hierarquia, posições estratégicas e interesse.

Numa época em que Nabuco considerava que os problemas externos tendiam a sobrepujar em importância as questões internas,[69] a política de aproximação com os Estados Unidos ganhava uma grande dimensão, devendo ser "o alfa e o ômega da nossa política externa".[70] Como considerava Washington o grande arquiteto político do continente americano,[71] achava que seu posto deveria ser utilizado como centro de operações do Brasil para sua inserção no mundo. Já que os Estados Unidos eram de uma importância singular, "o observatório de Washington é em tal conjuntura o mais importante de todos".[72]

Nabuco afirmava que o Brasil tinha característica e história que lhe garantia uma posição distintamente mais próxima da grande civilização do continente (Dennison, 2006, p. 150). Identificava-o com as qualidades do ideal de união americana ao colocar, como um suposto comportamento nacional brasileiro, o americanismo e a solidariedade (Silveira, 2000, p. 259). Diria aos estudantes da Universidade de Yale

> Tanto compreendeu logo o Brasil o bem que importava para a América Latina a Doutrina de Monroe, que foi a primeira das novas nações que lhe deu apoio [. . .] Se me perguntásseis qual vem a ser o principal característico nacional do Brasil, responderia certamente que é o idealismo. Desse idealismo comparte o americano. Sempre fomos e continuamos leais ao nosso Continente. Nunca poderia a nossa Nação se escravizar a um cometimento egoístico e baixo (Nabuco, s.d., p. 133).

Estava o Brasil, assim, num campo diferente dos países da América hispânica no que concerne ao relacionamento com os

---

[69] Carta de Joaquim Nabuco a Rodrigues Alves. Apud C. Nabuco, 1958, p. 403.

[70] Carta confidencial de Joaquim Nabuco a Barbosa Lima, 7/7/1907 (Cartas II, 1949, pp. 277-8).

[71] Carta de Joaquim Nabuco a Basset More, 2/3/1907 (Fundaj).

[72] Carta de Joaquim Nabuco ao Barão de Albuquerque, 5/1/1905 (Cartas II, 1949, p. 200).

Estados Unidos, já que eles "por largo tempo recearam o contato mui perto convosco, atenta a grande diferença de força entre esta e as demais nações americanas" (Ibidem, p. 141). De fato, se a amizade norte-americana e o monroísmo eram geralmente bem aceitos no Brasil (cf. Costa, 1968 p. 157), o resto da América alimentava grande reserva para com os Estados Unidos e sua política externa pelos acontecimentos no México e no Panamá, ganhando força, especialmente, depois da proclamação do corolário Roosevelt e as intervenções em São Domingos e em Cuba. Realmente, sempre existiu uma linha contrária nos países hispano-americanos, desde antes de se tornarem independentes, vinda de Bolívar, a qualquer envolvimento maior com os Estados Unidos e, quando estes decidiram recuperar a Doutrina Monroe para fazer parte da estrutura ideológica do novo pan-americanismo, acabaram piorando a situação. Essa doutrina não era bem-vista porque assumiu interpretações discrepantes, sendo usada ao mesmo tempo como retórica da união americana e como base do corolário Roosevelt. Uma grande confusão de idéias e ações se instalara.

Contribuindo para o Brasil aproximar-se dos Estados Unidos, no sentido já apontado anteriormente, estaria a condição de isolamento de ambos, cada qual numa porção do continente. Identificações comuns como essa e outras eram usuais na época.[73] Mas um outro fator importante que dava incentivo para o estreitamento desse relacionamento, era a postura internacional argentina. Em nenhuma parte da América a oposição aos Estados Unidos e ao pan-americanismo foi mais forte do que nesse país, tanto por seu alinhamento político à Europa, quanto por ser um competidor comercial norte-americano nas produções agrícolas (Ibidem, pp. 166-7). O fato de o Brasil ser um rival histórico dessa nação incentivava uma postura oposta, ou seja, próxima aos Estados Unidos.

Para Nabuco, em posição privilegiada, reservada pela sua fidelidade e importância americana, o Brasil teria o compromisso de desempenhar um papel de interlocutor e intermediário entre o mundo anglo-saxão e o mundo latino para possibilitar a

---

[73] Ver item "Rio Branco e o relacionamento estratégico com os Estados Unidos", pp. 57-67.

sua convergência. Inseria-se, assim, uma retórica pan-americana num quadro internacional hierarquizado. Silveira apreende bem a questão ao afirmar que "tal representação da posição brasileira fornecia um sentido explicativo, de teor americanista, e não necessariamente americanófilo, tal como aparecerá materializado, sob diversas formas, na política de Rio Branco" (Silveira, 2000, p. 258).

Essas visões incentivam para Nabuco a busca de um bilateralismo radical, que punha o Brasil como um aliado preferencial e tradicional dos norte-americanos na busca da unidade dos dois lados do continente. Justificava-se, assim, a alta posição de poder que a nação brasileira deveria ter no cenário sul-americano, ao mesmo tempo que se desenhava a idéia de "inevitabilidade" da relação Brasil-Estados Unidos, presente no discurso de Nabuco até o final da sua vida. O embaixador afirma que tinha

> [. . .] a aproximação entre os dois países como nossa *única* política externa *possível*. Ela vale mais para mim do que quantos Dreadnought possamos construir [. . .] Sem ela valeria muito pouco o nosso isolamento.[74]

Sempre que Nabuco fala da política de aproximação com os Estados Unidos, faz questão de frisar ser esta a única política externa que vislumbra possível para o Brasil. Acreditava que "seria um esforço estéril para o resto de razão e de bom senso do país querer lutar contra o ímã do Continente, suspenso, ao que parece, no Capitólio de Washington" (Nabuco, 1937, p. 183). Essa inevitabilidade significa para o Brasil praticamente uma idéia de destino nacional,[75] por dois motivos: o primeiro, que esse relacionamento era o "nosso eixo de segurança",[76] uma garantia de integridade territorial; o segundo, mais relacionado ao prestígio

---

[74] Carta reservada de Joaquim Nabuco a Ilanir da Silveira, 31/10/1908 (Fundaj). Sobre a importância do poder naval para Nabuco, ver Nabuco, 2005, pp. 346-7.

[75] Nabuco via a aproximação com os Estados Unidos como a nossa causa nacional por excelência, como havia sido a abolição em outros tempos (telegrama de Nabuco a Afonso Pena, 23/1/1908, Fundaj).

[76] Carta de Joaquim Nabuco a Rodrigues, 16/7/1908 (Fundaj). Nabuco afirma que "A nossa diplomacia de entrelaçamento com os Estados Unidos vale mais do que a maior esquadra e o maior exército que pudéssemos ter" (ofício de Washington — Nabuco para Rio Branco, 28/5/1907, AHI).

e ao desenvolvimento, que, estar ao lado da mais forte república do continente, possibilitava ao Brasil transformar-se em um pólo estratégico de poder no hemisfério e, dadas as relações pensadas sobre blocos internacionais, também para o mundo. Aos moldes da "onda democrática" de Tocqueville ou da "inundação" de Mendonça, Nabuco via a inevitabilidade do aprofundamento do relacionamento dos Estados Unidos com a América. Teríamos assim de escolher, como na dicotomia monroísta entre a Europa e a América, entre a hispano-América e a norte-América. Insistia, no entanto, que existia a escolha certa e a errada. A certa era ao lado dos Estados Unidos.

Na verdade, Nabuco acreditava que o caminho do equívoco (o que não sabia nem ao menos nomear) não nos levaria para lugar algum. Alertava, nesse sentido, Rio Branco que

> Nunca na minha opinião, um brasileiro teve tantas responsabilidades no destino do nosso país como você ante os dois caminhos que se lhe deparam: o americano e o outro, a que não sei como chamar, se de latino-americano, se de independente, se de solitário.[77]

Vê-se que o caminho latino não agrada Nabuco e, dentro de suas concepções, não há por que recriminá-lo. Realmente, nenhum dos nossos vizinhos tinha os requisitos de força, prestígio e poder que Nabuco encarava como essenciais para a realização da proteção e desenvolvimento do continente. Não poderiam nem mesmo ser exemplos de estabilidade nacional, afogados como haviam estado no redemoinho de revoluções do século XIX e que, no início do século XX, migrava para as instabilidades financeiras tão odiosas na Europa. Além disso, as rixas históricas do Brasil com Argentina, Peru, Paraguai e Uruguai, dificultavam maior entrosamento. Nabuco se define, assim, por uma política externa brasileira alinhada à norte-americana.

A idéia de Nabuco era levar o relacionamento com os Estados Unidos para um patamar mais elevado do que normalmente se supunham as boas relações entre Estados. Animava Rodrigues

---

[77] Carta de Joaquim Nabuco a Rio Branco, 19/12/1905 (Cartas II, 1949, pp. 238-9).

Alves para que "o limite da expansão mútua fosse pela nossa parte tão amplo quanto a constituição lhe permita levá-lo".[78] Queria "uma *quase aliança* com os Estados Unidos, um acordo perfeito" já que seria "do nosso interesse pertencer à esfera neutra do globo que é a América, e não à esfera beligerante que é o Velho Mundo", definindo de maneira enfática e coerciva que "minha escolha, porém, está feita, e, se essa não é a política do Governo, é pena que tenham mandado para cá um homem das minhas idéias".[79] Não mandou tais posições para Rio Branco (essa carta não foi enviada), também por conta das fortes discrepâncias que havia tido com o chanceler em 1907, e que abordaremos no próximo capítulo. Buscava não confrontá-lo diretamente para evitar maiores problemas, mas tentava influenciá-lo pela via do poder executivo brasileiro. Tal atitude de Nabuco, já levantada no texto,[80] foi uma constante. Reclamava então a Afonso Pena da incorreção da idéia, ainda nebulosa que começa a lhe chegar em Washington, da construção de algum tipo de liga sul-americana. Diria que "quanto aos boatos da tríplice aliança sul-americana, ouço-os com tanta apreensão que, se ela se celebrasse, preferiria ser retirado daqui".[81]

Nabuco acreditava que uma relutância da parte brasileira em obter a amizade norte-americana daria força à opinião minoritária nos Estados Unidos, especialmente entre os norte-americanos de origem alemã, de que a América do Sul deveria ser excluída das obrigações da Doutrina Monroe. Caso fosse "mal aceita, toda a confiança em nós desapareceria, nasceria a má vontade, a terrível má vontade americana que nenhum governo pode resistir, e o resultado mais certo dela seria a intimidade com os países ribeirinhos superiores do Amazonas e seus afluentes, como o Peru e a Colômbia".[82] Esse era um grande medo de Nabuco. Que

---

[78] Carta de Joaquim Nabuco a Rodrigues Alves, 18/12/1905 (Fundaj).

[79] Carta de Joaquim Nabuco que não foi enviada, sem destinatário [possivelmente Rio Branco, com o qual discutia questões da Conferência de Paz de Haia], 1907 (Fundaj).

[80] Ver item "Influência de Nabuco na política externa brasileira", pp. 86-7.

[81] Carta de Joaquim Nabuco a Afonso Pena, 19/1/1908 (Fundaj).

[82] Ibidem.

os Estados Unidos substituíssem o relacionamento preferencial que começava a frutificar com o Brasil por algum outro. Por esse plano, "a idéia de uma aliança com a Arg [. . .], seria fatal".[83] Sendo real tal aliança, absurda na visão de Nabuco, ela também poderia ser tomada como uma combinação antiamericana, o que "aumentaria assim a nossa responsabilidade sem servir para aumentar a nossa defesa".[84] Mas caso Rio Branco insistisse em levá-la adiante, então Nabuco achava que seria interessante pensar em esclarecer seus motivos e objetivos para os Estados Unidos. Rio Branco nem mesmo vislumbrava tal possibilidade, mas Nabuco lembraria

> Penso que não deveríamos como amigo nos aliar com outros sem tranqüilizar amigo ao qual em graves emergências nacionais teria por certo que recorrer.[85]

Nabuco achava realmente que a tendência era que os países latinos estivessem revendo seus critérios de relacionamento continental num sentido de maior americanização, leia-se norte-americanização. Diria a Rio Branco que "ao contrário do que encontrei ao chegar, os Enviados latino-americanos desenvolvem hoje cada dia maior zelo em captar a simpatia dos Estados Unidos. A nossa atitude os esclareceu depressa". Achava que, para manter a dianteira adquirida com a criação da embaixada, o "esforço aqui e aí terá que ser constante e sempre crescente",[86] seria "preciso a consciência do fim que queremos alcançar e a constante sujeição à disciplina, necessária para chegar a ele".[87] Fazendo referência ao libelo de Eduardo Prado diria que "se voltamos ao espírito da ilusão americana estamos perdidos".[88]

A Argentina, por exemplo, começava a ser motivo de preocupação. Nabuco percebia que no momento em que o Brasil não

---

[83] Carta de Joaquim Nabuco a Gomes Ferreira, 18/7/1908 (Fundaj).

[84] Carta de Joaquim Nabuco a Rodrigues Alves, 7/1/1908 (Fundaj).

[85] Carta (não foi enviada) de Joaquim Nabuco a Rio Branco, 12/1/1908 (Fundaj).

[86] Ofício de Washington — Nabuco a Rio Branco, 24/5/1907 (AHI).

[87] Carta de Joaquim Nabuco a Graça Aranha, [1]/1907 (Fundaj).

[88] Carta de Joaquim Nabuco a Afonso Pena, 19/1/1908 (Fundaj).

atuava de maneira incisiva na aproximação com os Estados Unidos, utilizando todos os recursos disponíveis, a Argentina ganhava espaço nessa briga por aproximação, mudando sua atitude tradicional ao ir "compreendendo melhor do que nós a necessidade de inspirar simpatia e confiança em Washington".[89] O Chile também demonstrava oportunismo ao manifestar grande vontade de criar uma embaixada nos Estados Unidos em 1907. A imprensa norte-americana, no entanto, não gostou da idéia por achar que um país com população e território pequeno como era o Chile não inspirava tal crédito, além do que existia a preocupação de que com o aceite, todo o resto do continente se acharia no direito de reivindicar tal privilégio diplomático, formando um corpo muito grande de embaixadores no meio diplomático de Washington, descaracterizando o cargo.[90]

Nabuco percebia, no entanto, que não era interessante criar da parte de importantes nações do continente sul uma indisposição com os Estados Unidos. O caso Alsop é um exemplo claro desse pensamento. Em 1909 apareceu uma ameaça grave de rompimento de relações diplomáticas entre os Estados Unidos e o Chile por conta de uma antiga reclamação da firma norte-americana *Alsop Company*. As concessões de mineração que lhe haviam sido concedidas pela Bolívia não foram reconhecidas pelo Chile, depois da guerra do Pacífico, quando o território onde ela se encontrava foi transferido para esse país. Os Estados Unidos queriam levar a questão a arbitramento e obrigava o Chile a reconhecer que eles tinham o direito de intervir em favor de uma pessoa privada. Quando o Chile recusou tal reconhecimento os EUA deram um *ultimatum* em onze de novembro, afirmando que se o Chile não voltasse atrás na sua decisão em dez dias, as relações diplomáticas seriam rompidas.

Lembrando do caso do *Bolivian Sindicate* tão penoso ao Brasil, Nabuco atua junto com Rio Branco para impedir o que se con-

---

[89] Carta de Joaquim Nabuco a C. J. Rodrigues, 30/7/1909 (Fundaj).

[90] Cf. Ofício de Washington — Nabuco para Rio Branco, 19/1/1907 (AHI). Rio Branco diria a Nabuco em relação à questão que "sei que houve quase convite americano feito há anos ao próprio Gana. Discretamente conviria auxiliar nossos amigos chilenos, evitando que eles fiquem mal" (telegrama de Nabuco a Rio Branco, 26/2/1907, AHI).

siderava ser "um terremoto pan-americano",[91] que prejudicaria a estabilidade continental tão essencial para os desenvolvimentos projetados. Enquanto Nabuco conversava com Root, agora senador, para usar da sua influência política sobre o então secretário de Estado Philander Knox, Rio Branco convidava o Embaixador Dudley para discutir a questão no Itamaraty. Conseguem, por esses movimentos diplomáticos, modificar o espírito de conflito que se encontrava na disposição do governo norte-americano, possibilitando uma solução pacífica para a questão. Como desfecho, levou-se a reclamação a arbitramento e as relações entre os dois países permaneceram inalteradas. Burns afirma que "o caso Alsop foi um dos grandes sucessos da diplomacia hemisférica de Rio Branco, no qual ele demonstrou a sua amizade pelos Estados Unidos e o Chile, dando ao Brasil uma oportunidade para exercer a liderança diplomática no continente americano" (Burns, 2003, p. 170).

Como já foi aventado, esse equilíbrio de amizade, preocupação e cooperação com o Chile, no entanto, sempre foi tênue. Nabuco, antes desse incidente, ainda em 1905, acreditava que uma posição pouco ativa brasileira poderia direcionar a política externa norte-americana para outros lados, escolhendo algum país para tomar o lugar brasileiro nesse jogo diplomático. Assim, afirmaria receoso que se

> O que o Presidente [Roosevelt] me disse sobre a Bolívia e o Peru fosse dito ao Chile, apesar da frouxidão da política externa atual deste, poderia isso movê-lo a assumir o papel que os Estados Unidos nos destinariam, se quiséssemos aceitá-lo. E não querendo nós, é melhor não habilitarmos nenhum substituto.[92]

E, nesse sentido, diria

> Sou grande amigo do Chile, porém mais amigo dos Estados Unidos. *Amicus Plato, sed magis amica veritas*; melhor dizer a realidade.[93]

---

[91] Carta de Joaquim Nabuco a Graça Aranha, 22/11/1909 (Fundaj).
[92] Carta de Joaquim Nabuco a Rio Branco, 18/11/1905 (Fundaj).
[93] Carta de Joaquim Nabuco a Gomes Ferreira, [1.º semestre] 1908 (Fundaj).

Não que o Chile, e mesmo a Argentina, não tivessem algum papel na organização de poder na América. Para Nabuco as etapas de relacionamento continental seriam as seguintes: antes de tudo os Estados Unidos deveriam assumir a postura de líderes do continente; num segundo momento, seria necessária a aliança com o Brasil para possibilitar o exercício de lideranças tanto no norte como no sul "para formarem juntas um núcleo sólido de paz e harmonia continental".[94] Com essa estrutura consolidada viria o terceiro momento, onde seria possível expandir as alianças, mas ainda não para todos os países. Somente os mais importantes seriam incorporados. Eram eles a Argentina e o Chile no sul e, pela vontade norte-americana, o México no norte.

Essas seriam as etapas mais importantes e significativas do processo de estruturação do poder no continente. Após terem sido cumpridas, com o surgimento de possibilidades, iria se incorporando em longo prazo o resto dos países latinos. Essas etapas deveriam ser levadas a sério porque formavam a lógica de poder no continente, não havendo no que se enganar quanto às importâncias relativas de cada aliança para o Brasil, da onde a única absoluta era a com os Estados Unidos.

Fica claro que a idéia de alianças para Nabuco era hierárquica. Via os países com diferenças históricas e de poder que deveriam refletir-se na organização do continente, dando um tom quase que oligárquico para as relações que formariam um condomínio no continente (Ibidem, p. 167). Isso fica ainda mais claro quando Nabuco faz referência à organização do Birô das Repúblicas Americanas ao argumentar:

> Eu já lhe disse a minha experiência no Birô, onde o Brasil vale menos do que a ilha do Haiti, por estar dividida em dois Estados e ter assim dois votos [. . .] Não há contrato de sociedade possível sem a lei da proporção e sem a proporção não há justiça possível entre os Estados.[95]

A paridade entre os países não era uma das perseguições de Nabuco na sua idéia de oligarquia continental. Nela, o que im-

---

[94] Carta de Joaquim Nabuco a Barbosa Lima, 21/7/1906 (Fundaj).

[95] Carta de Joaquim Nabuco a Rodrigues, 16/7/1908 (Fundaj).

portava em primeiro lugar era aquele "núcleo sólido" formado entre o Brasil e os Estados Unidos. Isso, que Nabuco definia como uma "quase aliança", tinha, no entanto, também seus obstáculos. Um era de base material e dois eram políticos. Ainda que o comércio tenha sido uma das questões importantes do período, o fato era que os meios materiais de relacionamento entre o Brasil e os Estados Unidos eram realmente precários. As linhas de navegação entre eles continuavam nas mãos dos europeus. O mesmo acontecia no campo das comunicações, pois não havia linha telegráfica direta e as mensagens precisavam ser encaminhadas pela Europa ou pela Argentina. As transações comerciais também eram feitas por bancos europeus. Essas dificuldades teriam de ser, em algum momento, superadas para que se ampliassem os intercâmbios e agilizassem as decisões, diminuindo as distâncias.

Pelo enfoque político o problema era, de um lado a indiferença norte-americana e, do outro, o possível desdém brasileiro. O primeiro era histórico, mas tendia a se atenuar já que a tendência norte-americana ao isolamento e indiferença estava em declínio por conta do momento expansivo que esse país vivia. O que permanecia como resquício tradicional dessa indiferença era a repulsa a formar alianças e por isso ainda não havia chegado o momento de criar uma com o Brasil. O momento dessa *entente*, como Nabuco a chamava, só poderia ser criado "cá e lá, sendo longamente preparado de antemão por esforços como os meus".[96] O grande medo de Nabuco, no entanto, era que o monroísmo, eixo dessa aproximação, praticamente um dogma nacional, poderia deixar de sê-lo com o tempo e, "nesse dia ai de nós, se a nossa amizade não estiver já bem cimentada".[97]

O outro problema, esse dos maiores, por que interferia diretamente na política tentada por Nabuco à frente da embaixada, dizia respeito à postura brasileira sobre a aproximação com os Estados Unidos. Achava que era possível que o governo brasileiro, leia-se especialmente Rio Branco, tivesse utilizado a embaixada de maneira publicitária e a promoção internacional obtida

---

[96] Carta reservada de Joaquim Nabuco a Ilanir da Silveira, 31/10/1908 (Fundaj).

[97] Carta confidencial de Joaquim Nabuco a Barbosa Lima, 7/7/1907 (Cartas II, 1949, p. 277).

pelo Brasil lhe teria sido suficiente, e nenhuma política mais coerente, ampla ou sistemática estava em seus planos. Nesse sentido Nabuco reclama a seu companheiro e confidente Graça Aranha que, com tentativas de aliança sul-americanas e construção de grandes armamentos[98] "mostramos desconhecer a marcha do mundo e não ter o instinto da nossa própria conservação".[99]

A primeira perspectiva da aliança entre o Brasil e os Estados Unidos parece ter partido de Roosevelt mesmo, empolgado que estava com a postura e fala de Nabuco na entrega das credenciais.[100] Nabuco acreditava que

> A criação da embaixada, o interesse que V. Ex.ª manifesta em obtê-la, sugeriu decerto ao Presidente Roosevelt a primeira idéia e apoiar-se no Brasil na América do Sul.[101]

Relatando uma conversa que teve com Roosevelt no final de 1905, Nabuco expõe para Rio Branco que era do interesse norte-americano que o México de um lado e o Brasil do outro, sendo preferível que nem a Argentina e nem o Chile figurassem no acordo, exercessem influência respectivamente na América Central e na América do Sul.[102] Não poderia, no entanto, haver nenhuma dúvida sobre a cumplicidade com os Estados Unidos, caso con-

---

[98] Veja bem que Nabuco nunca foi contra construção de um exército e uma marinha forte, diria a Campos Sales "Não creia V.Ex.ª [. . .] que eu deseje por parte do Brasil grandes armamentos em vista de contingências futuras. Quando falei a V.Ex.ª em nos prepararmos a tempo não tive em vista o número. Minha idéia é que, por menor que o tenhamos, devemos ter um exército a altura de qualquer, e da mesma forma a marinha" (Carta de Joaquim Nabuco a Campos Sales, 12/7/1900, Cartas II, 1949, p. 77). Nabuco era contra a crença de que poderíamos ser auto-suficientes militarmente. Entendia que dependíamos dos Estados Unidos numa ocorrência de maior proporção e que esta dependência não deveria ser ingenuamente camuflada com o aumento de armamentos sempre insuficientes.

[99] Carta de Joaquim Nabuco a Graça Aranha, 28/9/1908 (Cartas II, 1949, p. 315).

[100] "É meu sincero desejo e funda convicção de que a ação dos dois governos elevando cada um a primeira categoria sua missão junto ao outro resultará em estreitar ainda mais os já sólidos vínculos de amizade que desde a independência Brasileira perdurum inquebrantáveis entre eles" (discurso de Roosevelt para Nabuco por conta da entrega de credenciais, AHI).

[101] Ofício reservado de Washington — Nabuco para Rio Branco, 23/12/1905 (AHI).

[102] Telegrama de Nabuco a Rio Branco, 14/11/1905 (AHI).

trário "seremos dispensados". Assim, "somente por inteligência com Estados Unidos podemos por nossa vez salvar e até, como eles desejam, dadas certas circunstâncias, aumentar com a Guiana o vale do Amazonas."[103] Aventa-se assim que uma postura brasileira pela aproximação traria benefícios concretos ao Brasil, talvez até de ampliação territorial. Root também incentivava essa visão da nação brasileira como líder da zona sul do continente ao dizer a Nabuco que nela "existe uma potencialidade de influência para o bem de toda América".[104] Os esforços de Nabuco para que a III Conferência Pan-Americana e a ida de Root ao Brasil em 1906 fossem seriamente encaradas como um grande acontecimento advêm desses primeiros propósitos de aliança que partiram do próprio governo norte-americano.

Nada de formal foi feito para dar continuidade a essa idéia inicial levantada por Roosevelt, mas Nabuco continuou trabalhando junto com o secretário de Estado Elihu Root. Nabuco levaria a crença nessa idéia de "aliança perfeita" até a Conferência de Haia em 1907, quando os eventos a poriam em dúvida. Nabuco achava que sua amizade com o secretário Root era uma forte base para a aproximação dos dois países. Envaidecia-se desse seu relacionamento privilegiado ao falar que "eu já podia ir-me embora daqui e ninguém teria ainda feito tanto como eu, pela felicidade que tive de inspirar amizade e confiança a Mr. Root".[105] Para Nabuco essa amizade não se reverteria nunca em alguma forma de exploração das atitudes cooperativas do Brasil.

Da mesma forma que Rio Branco, Nabuco era dos que desacreditavam que a política externa agressiva norte-americana pudesse vir a prejudicar o Brasil de alguma forma. Definitivamente não estávamos no rol das repúblicas malgovernadas da América que necessitavam de uma intervenção corretiva. Ficava mais clara essa idéia nas próprias palavras de Elihu Root ao dizer que o objetivo dos Estados Unidos no que diz respeito aos países problemáticos da América Central era "[. . .] ajudá-los a adqui-

---

[103] Ibidem.
[104] Carta de Elihu Root a Nabuco, 28/11/1905 (Fundaj).
[105] Carta de Joaquim Nabuco a Carlos Magalhães de Azeredo, 9/12/1905 (Cartas II, 1949, p. 234).

rir uma capacidade para o autogoverno: ajudá-los na estrada que o Brasil, Argentina, Chile e Peru e outros países sul-americanos viajaram para longe da discórdia e tumulto das revoluções para um senso geral de justiça e manutenção da ordem".[106]

Mesmo assim Nabuco era contra a política imperialista de Roosevelt. Na sua visão, o monroísmo presente nessa política era estreito, porque tinha como objetivo justificar-se perante a Europa. Diria a Rio Branco

> Note você que eu não acompanho as idéias de Mr. Roosevelt sobre a ocupação norte-americana, ou outra, de alfândegas, etc., de países sul-americanos. O meu monroísmo é mais largo e não me prende a esses expedientes que ele imagina para "justificar" (é a expressão de Mr. Root, "expedientes" é a minha) a Doutrina Monroe perante a Europa, a qual o aperta todos os dias por causa desta "doutrina" e sempre em torno da Venezuela.[107]

De qualquer forma, para Nabuco os Estados Unidos representariam uma opção alternativa e não a corrente geral, comum ou compulsória da época. Realmente era a Europa de 1905 que tinha as significações mais fortes de imperialismo, unilateralismo, belicosidade, etc. De modo algum uma política de aproximação com os Estados Unidos era, em princípio, uma sujeição, ainda que pudesse ser trajada com tal conotação. É certo que alguns elementos perigosos dessa aproximação já estavam presentes àquela época, mas eles ainda se encontravam diluídos e de forma alguma carregavam o ranço que ganhariam no decorrer do século XX. Os Estados Unidos apareciam, assim, por vezes, como um amigo ou modelo a ser seguido, representando a alternativa antiimperialista (cf. Topik, 2002, p. 424).

Podemos dizer, a partir dessas considerações, que Nabuco não buscava na sua diplomacia uma união de todos os países

---

[106] Discurso de Root transcrito no *Washington Post* de 16/1/1907 (AHI). Isso trazia a percepção para Nabuco de que esses países não se enquadravam na política expansiva e agressiva de Roosevelt (ofício de Washington — Nabuco para Rio Branco, 16/1/1907, AHI).

[107] Carta de Joaquim Nabuco a Rio Branco, 19/12/1905 (Cartas II, 1949, p. 238).

americanos, mas sim a união preferencial do Brasil com os Estados Unidos. Nesse sentido, se ele modifica o conteúdo do monroísmo no discurso ideológico de americanização das relações americanas para alcançar um suposto pan-americanismo latino, como afirma Silveira (2000, p. 149), não o faz na sua concepção prática mais imediata para a política externa brasileira. Seu monroísmo reveste-se da mesma liderança norte-americana para o continente dos seus tempos de criação, só que com a adição de conteúdos sociológicos e civilizacionais. Tendo como pré-requisito a ordem e a estabilidade no continente, Nabuco atuou estrategicamente para a obtenção de objetivos de curto e médio prazo.

Todas as questões levantadas aqui podem ser vistas na carta confidencial de Nabuco para Barbosa Lima. Com a visão privilegiada que imagina ter no observatório de Washington, Nabuco faz referência ao perigo no qual se encontrava o Brasil com o novo momento internacional do imperialismo, às escolhas da política externa brasileira nesse contexto, à separação hemisférica entre a Europa e a América que era também uma separação política, ao perigo alemão como forte corrente de opinião pública contra o monroísmo, à iniciativa cada vez mais incisiva dos países latinos de tomarem o lugar conquistado pelo Brasil na mente dos norte-americanos e às necessidades de se preservar a aproximação com os Estados Unidos.

> Para mim, tanto quanto possa apreciar o rumo das coisas no nosso continente e no mundo, a nossa política externa não tem alternativa. Tem sido um milagre histórico a conservação do imenso todo chamado Brasil. Até hoje isso foi, em grande parte, obra da fortuna, mas dora [*sic*] em diante será preciso que a ajudemos com outras forças além das nossas, pois hoje os solitários quase vivem somente por condescendência e amanhã, *væ soli*! Entre a Europa e a América, por bem ou por mal, não há escolha para nenhuma nação da América Latina, mesmo porque a Europa toda se furtaria ao perigo. Na América (quando não fosse por outra causa pela exceção da língua, que nos isola do resto da Ibero-América, como separa Portugal da Espanha) não podemos hesitar entre os Estados Unidos e a América espanhola. Os alemães da

América do Norte formam lá uma poderosa corrente contrária ao Monroísmo [. . .] Com os princípios modernos quanto à soberania de territórios não ocupados haveria somente no vale do Amazonas campo vastíssimo para o estrangeiro, sem tocar na orla efetivamente apropriada por nós e outras nações.

Hoje em Washington as demais nações americanas não sabem o que fazer para tirarem o avanço que levamos na política de aproximação com os Estados Unidos, por a termos iniciado sós e a despeito delas. Só com a maior sinceridade podemos mantê-lo [. . .] Não vejo nenhuma outra intuição da qual dependa tanto a conservação do nosso grande todo nacional.[108]

---

[108] Carta confidencial de Joaquim Nabuco a Barbosa Lima, 7/7/1907 (Cartas II, 1949, pp. 277-8).

ICONOGRAFIA

Carta de Nabuco a Gastão da Cunha. 14 de dezembro 1905. Nabuco manifesta-se monroísta. Fundação Joaquim Nabuco.

> Reservado 31 Out. 1908
>
> Meu caro Sr. Xavier da Silveira,
>
> No seu discurso no Instituto Historico ha uma palavra a meu respeito que me mostra bem o grau da sua sympathia e da sua benevolencia para commigo. Creia que a reciprocidade do seu sentimento é completa e que o Sr. não tem quem mais lhe deseje felicidade e influencia em nossas coisas do que eu.
>
> Não me sinto bem apoiado ahi pela opinião. Não digo que ella seja contraria ou refractaria á entente americana, mas parece apathica e indifferente, e isto me tira a metade das minhas forças. Temos nestes ultimos annos flirtado muito por toda a parte. Aqui, com a indifferença colossal deste paiz por tudo que é politica exterior, não chega ainda o momento de pensarem em uma entente com o Brasil, mas esse momento só pode chegar, cá ó lá, sendo longamente preparado de antemão por esforços como os meus

Carta de Nabuco a Ilanir da Silveira. 31 de outubro de 1908. Nabuco afirma a política de aproximação com os Estados Unidos como a única possível ao Brasil. Fundação Joaquim Nabuco.

Mas logo no principio desanimaram-me de que esse fosse o nosso rumo politico. Ainda não temos. Como quer que seja, tenho a approximação entre os dois paizes como nossa unica politica exterior possivel. Ella vale mais para mim do que quantos dreadnoughts possamos construir, ainda que eu seja favoravel a uma poderosa Marinha como expoente d'aquella politica. Sem ella valeria muito pouco o nosso armamento. É por isso que a minha maior ambição hoje é ver espiritos como o seu accordes comigo.

Acceite um apertado abraço
do Am.º e Collega Obg.º

Carta de Nabuco sem destinatário ou data. Nabuco expõe sua percepção sobre o sistema mundial. Fundação Joaquim Nabuco.

defendida pelo respeito a
são atacados na Europa, por
causa d'ella e como
da Ingleza como que desejaria
vel-os converterem essa
protecção desinteressada em
certeza de influencia declarada,
ou Contrôle, como agora
a da França em Marrocos,
com as obrigações inherentes do
Protectorado reconhecido
pelas outras Potencias.

A rapidez. O certo é que
qualquer
Contra essa extensão da influencia Norte Americana são con-
trarios a Allemanha e o seu
grupo na Europa, e n'esse
ponto a dupla como a Triplice
Alliança. A opinião ingleza
seria tambem opposta se não
fosse o receio de desagradar
aos Estados-Unidos, mas
nestes mesmos a massa
da opinião se oppõe ainda
a qualquer tentativa contra
os Estados da visinhos.

Não ha assim por ora ao horizonte nenhuma, mas ha em desenvolvimento uma transformação do equilibrio politico do mundo, que forçosamente affectará as posições internacional a America do Sul, quando se vier a completar, e dez annos é o prazo maximo para a fixação das vistas que hoje fluctuam

Capítulo 4
TÁTICAS DE NABUCO E DE RIO BRANCO NO RELACIONAMENTO COM OS ESTADOS UNIDOS E SEUS CRÍTICOS

TALVEZ A AÇÃO MAIS IMPORTANTE DA POLÍTICA EXterna brasileira no início do século XX, geradora de grandes controvérsias, tenha sido a aproximação com os Estados Unidos. Ambos os promotores dessa política, o embaixador Nabuco e o ministro Rio Branco, tiveram seus próprios motivos e objetivos para ela, apesar de, por vezes, eles coincidirem. Eles foram, nesse particular, concretos, relacionando questões que consideravam de grande importância para o Brasil com a sua ação externa. Nabuco acreditava que essa aproximação era necessária para garantir a integridade territorial brasileira, ganhar posição no sistema de poder continental e concretizar o desenvolvimento material e político de todos os países americanos à imagem norte-americana. Como esses objetivos tinham a necessidade de uma posição diplomática norte-americana sempre favorável aos interesses brasileiros e, em algum caso extremo, uma ação direta bélica dos EUA, a característica da aproximação que partia de Nabuco era bem mais radical (Nogueira, 1984, pp. 206-07; Lins, 1995, pp. 322-3) do que a de Rio Branco. Este, por sua parte, buscava também tal aproximação, mas com a sobriedade característica do seu temperamento que não tendia a fixar problemas com soluções absolutas (cf. Lins, 1995, p. 322). Usava essa aproximação, como vimos, como uma política de base, secundária, apesar de importante. Queria viabilizar seus objetivos primários com a ajuda dela, atuando de maneira mais autônoma nas questões sub-regionais, especialmente de definição de limites territoriais, trazendo prestígio para o Brasil no meio internacional mediante a assunção da imagem de líder no continente e garantindo os interesses da dependente economia nacional cafeeira.

O embate de Nabuco e Rio Branco durante os cerca de cinco anos (1905-1910) em que trabalharam lado a lado, pode ser visto de vários ângulos, a maioria deles já abordado no texto, mas vale a pena retomá-los aqui de maneira sistemática. Todos tomaram a característica de um conflito de posições políticas, estilos diferentes e vaidade. Se o grande problema era a definição da intensidade e a extensão do relacionamento com os Estados Unidos, por vezes os diferentes estilos de ação, um mais idealista outro mais realista, causavam um desentendimento de ações que acabavam por desaguar num poço de vaidades. A diferença de postura política de ambos se relaciona tanto com suas respectivas personalidades, quanto com as diferenças de perspectivas ou ângulos da onde enxergavam a situação. Se Nabuco, a partir de Washington, colocava a união americana e o alinhamento com os Estados Unidos como pilares do seu pensamento, Rio Branco, como ministro, tinha de relativizar a importância norte-americana para dar atenção também a outras questões que considerava de valor. Nesse sentido é que "Rio Branco geralmente não compartilhou do entusiasmo de Nabuco pelo Pan-Americanismo" (Ganzert, 1965, p. 442). A influência da vaidade era menos profunda e se relacionava com as diferenças de cargo e, em conseqüência, de prestígio. Como eram duas personalidades políticas de grande vulto, cada qual queria preservar e ampliar sua projeção. Nabuco queria manter o que havia adquirido com a sua campanha pela abolição e Rio Branco, em ascensão, queria continuar na trilha que lhe garantira grande sucesso como ministro.

Dentro desse âmbito transparece em nosso texto que, apesar da divisão formal entre o tático e o estrategista, referentes, em princípio, aos cargos de embaixador e ministro do Exterior, onde um implementa a política estipulada pelo outro, o que ocorreu nesse caso foi a formulação de um pensamento estratégico próprio do embaixador Nabuco com respectivas táticas de ação. Como os objetivos almejados tinham tonalidades diferentes, as táticas desaguaram também em modos de ação diferentes. O que queremos mostrar são os modos de agir em relação à aproximação com os Estados Unidos de ambos os diplomatas e o desenlace desse conflito às vezes implícito, às vezes explícito.

A verdade é que coincidiam a política americana de Rio Branco e a da tradição norte-americana. Ambas as diplomacias evitavam alianças rígidas, possíveis de limitar a liberdade de ação. Qualquer doutrina continental deveria somente focar-se na defesa da independência e integridade territorial dos países americanos, mas sem impor obrigações (Lins, 1995, p. 324).

Da parte de Rio Branco, a política de relacionamento com os Estados Unidos tinha limites identificáveis. Quer-se dizer com isso que o ministro queria o apoio norte-americano quando se mostrasse necessário e pretendia que Nabuco pudesse consegui-lo nesses momentos. Para tanto o embaixador deveria atuar nas diversas áreas da diplomacia com todas as qualidades de que dispunha, preparando o terreno para quando fosse acionado. Rio Branco queria fazer bom uso do que poderíamos chamar da "estética" de Nabuco. Além de ser historiador, escritor literário e internacionalista, possuía também um carisma singular ampliado pela sua bela aparência que cativava multidões. Nesse sentido, como já foi acentuado em capítulo anterior, Nabuco poderia transmitir uma boa imagem dos representantes brasileiros e angariar boa vontade de postos-chave da política internacional norte-americana. O próprio Nabuco era assim parte importante da tática de Rio Branco que, por seu turno, se comprometia a estar de acordo com os Estados Unidos nas suas ações externas, desde que estas não ferissem interesses nacionais, para garantir apoio no que fosse essencial ao Brasil. De fato, sua política americana não excluía a defesa de uma completa autonomia nacional e internacional para cada país (Ibidem, p. 324).

Os meios de ação de Nabuco foram diferentes porque se relacionavam com as próprias características do cargo que ocupava. Durante todos os anos de atuação como embaixador, Joaquim Nabuco foi um assíduo propagandista. Esta sua propaganda tinha por objetivo desfazer as "[. . .] desconfianças, a descrença no desinteresse do mais forte" (apud C. Nabuco, 1958, p. 416) que era marca registrada dos países sul-americanos. Via a necessidade de promover um trabalho de alicerce da sua política americana baseando-se na força heterogênea, influenciada pelos meios de comunicação, que era a opinião pública. Achava que este era um "tempo em que a opinião pública é a força das forças em política"[1] e, reconhecendo que seu *status* se ampliava cada vez mais no cenário nacional e internacional, a opinião sobre o Brasil deveria ganhar relevo. Nabuco achava que como a imprensa norte-americana era a expressão da "opinião das ruas e dos círculos que escreve ou dita os editoriais" esse conjunto de idéias deveria "ser tomado como o reflexo do sentimento popular".[2] Insuflar esse sentimento em favor do Brasil seria de grande benefício para viabilizar políticas. Diria a respeito da opinião pública norte-americana que

> O americano sabe que há no seu país uma opinião pública desde que cada americano tem uma opinião sua. É uma força latente, esquecida, em repouso, que não se levanta sem causa suficiente, e esta raro se produz; mas é uma força de uma energia incalculável, que atiraria pelos ares tudo o que lhe resistisse, partidos, legislaturas, congresso, presidente (Nabuco, 1999, p. 130).

Realmente, no início do século XX os meios de comunicação ganharam um dinamismo sem precedentes. As várias inovações tecnológicas da área industrial acabaram se disseminando por outros campos da vida social e, assim, os jornais, folhetins e revistas mudaram seus alcances. A mais importante dessas mudanças se deu com a ampliação da escala de impressão e a melhora dos meios de transporte que tornou possível espraiar a produção desses métodos de informação a um número cada vez maior de pessoas. A imprensa norte-americana é um bom exemplo desse *boom* quantitativo que trouxe consigo apoio e prestígio público. Tais meios de comunicação desempenharam nos debates nacionais e internacionais da época papéis muito importantes (cf. Emery, 1965, p. 447).

---

[1] Nota confidencial de Nabuco a Rui Barbosa, 13/6/1907 (Cartas II, 1949, p. 270).

[2] Ofício de Washington — Nabuco a Rio Branco, 24/5/1906 (AHI).

O momento ao qual nos referimos é somente mais uma etapa do desenvolvimento da imprensa mundial que já acumulava uma história. Após todo um processo de divisão de trabalho na área, iniciada ainda no início do século XIX, o que se tinha em geral no início do século precedente era tanto uma enorme organização das empresas publicitárias que, por gerarem praticamente toda a renda do meio, acabavam por manipulá-lo, quanto uma concentração da difusão de notícias em agências destinadas especialmente para esse fim. Assim, tais instrumentos de poder na sociedade norte-americana, particularmente os jornais metropolitanos, ganharam tal magnitude financeira com a sua vulgarização, que por vezes assumiam um caráter nem sempre idôneo. E, ainda que não seja fácil avaliar, é fácil intuir o poder e a força dessa engrenagem em influenciar politicamente a opinião do público, manter ou destruir mitos e combater ou incentivar aspirações (Sodré, 1966, pp. 5-6).

As ações propagandistas de Nabuco nesse contexto desaguavam em dois eixos. Um nacional que se referia à construção, para os Estados Unidos, de uma boa imagem do ambiente interno brasileiro. Outro internacional, que dizia respeito à construção de uma boa imagem da atuação da política externa do país.

Acerca do primeiro eixo podemos destacar a parabenização de Nabuco a Rodrigues Alves pela sua política sanitária, "a qual, mais talvez do que qualquer outra, merece o nome de política nacional", já que "não há nada que interesse tanto o crescimento e o futuro do Brasil como a reputação que ele venha a adquirir de salubridade". Nabuco também se preocupava, tendo em vista as recorrentes mensagens de Roosevelt sobre ordem e liberdade, que distúrbios políticos no Brasil repercutissem mal na sua imagem internacional. Foi o caso, por exemplo, do motim de praças de artilharia ocorrido no dia 9/11/1905 no forte de Santa Cruz, em que Nabuco manda para Rio Branco uma série de recortes de jornal (*Washington Times* de 9/11/1905; *Washington Post* de 10/11/1905; *New York Herald* de 10/11/1905),[3] para alertar sobre como o evento estava sendo visto nos Estados Unidos e qual foi

---

[3] Nabuco dirá em ofício de Washington — Nabuco para Rio Branco, 14/11/1905, que "por má que fosse a impressão produzida no espírito público ela se dissipou prontamente, graças aos elementos que pude fornecer às agências jornalísticas".

sua ação na embaixada para diminuir as suas conseqüências funestas. Nabuco considerava nesses casos que "não é só o crédito financeiro das Repúblicas sul-americanas que depende da ordem, mas a sua existência independente e a sua integridade territorial. A existência de nações sem lei é cada vez mais considerada uma anomalia, e por isso tudo que respeita à manutenção da ordem, ao espírito e instinto natural de ordem, é para os nossos países questão vital, por ora de crédito somente e de solvabilidade, em breve tempo porém de intervenção e tutela".[4]

Podemos também fazer referência a uma questão polêmica, mas essencial para Nabuco, que dizia respeito à raça. Ele via na mestiçagem um fator de descrédito nacional que deveria ser revertido. A abolição havia aberto o caminho para o "clareamento social" brasileiro, mas era necessário incentivar a imigração européia para acelerar esse processo e semear para o futuro do Brasil um povo branco, no qual "o cruzamento de raças inferiores se absorva de todo". Esse temor se refere ao fato de que, nos Estados Unidos, "a grande propaganda argentina é essa: que são o único povo branco, ou verdadeiramente branco, da América do Sul".[5] Tentavam, da mesma forma que Nabuco, criar uma diferença cultural com o Brasil e os outros países da América Latina com o propósito de obter maior aproximação política com os norte-americanos.

As ações que contribuíam para o segundo eixo eram, por exemplo, os banquetes diplomáticos oferecidos por conta de acontecimentos-chave e que serviam para elevar "muito [o] prestígio [do] Brasil e desta embaixada".[6] Por ocasião da apresentação de suas credenciais Nabuco diria que o discurso que fez elogiando Roosevelt "tem produzido o melhor efeito para o nosso país, con-

---

[4] Carta de Joaquim Nabuco a Rodrigues Alves, 7/10/1904 (Cartas II, 1949, p. 179).

[5] Carta de Joaquim Nabuco a Tobias Monteiro, 20/8/1905 (Cartas II, 1949, p. 223).

[6] Telegrama de Nabuco a Rio Branco, 18/5/1907 (AHI). Apud ofício de Washington — Nabuco para Rio Branco, 22/5/1907. A questão do prestígio é bem importante para Nabuco. No dia 18/5/1907 Nabuco ofereceu um banquete na embaixada por ocasião da passagem de navios brasileiros pelos EUA que renderam um encontro com Roosevelt e outros eventos. No banquete estavam representantes da França, Portugal, EUA, etc., além de personalidades jornalísticas como Mr. O'Laughin.

quistando-lhe novas e valiosas simpatias".⁷ Da mesma forma, a postura brasileira em questões continentais também se mostrava para Nabuco de extrema importância, como o acatamento ao pedido de aumento da contribuição do Brasil para o Birô das Repúblicas Americanas para "fazer o Brasil figurar sempre no primeiro lugar entre as nações da América Latina",⁸ a tentativa de trazer a Conferência Sanitária de 1907 para se realizar no Rio de Janeiro⁹ e a insistência em assinar o tratado de arbitramento com os Estados Unidos. Esta última nem era uma de suas adesões políticas, já que Nabuco era, em princípio, contra tratados dessa natureza pela experiência malsucedida que teve com o laudo de 1904, mas os Estados Unidos estavam assinando tal documento com grande parte das repúblicas americanas no final de 1908, momento em que Root deixava o Departamento de Estado, e Nabuco acreditava que a recusa a fazer parte desse grupo poderia causar indisposição com Root e com o governo norte-americano.¹⁰ Nabuco temia que

> Qualquer ressentimento poderia incorporar-se no espírito público como um desses fermentos que nada pode destruir de desconfiança e malquerença.¹¹

Nabuco também atuou nos Estados Unidos como um verdadeiro propagandista da cultura brasileira. Achava que os folhetos das conferências e discursos que proferia eram muito úteis porque ajudavam a popularizar o Brasil entre os americanos.¹² Nabuco ficava contente e relatava a Rio Branco tudo quanto podia influenciar de maneira positiva a imagem do Brasil. Tudo

---

⁷ Ofício de Washington — Nabuco para Rio Branco, 12/3/1908 (AHI). Nabuco fala do banquete que ofereceu na embaixada aos juízes da Corte Superior dos EUA.

⁸ Ofício de Washington — Nabuco para Rio Branco, 28/5/1907 (AHI).

⁹ Carta de Joaquim Nabuco ao Departamento de Estado norte-americano, 14/12/1907 (Fundaj).

¹⁰ Carta de Joaquim Nabuco a Graça Aranha, 1.º/12/1908 (Cartas II, 1949, p. 324).

¹¹ Telegrama de Nabuco a Rio Branco, 12/1/1908 (AHI). Rio Branco, quando Nabuco pressionava nesse sentido, levantava em tom forte a autonomia nacional como principal interesse brasileiro.

¹² Ofício de Washington — Nabuco para Rio Branco, 25/5/1907 (AHI).

que, por meio de impressos (jornais, revistas, relatórios, etc.) desse algum crédito ao Brasil era motivo para atenção e felicidade. Imaginava que era pela divulgação extensa dessas informações que uma mudança de neutralidade para positividade se daria por parte dos norte-americanos. Nesse sentido pede, em 1908, para Rio Branco providenciar fatos que demonstrem os melhoramentos sanitários e de beleza das cidades para que possam ser colocados no Boletim do Birô das Repúblicas Americanas no intuito de divulgar melhor o país.[13]

Da mesma forma via nas excursões que fez pelos EUA, na companhia de personalidades importantes, a possibilidade de formação de certa opinião favorável ao Brasil. Acreditava que os cubanos tinham ganhado confiança dos norte-americanos por esse meio.[14] Assim, só no ano de 1906, fez uma série de viagens, cerca de três mil léguas pelas estradas de ferro por toda a extensão dos Estados Unidos, de Nova York a São Francisco e de São Francisco ao Canadá (C. Nabuco, 1958, p. 418).

A partir de 1908 seguiu fazendo uma série de discursos em universidades americanas, já que "meus discursos agradam e este povo de nada gosta tanto como de discursos".[15] Nabuco acreditava que os títulos que recebia nas universidades eram prova de acolhimento da cultura brasileira e "também da simpatia que se começa a desenvolver pela política a cujo serviço estou".[16] Realmente o embaixador era um notável orador como afirma Olavo Bilac, após tê-lo ouvido no Rio a propósito dos antecedentes da Conferência Pan-Americana de 1906.

> Não é o mesmo orador, e é melhor. O estilo é um modelo de concisão e clareza; e o talento, amadurecido, em pleno outono fecundo, está dando os seus melhores frutos — frutos opimos de sábia política e diplomacia previdente e provi-

---

[13] Ofícios do segundo semestre de 1908 (AHI).

[14] Carta de Joaquim Nabuco a Graça Aranha, 15/2/1906 (Cartas II, 1949, p. 246).

[15] Carta de Joaquim Nabuco a Graça Aranha, 15/12/1906 (Cartas II, 1949, p. 246). Diria que nos Estados Unidos levava "uma vida de peregrino, de universidade em universidade" (Carta de Joaquim Nabuco a Machado de Assis, 1.º/9/1909, Cartas II, 1949, p. 310).

[16] Ofício de Washington — Nabuco para Rio Branco, 25/5/1907 (AHI).

dente, que a Pátria colhe e agradece com carinho. A figura e a voz é que são as mesmas — aquela apenas um pouco mais majestosa pelo novo encanto que lhe dão os cabelos brancos — e esta com o mesmo timbre da mocidade, musical e cantante, perita em destacar e sublinhar todas as belezas do idioma.[17]

O diplomata sempre fez bom uso desse seu instrumental, seja quando era defensor da abolição, seja quando era defensor do pan-americanismo. Usou desse artifício, lento nos seus resultados, mas significativo para apaziguar os medos entre os países e torná-los mais próximos culturalmente, uma de suas pretensões. Nabuco diria, explicando sua prática propagandista, que tinha conhecido Schurmann, "[. . .] um dos espíritos mais notáveis deste país [. . .] Ele me disse que estas minhas visitas às universidades e as amizades que formo com os modeladores de opinião esclarecida do país, são o melhor meio de aproximar o Brasil dos Estados Unidos" (apud C. Nabuco, 1958, p. 440).

Nabuco sabia que a propaganda era a forma como suas idéias poderiam abranger a maior distância possível no continente. Em paralelo às materializações da política de aproximação trabalhada pelos dois Estados, era necessário fazer que parte importante da sociedade civil desses países a entendesse e apoiasse. De outra forma, os resultados teriam um curto prazo de vigência, podendo voltar a qualquer momento à indiferença e distância que caracterizaram outros períodos. Somente por essa "campanha cultural" (Burns, 2003, p. 171) contínua seria possível balizar a continuidade dessa política de aproximação. É claro, no entanto, que Nabuco buscava principalmente atingir com sua propaganda elites minoritárias, seja as que comandavam no momento os EUA, motivo dos inúmeros discursos em cerimônias políticas, seja as elites que comandariam os EUA no futuro, por isso se propôs a doutrinar assiduamente nas universidades de ponta da época.

Nabuco encarava esse trabalho como uma obrigação do serviço diplomático, parte integrante do cargo de embaixador, e

---

[17] Olavo Bilac. *Gazeta de Notícias*, 22/7/1906, apud C. Nabuco, 1958, p. 421.

não uma maneira de promoção pessoal.[18] Queria que o Brasil conseguisse destacar-se cultural e politicamente do resto da América Latina, tática também tentada por outros países, como a Argentina. Nesse sentido pediria ajuda a Tobias Monteiro:

> Sei que você está ajudando a propaganda. É preciso fazermos alguma coisa para não ficarmos na sombra da Argentina. Mas a América do Sul está toda aqui entre a ignorância e a difamação. Agora mesmo acabo de percorrer um livro de um Monsieur Delebecque, *À travers l'Amérique du Sud,* em que se procura fazer dos povos da América Latina uma só raça "a raça sul-americana", qualificada de inferior e que "nunca chegará senão a uma imitação superficial dos europeus" [. . .] Por isso a sua propaganda me parece pelo menos um consolo para nós.[19]

Esta sua clareza de pensamento fez que optasse pelo caminho do convencimento pelo argumento. Imaginava estar construindo um novo modo de relacionamento entre os países pela propaganda e, mais que isso, estar dando uma base à sua política americana. Qualquer eventual decisão política contrária a ela se comprometeria com uma opinião sólida de endosso *a priori* da população e opinião pública norte-americanas. Foi por esse motivo que conferenciou nas universidades, viajou pelos EUA, apoiou a reestruturação do Birô das Repúblicas Americanas e promoveu a III Conferência Pan-Americana.

O cisma da Conferência de Haia de 1907

A Conferência de Haia de 1907 é um episódio muito significativo para a política externa brasileira, especialmente no que diz respeito à relação que se estabelecia com os Estados Unidos. Do nosso ponto de vista, ela pode ser encarada como um teste da efetividade das táticas de Nabuco para a aproximação entre os

---

[18] Carta de Joaquim Nabuco a Hilário Gouveia, 1.º/10/1908 (Cartas II, 1949, p. 316).

[19] Carta de Joaquim Nabuco a Tobias Monteiro, 12/7/1907 (Cartas II, 1949, p. 278).

dois países, já que ficariam expostas as falhas e os acertos de percepção e ação do embaixador, permitindo também a Rio Branco uma reflexão sobre o caminho que se estava trilhando e as possibilidades de mudança.

Na primeira conferência, realizada em 1899, somente o Brasil e o México foram convidados na América Latina, mas o Brasil não compareceu sobretudo em razão do desinteresse para com a agenda do encontro. Quase dez anos depois, no entanto, era de grande utilidade participar da segunda edição da "Conferência da Paz", já que isso se inseria perfeitamente na política de prestígio de Rio Branco e ia ao encontro da sua intenção de cada vez mais fazer parte da política internacional em escala mundial e não só continental. A tentativa norte-americana de conseguir que todos os países da América figurassem nela, aumentava tal anseio.

A primeira proposta que incentivou a realização da conferência foi feita em 1904, por Roosevelt e ganhou força, a partir de 1905, com o veemente apoio do tzar russo Nicolau, após ter celebrado o tratado de paz de Portsmouth com o Japão. A conferência seria realizada na Holanda, em Haia, e teria a presença de delegados de 44 Estados (Accioly, 1945, p. 5), significando um grande evento mundial. Mais do que por suas deliberações ou resoluções, a conferência teria uma importância toda especial por expressar a vontade das nações mais poderosas do momento em tornar o mundo mais pacífico ou, ao menos, tentar humanizar a guerra quando esta se impusesse.

Rio Branco havia decidido que Nabuco seria o chefe da delegação que representaria o Brasil na conferência e o convidou. O *Correio da Manhã* iniciou, no entanto, uma campanha em favor do nome de Rui Barbosa, logo seguida por grande parte da imprensa, fazendo que Rio Branco, sempre sensível à opinião pública, indicasse seu nome e não o de Nabuco ao presidente, fazendo oficialmente de Rui chefe da delegação (Lins, 1995, p. 353; Accioly, 1945, p. 6; Burns, 2003, p. 148).[20] Mesmo assim o ministro não descartou o convite feito a Nabuco e insistiu que ele fosse

---

[20] O vacilo e a aceitação de Rui para representar o Brasil podem ser vistos na correspondência trocada com Rio Branco em 13/3/1907 e 1.º/5/1907 (Lacombe, 1948, pp. 73-82).

também a Haia, só que como segundo delegado, pedido no qual o acompanhou o Presidente Afonso Pena.[21] Nabuco não aceitou a proposta por vários motivos. Antes de mais nada, não gostou da idéia de ser o segundo delegado. Achou que Rio Branco transformava-o dessa forma em um "meio-embaixador"[22] e, nesses termos, tinha convicção da impossibilidade da parceria com Rui. Diria:

> Eu não posso ir a Haia como segundo e ele só pode ir como primeiro.[23]

Nabuco também achava que, indo como segundo delegado, sua autoridade como embaixador em Washington ficaria diminuída e nenhuma nação havia mandado para a primeira conferência de Haia um embaixador em tal função. Também o prestígio da III Conferência Pan-Americana estaria abalado, tendo sido ele próprio seu presidente. Mas, talvez, a questão mais importante para Nabuco não aceitar ir à conferência tenha sido o fato de achar que a sua atitude lá poderia ser suspeita de pró-americana ou poderia desagradar em Washington, dependendo das orientações do ministro.[24] Nenhuma das duas hipóteses seria boa.

Por essas idas e voltas, o desprestígio a que se viu exposto e a insistência de Rio Branco e de Afonso Pena para que fosse a Haia, lamentar-se-á: "livre-me Deus dos meus amigos que dos meus inimigos me livro eu, é o caso de dizer".[25] Como também não estava bem de saúde, utilizará isso como motivo da recusa do convite, especialmente para Rui. Aproveitará o ensejo para pedir uma licença médica no intuito de tratar, na Europa, da arterios-

---

[21] Telegrama de Afonso Pena a Nabuco, 1.º/4/1907 (Fundaj).

[22] Carta de Joaquim Nabuco a Graça Aranha, 28/6/1907 (Fundaj). Dirá com ressentimento que "O Rio Branco que quer sempre fazer as coisas a seu modo e impõe [. . .] as suas invenções, o seu protocolo" — "ele que reduziu o seu segundo na sua Missão de Washington a mais completa nulidade, agora quer me persuadir que não há diferença entre primeiro e segundo" (Carta de Joaquim Nabuco a Graça Aranha, 4/3/1907, Fundaj).

[23] Carta de Joaquim Nabuco a Graça Aranha, 4/3/1907 (Fundaj).

[24] Carta de Joaquim Nabuco a Graça Aranha, 4/3/1907 (Fundaj). Mesma idéia em carta de Nabuco sem destinatário do primeiro semestre de 1907 (Fundaj).

[25] Carta de Joaquim Nabuco a Graça Aranha, 4/3/1907 (Fundaj).

clerose e da policemia, doenças em estágio já avançado que o vitimariam poucos anos mais tarde.[26] Como as relações entre o embaixador e o ministro pioravam periodicamente, Nabuco entenderá a sua licença também como um merecido descanso, e o benefício maior de todos "será sentir-me livre das relações oficiais com o Rio Branco. Como é duro ter que falar assim de um antigo amigo".[27] Durante esse importante período a base de operações em Washington estava comprometida. A embaixada brasileira ficou sob a direção de Gurgel do Amaral, o encarregado de Negócios e, no mesmo período, Root, também doente, pediu licença médica e isolou-se em Nova York.

Nesse hiato, se Rio Branco trabalhou arduamente para deixar toda a estrutura preparada para a chegada de Rui a Haia, mesmo com o desgosto sofrido Nabuco também fez o que lhe foi possível para o sucesso da missão. Nessa disposição encontra Rui ainda em Paris, antes da conferência, para lhe fornecer confidencialmente uma série de informações pertinentes sobre a posição de alguns dos delegados latino-americanos, seus conhecidos. Buscava, nesse ínterim, não estando ele mesmo na conferência, persuadir o companheiro a agir pelas suas posições (cf. Lima, 1937, p. 214). Queria que ele entendesse que era de grande valia atuar conjuntamente com os pontos de vista da delegação norte-americana. Pressionava, nesse sentido, Rui Barbosa, por carta.

> Eu confio que da sua ida a Haia resultará grande bem para as nossas relações políticas com os Estados Unidos. Ou me engano muito, ou ouvirei Mr. Root falar do seu apoio como a melhor prova da sinceridade da nossa simpatia pelo governo americano.[28]

Nabuco já havia tentado em outras ocasiões convencer Rui da importância do relacionamento do Brasil com os Estados Unidos. Havia-o convidado, por exemplo, para discursar sobre a aproximação dos dois países na Conferência Pan-Americana de

---

[26] Telegrama de Nabuco a Rodrigues Alves, 2/2/1907 e a Rui Barbosa, 2/4/1907 (Fundaj).

[27] Carta de Joaquim Nabuco a Graça Aranha, 4/3/1907 (Fundaj).

[28] Carta de Joaquim Nabuco a Rui Barbosa, 29/6/1907 (Cartas II, 1949, p. 274).

1906, atestando que ela seria duradoura e não de um presidente ou de circunstância,[29] mas recebeu repetidas recusas.

No encontro em Paris alertou sobre a situação que o companheiro provavelmente encontraria na conferência com os norte-americanos. Sabia que seu primeiro representante, Joseph Choate, apoiado pela opinião geral norte-americana, não partilhava do mesmo conhecimento e admiração pelos países da América Latina que Elihu Root.[30] Nabuco tinha também preocupação especial com a delegação argentina na conferência, pois achava que ela pretendia ganhar a simpatia norte-americana apoiando suas posições. Caso "nós nos apartássemos dos Estados Unidos, a vitória argentina será completa. Espero que não cometeremos esse erro".[31]

Para Nabuco, em reuniões como essa, da mesma forma que outrora fora a III Conferência Pan-Americana, o Brasil deveria "revelar superioridade intelectual" para, obtendo uma imagem de destaque, tentar tomar alguma parte nas grandes decisões internacionais. Dava o exemplo da "pequena Holanda", que, com Grócio, havia influído muito na organização do direito internacional. Reconhecia a partir disso que "os erros políticos se podem sempre remendar, a mediocridade intelectual é insanável".[32] Rui Barbosa não o decepcionaria por esse lado, mas o mesmo não se pode dizer da compatibilidade de idéias com a delegação norte-americana.

Podemos identificar, para o Brasil, dois momentos na conferência de Haia. Um em que Rui Barbosa, sendo reconhecido somente como o representante de uma nação de pouca expressão internacional, foi visto por grande parte dos delegados com irritação por causa dos seus longos discursos e intervenções em quase todas as questões discutidas nas comissões. Acreditava-se, mesmo assim, que o Brasil, apesar dessa postura altiva, votaria com os Estados Unidos em toda a pauta de discussões, não colocando

---

[29] Carta a Rui Barbosa de 21/7/1906 e 15/10/1906 (Fundaj).

[30] Carta de Joaquim Nabuco a Hilário Gouveia, 1.º/9/1907 (Cartas II, 1949, p. 286).

[31] Carta de Joaquim Nabuco a Graça Aranha, 27/6/1907 (Cartas II, 1949, p. 272).

[32] Carta de Joaquim Nabuco ao Conselheiro Azevedo Castro, 8/1907 (Fundaj).

limites à solidariedade transparecida na conferência do Rio no ano anterior, algo que ficou mais concreto e notório quando, logo na primeira deliberação sobre o direito de captura da propriedade particular no mar em tempos de guerra, Rui votou com a proposta norte-americana, ao que se seguiram outros votos conjuntos sobre os temas de cobrança de dívidas contratuais, arbitramento obrigatório e periodicidade das conferências (cf. Lins, 1995, p. 356).

Um segundo momento da reunião pode ser visto no que se chamou "incidente Martens", de 12 de julho. A partir dele o Brasil começaria a marcar posições e a figura de Rui começaria a se elevar para ser conhecida mais tarde como "a águia de Haia". Após mais uma das muitas intervenções polêmicas que Rui estava fazendo nas comissões, o presidente de uma delas advertiu sobre o caráter apolítico em que consistia a assembléia. Nesse momento Rui tomou novamente a palavra e, definindo de improviso o conceito de política, recolocou-o como a própria essência do encontro.[33] Ao mesmo tempo que a projeção de tal discurso lhe rendeu os melhores créditos, até mesmo de Martens, o diplomata russo que lhe chamara a atenção (cf. Accioly, 1966, p. XIII), iniciaram-se as discussões sobre a constituição de um Tribunal de Presas e, desde então, o Brasil não poderia ser mais visto como caudatário da política norte-americana em Haia, porque discordaria desta e de praticamente todas as questões de vulto que surgiriam. Essa não era uma posição particular de Rui ou uma discordância por antipatia incentivada por Rio Branco, mas propriamente a percepção de ambos os diplomatas sobre como deveriam ser tratados temas importantes para o interesse nacional brasileiro.

A questão que talvez mais nos importe aqui, por ser a mais significativa da disparidade entre as delegações do Brasil e dos Estados Unidos, ou, como Burns afirma, da "curiosa falta de articulação entre o Departamento de Estado, o Itamaraty e as delegações dos Estados Unidos e do Brasil" (Burns, 2003, p. 149), representando a distância e a ausência da política de cordialidade à qual tanto Nabuco se dedicou com discursos, palestras, con-

---

[33] Para o discurso na íntegra, ver Stead, 1925, pp. 98-104.

ferências, jantares, atritos com Rio Branco e gentilezas com Root e Roosevelt, seja a da constituição da Corte de Arbitragem Internacional criada na primeira conferência e que tinha o intento de ser, na segunda, aprimorada. O problema de essência para Rio Branco era que a Corte teria árbitros previamente escolhidos para resolver conflitos que pudessem surgir entre o Brasil e qualquer outro país do mundo. Isso diminuía a autonomia nacional e punha em questão a soberania do Estado (cf. Accioly, 1945, p. 14).[34] Além disso, para sua constituição prática, tornava-se quase impossível decidir o modo de escolha dos juízes que comporiam tal instituição. Na proposta da primeira conferência, todas as nações participantes teriam a mesma representação. Na segunda, por um projeto conjunto da Alemanha, Grã-Bretanha e EUA, sugeria-se que essa Corte de Justiça tivesse dezessete juízes, sendo nove permanentes, indicados pelas oito grandes potências da época mais a Holanda (por ser a sede do encontro) e os oito juízes restantes, por oito grupos de nações, e em um deles figurava o Brasil junto com mais nove países americanos.[35] O Brasil fora classificado como país de terceira categoria na composição desses grupos, atrás de países europeus com menos população e tamanho. Rio Branco e Rui Barbosa se ofenderam com tal classificação humilhante e tentaram reverter a situação declarando-se avessos a essa proposta. O Brasil passou a se encontrar, assim, contra todos os prognósticos, em lado oposto ao norte-americano e em situação menosprezada.

Rio Branco, de início, não queria incompatibilizar-se totalmente com um grupo de países de tal envergadura, como era o dos propositores das mudanças, e por isso mandou que Rui apresentasse um plano alternativo a este, tentando que o Brasil figurasse no projeto sem perda de prestígio. Por esse plano, cada nação teria o direito de nomear um juiz, embora várias nações pudessem fazer em conjunto a mesma nomeação, se o desejassem e os litigantes poderiam escolher os juízes que atuariam em cada

---

[34] Naquela época a arbitragem era vista com muitas reservas por causa das doutrinas de soberania absoluta dos Estados e também pela desconfiança na parcialidade dos árbitros.

[35] Telegrama cifrado de Rio Branco a Amaral Gurgel, 4/8/1907 (AHI); Accioly, 1945, pp. 33-4; Bandeira, 1973, p. 175.

caso (Burns, 2003, p. 154). A rejeição dessa idéia deu lugar à incerteza e à aflição brasileira em ficar numa situação degradante internacionalmente, exatamente o oposto do principal objetivo da ida brasileira a Haia. Iniciou-se, assim, a apresentação de uma grande variedade de soluções, todas elas prevendo um assento permanente para o Brasil. Mas o caso é que, uma após a outra, essas propostas se distanciavam cada vez mais da idéia de igualdade entre as nações, tentando empurrar o Brasil, por vários meios, para mais perto das potências, excluindo as nações da América Latina e outras pequenas nações de vários continentes. Por esse caminho o prestígio do Brasil diminuía e a antipatia aumentava, mas agora da parte desses países fracos.

Num certo momento, Rio Branco teve a clarividência para entender que o apoio da delegação norte-americana era necessário para fazer passar qualquer que fosse a proposta brasileira e, nessa altura dos acontecimentos, isso parecia praticamente irreal, especialmente depois de grandes discussões entre Choate e Rui Barbosa nas deliberações das comissões que tratavam desse assunto e dos repetidos ataques da imprensa norte-americana. Determinou então um retorno imediato e inflexível à proposta original de igualdade de nações, na intenção de buscar uma saída mais honrosa e obter algum crédito. Rio Branco transmitiria a Rui sua decisão nesses termos

> Os países da América Latina foram tratados em geral com evidente injustiça. É possível que, renunciando à igualdade de tratamento, que todos os Estados soberanos têm tido até hoje nos congressos e conferências, alguns se resignem a assinar convenções, em que sejam declarados, e se confessem nações de terceira, quarta ou quinta ordem. O Brasil não pode ser desse número [. . .] Agora que não mais podemos ocultar a nossa divergência, cumpre-nos tomar aí francamente a defesa do nosso direito e do das demais nações americanas. Estamos certos de que Vossência o há de fazer com firmeza, moderação e brilho, atraindo para o nosso país as simpatias dos povos fracos e o respeito dos fortes.[36]

---
[36] Despacho para Washington — Rio Branco a Rui Barbosa, 18/8/1907 (apud Lins, 1995, p. 360).

Essa posição foi mantida até praticamente o final da conferência, apesar das tentativas de conciliação que em certo momento, começaram a ser propostas pelo próprio delegado norte-americano Choate. Essa insistência brasileira por permanecer no conceito de igualdade internacional para todos os países deveu-se principalmente ao prestígio que o Brasil alcançou ao ser considerado um baluarte de defesa das pequenas nações, algo que satisfazia os objetivos de Rio Branco (Lins, 1995, p. 363).[37] Ao final da conferência, como uma personalidade internacional, Rui Barbosa repercutiu mundo afora entre elogios e ataques e foi visto como um líder para numerosas nações que o seguiram e que acabaram determinando o abandono das pretensões do projeto das grandes potências para a estrutura da Corte. Tanto trabalho e atividade de ambos os diplomatas se desenvolveram em torno de um "princípio" que acabou por resultar em um redimensionamento da importância do Brasil, ao ser encarado como defensor da igualdade irrestrita entre os Estados (cf. Burns, 1995, p. 365).

Root não gostou da posição brasileira na conferência e dirá isso para Nabuco que, preocupado com as repercussões desse mal-entendido, reportará a Rio Branco que

> [. . .] ele acredita por informações daí que nossa política tomou rumo diferente e se procura reagir contra a impressão causada estrangeiro visita e acolhimento dele ano passado. Hoje não se ofereceria ir Brasil com igual confiança. Visivelmente receia sentimento que lhe expresso sejam somente pessoais.[38]

Da mesma forma, a imprensa norte-americana viu com maus olhos as atitudes brasileiras, por que se considerou que Rui Barbosa havia conscientemente liderado um grupo de países contra os Estados Unidos em Haia. O *New York Herald* foi o jornal norte-americano que mais criticou a atuação brasileira de maneira sistemática e forte. "Rui seria o inimigo da delegação americana e do governo de Washington". Nabuco mesmo diria que

---

[37] Rio Branco afirmaria que "a nossa atitude é tal que ainda mesmo ficando sós sairemos bem".

[38] Telegrama de Nabuco a Rio Branco, 2/12/1907 (AHI).

"o *New York Herald* é que tem atacado o Rui grosseira e estupidamente e procurado intrigá-lo com todos. Para mim essa atitude só tem importância, porque, sendo conhecida aí, pode suscitar ressentimentos contra os Estados Unidos".[39] Rio Branco tranqüilizaria o embaixador dizendo que essa divergência não havia entranhado na opinião geral do povo nenhum agastamento maior na concepção sobre os norte-americanos. Não teria havido também degradação da imagem de Rui no Brasil por ter tomado posições radicais em Haia, porque Rio Branco, durante toda a conferência, buscou esclarecer a opinião pública sobre as posições brasileiras e os motivos das discórdias que iam surgindo (cf. Accioly, 1945, p. 19). Lins afirma que Rio Branco chegou mesmo a freqüentar pessoalmente as redações dos jornais para orientar os noticiários, empenhando-se numa grande campanha na imprensa aqui e no estrangeiro. Comunicou-se ainda com as chancelarias brasileiras na busca de apoio e prestígio para a delegação em Haia e desfez intrigas em Washington e em Buenos Aires (Lins, 1995, pp. 364-5).

De qualquer forma, o que importa para a nossa perspectiva de análise é que, como saldo da conferência de Haia, como bem nota Burns, no relacionamento entre Brasil e Estados Unidos "ocorrera uma séria quebra na cooperação bilateral", já que "dos quatro temas mais importantes discutidos em Haia — A Doutrina Drago, a Corte Internacional de Justiça, a Corte Internacional de Presas e a arbitragem compulsiva —, as delegações do Brasil e dos Estados Unidos discordaram em três" (Burns, 2003, p. 159).

Nabuco fica logicamente descontente com o desenvolvimento e o desfecho da conferência, ao contrário de Rio Branco. Se para ele teria sido mais importante manter a cooperação com os Estados Unidos, acreditando que a verdadeira vítima dos debates de Haia seriam as relações amistosas entre as duas nações, para Rio Branco a cooperação com os Estados Unidos já estava descartada quando, primeiro não serviu para alçar o Brasil a um nível melhor nos debates, mas sim para rebaixá-lo e, depois, a

---

[39] Carta de Joaquim Nabuco a Graça Aranha, 2/9/1907 (Cartas II, 1949, pp. 287-8).

discordância com os norte-americanos pôde ser utilizada para lhe trazer algum ganho de prestígio internacional com a defesa do conceito de igualdade entre as nações. A verdade é que mesmo que houvesse uma intenção conciliadora, após a divergência com a delegação norte-americana por conta da Corte de Arbitragem, ficava difícil levá-la a cabo sem sacrificar uma posição brasileira autônoma, independente. Assim, Rio Branco decidiu que seria menos prejudicial complicar as relações com os Estados Unidos, do que a imagem brasileira para o resto do mundo. Da sua parte, Nabuco achou quixotesco ter aberto uma frente de batalha contra as grandes potências, não havendo ganho verdadeiro, especialmente na vitória contra a Corte apoiada pelos Estados Unidos, por que "derrotar os Estados Unidos é uma vitória néscia para qualquer nação".[40]

Nabuco encontrara-se com Rui Barbosa em Bruxelas ainda em setembro de 1907 e mudara sua impressão dos rumos que Haia estava tomando. Eles não lhe eram mais simpáticos. Seus receios quanto ao distanciamento brasileiro da delegação norte-americana e a conseqüente aproximação argentina já iam se concretizando da pior forma possível. Como que vendo o pesadelo ou a premonição tornar-se realidade, ele dirá

> Não sei se foi ele [Rui Barbosa], ou o Rio Branco, o inspirador das nossas atitudes em Haia. Tenho medo de que elas não tenham agradado em Washington, pois Choate e o Porter devem ter escrito abundantemente queixando-se de nós e louvando-se dos argentinos. Não há dúvida que estes procuraram conquistar a simpatia da delegação americana e conseguiram.[41]

Nabuco reconhece que "a delegação americana tem culpa disso, por não ver que não haveria vantagem em nenhuma atitude que obrigasse os países americanos a afastar-se dos Estados Unidos". Achava que Root mesmo não teria tido tal atitude, mas ao nomear Choate ele teria feito o mesmo que Rio Branco no-

---

[40] Diário de Nabuco de 4/9/1907 (Nabuco, 2005, pp. 408-09).

[41] Carta de Joaquim Nabuco a Graça Aranha, 27/9/1907 (Fundaj).

meando Rui Barbosa, colocando num terreno perigoso um delegado "que arrasta o país e que ele não pode melindrar". Ainda nesse momento de indefinição das posições brasileiras, Nabuco tinha esperanças numa reconciliação entre as delegações e a elevação da posição do Brasil na conferência, mas para isso teria sido necessário abandonar o caro princípio da igualdade entre os Estados que Rio Branco insistia em sustentar. Para Nabuco, da mesma forma que para Root,[42]

> Uma coisa é o Brasil esforçar-se para entrar para o círculo diretor da humanidade, ao que lhe assiste direito que o simples fato de possuir homens como Rui justifica, e outra é reclamar para Honduras, Haiti e Panamá etc, a mesma situação que tiver a Inglaterra, a Alemanha, os Estados Unidos, etc.[43]

Ficava claro, assim, para Nabuco que "mil vezes não termos ido à Haia do que sairmos de lá com a nossa inteligência com os Estados Unidos enfraquecida e abalada".[44] Criticava a posição brasileira exatamente nesses termos. Tinha por certo que o papel do Brasil nesse tipo de conferência, de caráter deliberativo e não coercitivo, não deveria ser nunca o do conflito, mas o da concórdia e o da demonstração da nossa qualidade cultural. Por isso é que Nabuco não via a necessidade imperativa de discordar da legação norte-americana.

Essas visíveis diferenças de perspectivas entre o embaixador e o ministro vão se tornar explícitas ao final de 1907. Rio Branco, questionado implicitamente por Nabuco sobre os acontecimentos da conferência que levaram a um distanciamento da delegação norte-americana, desfecha pesados golpes de críticas sobre a amizade norte-americana, proclamada a sete ventos por Nabuco desde sua chegada a Washington. Fará uma lista dos temas

---

[42] Telegrama de Amaral Gurgel a Rio Branco de 6/8/1907 (AHI) falando a respeito das posições de Elihu Root.

[43] Carta de Joaquim Nabuco a Hilário de Gouveia, 1.º/9/1907 (Cartas II, 1949, p. 286).

[44] Carta de Joaquim Nabuco a Graça Aranha, 2/9/1907 (Cartas II, 1949, pp. 287-8).

controversos e das respectivas ocorrências de embate com a delegação norte-americana, dizendo que em alguns temas que Rui tentou agir no interesse do aliado ele "nem sequer percebeu a nossa intenção" ou aderiu a uma proposta diferente sem nenhuma significação maior. Na questão mais importante para o Brasil, que teria sido a constituição da Corte de Arbitramento, a delegação norte-americana "procurou combinar-se somente com as grandes potências militares européias, sem dar a menor importância a países da América [. . .] Das tentativas que fazia para a organização do Tribunal de presas e do Tribunal Arbitral só tivemos notícias por delegados europeus, que se mostraram admirados da nossa ignorância no assunto, porque todos supunham haver mais cordial união entre os Governos de Washington e do Rio de Janeiro". Se não bastasse tudo isso, ainda Rio Branco havia tomado conhecimento que o "correspondente Stanhope, do *Herald*, que pôs o Brasil na linha do Haiti e tanto nos injuriou, era protegido e íntimo de um dos principais delegados americanos". Reservando-se o direito de questionar a fundo a posição norte-americana e, por conseguinte, a confiança de Nabuco por esse país, Rio Branco dirá

> Se Choate como disse última mensagem, representou digna e fielmente pensamento do governo e do povo americano, seria preciso concluir que a política iniciada por Blaine, afirmada pelo nosso amigo Root [. . .] está mudada. Não devemos acreditar que assim seja.[45]

Nabuco havia ficado numa situação constrangedora. Rio Branco colocara implicitamente em xeque seu trabalho em Washington

---

[45] Telegrama cifrado de Rio Branco a Nabuco, 10/12/1907 (AHI). Amaral Gurgel foi, a pedido de Rio Branco, à casa de Root para tentar conseguir alguma ajuda em Haia. Também nesse caso Rio Branco ficará decepcionado com o resultado. Gurgel dirá ao próprio Nabuco o ocorrido:

"Vim aqui por ordem do Barão, a fim de ver se é possível evitar que a Delegação Americana na Haia constitua o tribunal arbitral de forma pouco agradável ao Brasil e às demais nações da nossa América [. . .] o caso é um tanto difícil por que Mr. Choate é um delegado todo especial [. . .] e não sei se Mr. Root deseja ser seu <u>chefe</u> com toda força" (Carta de Gurgel do Amaral para Nabuco, 6/8/1907, Fundaj).

ao afirmar que a amizade norte-americana pelo Brasil não havia tido nenhuma efetividade quando mais foi necessária. Nabuco deu a maior de todas as significações para Haia por esse motivo e, contrariado, confidenciava ao amigo Graça Aranha

> Ainda não recebi a sua nota sobre a minha disponibilidade e aposentadoria. Não quero acabar neste desterro. Não tenho mais o que fazer. O Haia desfez todo o meu trabalho, que nunca considerei permanente, nas relações internacionais, como nas pessoas, a amizade dependendo de uma troca contínua de simpatias e de uma perfeita comunhão de sentimentos. A imprensa aí tem apresentado a conferência como um duelo entre o Brasil e os Estados Unidos, terminado pela nossa estrondosa vitória [. . .] não há aí sentimento para nós da amizade americana. Não o há na calma; no pânico ele aparece logo de repente [. . .] explico-lhe somente por que politicamente não tenho razão para desejar continuar neste posto. Não tenho mais ilusões e não quero ser acusado de proceder independentemente nem de exceder minhas instruções.[46]

A melhor explicação para os acontecimentos de Haia gira em torno da lógica que seguia a política externa norte-americana. Seus interesses variavam de acordo com a instância em que estavam postos. No espaço continental o Brasil tinha realmente uma significação especial, fazendo parte de uma política importante e com privilégios de relacionamento com os Estados Unidos. O mesmo não se pode dizer quando o âmbito era mundial. Nesse caso os interesses norte-americanos eram diferentes e as importâncias dos países se relativizavam, bem como as aproximações diplomáticas. Foi o caso de Haia. Não seria prático para os Estados Unidos permanecer do lado brasileiro, ou latino-americano num ambiente povoado de grandes potências ávidas por garantir seus interesses. Agiu-se assim em função de conveniência e utilidade e não de amizades políticas.

Nabuco sabia que Rio Branco guardaria fortes ressentimentos dessa postura norte-americana motivadora das ocorrências

---

[46] Carta de Joaquim Nabuco a Garça Aranha, 5/12/1907 (Fundaj). Ver também trecho de carta a Evelina em Nabuco, 2005, p. 417.

de Haia e que o seu trabalho em Washington estaria mais comprometido e suspeito do que antes. Entrava-se assim, numa nova fase de relacionamentos continentais. Rio Branco, de seu lado, vai estar mais aberto para o relacionamento com os países sul-americanos incentivado pelas propostas que pareciam surgir de uma aliança entre Argentina, Brasil e Chile (a *entente* ABC) e Nabuco, depois de um momento de desespero evidenciado na correspondência acima citada, vai tentar desmotivar essa tentativa de aproximação latina e buscará recuperar a confiança de Rio Branco, e a sua mesmo, na política de cordialidade e amizade com os Estados Unidos.

Como Nabuco achava que a "a nossa política em Haia foi toda de ocasião",[47] não representando um direcionamento rígi-do da política externa brasileira de distanciamento para com os Estados Unidos, entendia que era uma pena que deixassem no Brasil "a impressão da Haia afetar as nossas simpatias por este país".[48] Começava a confiar num resgate da sua missão em Washington amenizando os abalos da relação bilateral com os Estados Unidos. Fez isso considerando os acontecimentos de Haia como a aventura de um homem, Joseph Choate, que seguia seus próprios instintos e não os ditames da verdadeira política externa de Roosevelt e Root. Ensaiava já essa desculpa nos últimos momentos da conferência ao alertar Rio Branco:

> É preciso dizer-lhe que Choate é um <u>independente</u> que pela idade se permite tudo.[49]

Tendo resolvido para si mesmo que Haia havia sido um acontecimento isolado, principia um trabalho intenso para tentar reduzir os danos causados por ela nas relações entre os dois países. Rui seria uma peça-chave nessa idéia e em janeiro de 1908 surgiria a oportunidade de iniciar alguns movimentos nesse sentido. A esquadra norte-americana passaria pela costa brasileira e Nabuco achava que essa era uma boa oportunidade para que

---

[47] Carta de Joaquim Nabuco a Rui Barbosa, 22/10/1907 (Fundaj).

[48] Carta de Joaquim Nabuco a Rodrigues Alves, 29/12/1907 (Fundaj).

[49] Carta de Joaquim Nabuco a Rodrigues, 16/07/1908 (Fundaj).

ambos os países afirmassem sua solidariedade, já que no jantar da ocasião Rio Branco pediu a Rui que discursasse aos oficiais. Nabuco achava que assim "a recepção da esquadra restabelecerá o idílio como nos dias da visita de Root".[50] Mas Rui não estava com a mesma disposição de incentivar a amizade com um país que havia lhe causado tantos constrangimentos e declinou o convite em carta a Rio Branco, desfazendo também das insistências de Nabuco que tentava incentivar o companheiro reconhecendo que "ninguém pode fazer mais do que você pela política de aproximação entre os dois países".[51] Na mesma esteira Rui declinou o convite que lhe foi feito pela Universidade de Yale para discursar à comunidade acadêmica. Nabuco e também Root ficaram muito decepcionados com mais essa recusa, algo que já ia se tornando crônico.[52] Não tendo sucesso nos seus pedidos, Nabuco decidira que pelo menos tentaria atenuar as conseqüências dos atos de Rui em Haia recusando-se a publicar, pela embaixada, em inglês, os discursos por ele pronunciados (Burns, 2003, p. 162).

Os acontecimentos posteriores ao incidente de Haia são igualmente significativos. Em 1908 os rumores da já citada aliança entre os três países mais importantes da América do Sul, Brasil, Argentina e Chile, estavam fazendo eco até Washington e Nabuco, preocupado que tal pretensão se concretizasse, podendo dar a entender, após Haia, ser essa uma tentativa de criar um poder paralelo no continente e contrário aos EUA, questiona o ministro:

> Falou-me Root de um projeto de aliança entre o Brasil, a Argentina e o Chile. Nada pude dizer-lhe, mas se passamos o nosso eixo de segurança, por causa do Choate, dos Estados Unidos para o Rio da Prata, estamos bem garantidos.[53]

---

[50] Carta de Joaquim Nabuco a Rodrigues Alves, 29/12/1907 (Fundaj). Nabuco, nesse intuito, tenta mostrar para Rio Branco como a passagem da esquadra norte-americana repercutiu positivamente na imagem do relacionamento entre os dois países. Para tanto manda para o ministro uma série grande de recortes de jornal que relatam o ocorrido (ofício de Washington — Nabuco para Rio Branco, 27/1/1908 e 28/1/1908, AHI). Ver também Nabuco, 2005, p. 424.

[51] Carta de Joaquim Nabuco a Rui Barbosa, 20/1/1908 (Cartas II, 1949, p. 304).

[52] Telegrama de Nabuco a Rui Barbosa, 10/1907 (AHI).

[53] Carta de Joaquim Nabuco a Rodrigues, 16/07/1908 (Fundaj).

Rio Branco não tinha em vista um empreendimento de tal proporção. Não projetava uma aliança latino-americana que se colocasse de alguma forma divergente dos Estados Unidos. Por isso vai tranqüilizar o embaixador nesses termos

> Nenhuma aliança promovemos contra eles [. . .] foi-nos proposto combinássemos numa <u>entente</u> entre os três. Respondi precisava conhecer bases desejadas para saber se podíamos concordar.[54]

Como já foi referido no texto, na América do Sul existia um medo, fundado nas matérias sensacionalistas da imprensa norte-americana e européia de que os Estados Unidos transformariam o Brasil no garantidor do monroísmo nesse espaço do continente sob a sua proteção. Também a aceitação do corolário Roosevelt, o reconhecimento da independência do Panamá, a III Conferência Pan-Americana e o rearmamento brasileiro iniciado ainda em 1907[55] apoiavam tais especulações. Rio Branco sabia que esse quadro incentivava prevenções sempre detestáveis contra a política externa brasileira e teve, por vezes, a intenção de revertê-lo, mas sem grandes êxitos. O ABC pode ser entendido como uma tentativa nesse sentido. Queria demonstrar o desinteresse brasileiro em tornar-se uma força hegemônica no sul do continente, ao propor um papel parcial do Brasil como um dos três pilares que sustentariam a política nessa região. Algo como um condomínio oligárquico, baseado numa inteligência cordial e com o respaldo norte-americano (Bueno, 2003, p. 289; Conduru, 1998, p. 70).[56] Essa seria uma forma de manter a região estabi-

---

[54] Telegrama cifrado de Rio Branco a Nabuco, 28/11/1907 (AHI).

[55] O Brasil queria reformar as forças armadas (Exército e Marinha) que haviam ficado sem nenhuma manutenção mais significativa durante vinte anos. A necessidade era patente principalmente após os conflitos na baía de Guanabara com a Revolta da Armada de 1894, já discutida no texto. Como afirma Lins, a verdade era que a compra de materiais bélicos para esse rearmamento "não apresentavam números espantosos, nem colossais máquinas bélicas. Estavam ainda muito abaixo das necessidades das classes armadas de qualquer país que tivesse a nossa extensão territorial, as nossas fronteiras, os nossos portos, as nossas costas" (Lins, 1995, p. 377).

[56] Rio Branco esclareceria a Nabuco que "acreditou-se em Washington que a projetada aliança era inspirada por pensamento «unfriendly» para com Estados Uni-

lizada numa tríade militar defensiva, que teria o intuito de resolver problemas locais com maior legitimidade. Ao mesmo tempo, Rio Branco garantiria o isolamento das forças desses países e o impedimento de qualquer um deles de também vir a exercer hegemonia, ou jogar sua influência em favor de outras repúblicas hispânicas, que tivessem pendências com o Brasil (cf. Bueno, 2003, p. 289).

Mas a questão era que somente uma visão, ainda que turva, da possibilidade de realizar-se uma aproximação com países latinos, colocando-a com uma política paralela, ainda que não antinômica à aproximação com os Estados Unidos, já era de grande pesar para Nabuco. Até porque ele sabia que, qualquer que fosse o discurso, tal aliança seria percebida como algo contrário ao poder norte-americano e, nesse caso, o que ela realmente era pouco importava.[57] Tinha a convicção de que nessa política de aproximação com os Estados Unidos "não deve haver hesitações, ou, para melhor dizer, em que toda hesitação ou intermitência seria uma falta irresgatável".[58] Rio Branco, no entanto, julgava que não era honroso o Brasil ter de dar satisfação de atos como esse a um outro país, mesmo que fosse à grande potência do continente. De fato, só não seguiu em frente nesse intento porque lhe barrou a fortuna. Diria a Nabuco a respeito da aliança e eventuais explicações aos norte-americanos

> Entendo é direito nosso em política nesta parte do Continente, sem ter que pedir licença ou dar explicações a esse governo.[59]

Esse projeto do ABC só pôde tomar lugar efetivo na política sul-americana depois de 1915, com a assinatura do "Tratado para

---

dos [. . .] De modo algum nos indisporemos Estados Unidos e penso interesse Chile é também estar muito bem com esse país" (telegrama parcialmente cifrado de Rio Branco para Nabuco, 9/12/1908, AHI).

[57] Telegrama cifrado de Nabuco a Rio Branco, 15/1/1908 (AHI).

[58] Carta de Joaquim Nabuco a Salvador de Mendonça, 13/10/1906 (Cartas II, 1949, p. 258).

[59] Telegrama cifrado de Rio Branco a Nabuco, 11/1/1908 (AHI).

Facilitar a Solução Pacífica de Controvérsias Internacionais". Antes disso as tentativas seriam absolutamente frustradas. A figura do ministro argentino das relações exteriores, Estanislau Zeballos, é a chave para esse caso. Tal personagem, que a historiografia considera praticamente um arquiinimigo de Rio Branco e do Brasil, representava na sua época uma facção do seu país, mas com força e ardil suficientes para provocar um quase estado de guerra entre as duas nações. Essa representação parcial do povo e do governo argentino se mostrou providencial para não permitir que as agressões tomassem proporções nacionais. Mesmo assim elas distanciaram invariavelmente os vizinhos.

Incentivado por rixas antigas com Rio Branco que vinham desde a derrota que sofreu no laudo arbitral dado pelo Presidente Cleveland sobre a região de Missões, Zeballos misturava sentimentos pessoais e políticos (Lins, 1995, p. 369) no trato com o Brasil. Na prática, organizou uma pesada campanha para incentivar a opinião pública e o governo argentino a exigir a equivalência naval no curso do rearmamento brasileiro, bem como um tratado de comércio que reduzisse em 20% as tarifas alfandegárias brasileiras para os produtos argentinos, da mesma forma que o Brasil havia feito para os Estados Unidos quando este isentou a entrada de café brasileiro e difamou Rio Branco de maneira imperdoável perante os países latinos, ao apresentar um telegrama falsificado onde supostamente nosso ministro teria feito referências desleais à Argentina, encobrindo veleidades de hegemonia regional no Prata. Rio Branco lidou com cada uma dessas provocações com sua característica de estabilidade, coerência e praticidade.

À questão da equivalência naval, já que não houvera nenhuma manifestação formal do governo de Buenos Aires sobre a questão, Rio Branco manteve o silêncio e continuou com o projeto, tentando reverter a péssima imagem que o Brasil ganhava a partir da imprensa portenha.[60] Sobre a redução de tarifas para os produtos argentinos por causa de uma eventual isenção do café brasileiro nesse mercado, será claro ao dizer que, para fazer essa espécie de concessão "é necessário que um tal país nos compre café em quanti-

---

[60] *La Nación*, *El Diário* e *El País*. Do lado da campanha zeballista se encontravam os folhetins de *La Prensa*, *El Sarmiento* e *La Razón* (cf. Lins, 1995, p. 379).

dade que ao menos se aproxime da que nos compram os Estados Unidos" (apud Lins, 1995, p. 374). E, finalmente, sobre o incidente desagradável do telegrama falsificado, Rio Branco desmascara o embuste revelando publicamente o telegrama verdadeiro que não continha nenhuma das declarações que se supunha.[61]

É possível dizer que esse equilíbrio instável no subsistema de poder no Cone Sul pode ter sido um fator expressivo que recorrentemente influenciou a opção brasileira de aproximação com o Governo norte-americano (cf. Conduru, 1998, p. 65). Apesar do desejo de Rio Branco de estreitar relações com as outras importantes repúblicas sul-americanas, percebia a impossibilidade de se concretizar algo do tipo sem que houvesse bases políticas sólidas. Diria assim que

> Não há cordialidade possível em Brasil e Chile de um lado e Argentina do outro enquanto Zeballos for Ministro influente[62] [. . .] Retirada Zeballos parece certa, mas abalo que produziu persistirá por algum tempo.[63]

Nabuco ficava aliviado com tais resoluções do ministro e desabafava

> O Zeballos prestou-nos um grande serviço de impedir que quiséssemos fazer política sob o ressentimento de Haia.[64]

Essa frustração dos planos de diversificar as relações internacionais do Brasil no continente americano fez que Rio Branco nem mesmo vislumbrasse se distanciar dos Estados Unidos, apesar dos acontecimentos de Haia. Mesmo assim, estava mais atento e mais melindrado com as atitudes norte-americanas no continente, as quais já não demonstravam a mesma cordialidade de outrora com o Brasil. Da mesma forma via a ação de Nabuco na

---

[61] Para mais detalhes sobre o caso do Telegrama n.º 9, como ficou conhecido o incidente, ver Lins, 1995, pp. 383-9.

[62] Telegrama cifrado de Rio Branco para Nabuco, 5/1/1908 (AHI).

[63] Telegrama de Rio Branco para Nabuco, 19/6/1908 (AHI).

[64] Carta de Joaquim Nabuco a Domício da Gama, 31/10/1908 (Fundaj).

embaixada com menos consideração e proveito do que no início dos seus trabalhos em 1905. Prova disso é a fala enérgica de Rio Branco para com Nabuco ainda em 1908, por conta das discussões sobre a questão da equivalência naval. Nabuco transmitira a Rio Branco a insinuação de Root de que talvez fosse apropriado ao Brasil celebrar algum tipo de acordo para reduzir as suas encomendas de armamentos e não complicar ainda mais as relações com a Argentina, e, para tal arranjo, o governo norte-americano poderia ser um mediador.

> Fiquei muito triste ao saber do oferecimento fez Root e insinuações reduzíssemos encomendas armamentos [. . .] Esperava que, informado por você de nossa situação perante Argentina [. . .] a intervenção amigável desse governo fosse para fazer compreender à Argentina que tínhamos o mesmo direito de que ela usou e tem usado para adquirir armamentos [. . .] se esse Governo compreendesse bem a situação, as vantagens que para a sua política pode retirar de um Brasil forte, deveria ajudar-nos neste perigoso momento em que a propaganda zeballista se esforça para que o Governo nos dirija um golpe enquanto estamos mais fracos, antes da chegada dos novos navios, e expediria logo para aqui espontaneamente uns quatro navios [. . .] em vez de uma demonstração amigável em favor do Brasil, o que vejo é um certo pendor para a Argentina ou pelo menos a maior indiferença diante das provocações que temos sofrido. Quando se falou em aliança argentina, você disse-me que não deveríamos querer outra aliança senão a dos Estados Unidos. Essa e a chilena são as duas que desejaríamos ter, mas a americana só existe nas bonitas palavras que temos ouvido a Roosevelt e a Root.[65]

Da mesma forma, Rio Branco desgostou da atitude norte-americana quando o ABC se tornou público e se discutiam as suas possibilidades de avanço. Nesse momento Root sugere que antes de realizar tal entendimento, visto com bons olhos pelo governo de Washington, era importante incentivar uma resolu-

---
[65] Telegrama cifrado de Rio Branco para Nabuco, 8/12/1908 (AHI).

ção da questão dos territórios da Tacna e Arica entre o Chile e o Peru, pois este último se mostrava apreensivo que a aliança projetada pudesse ser usada contra essas suas pretensões. Nabuco de pronto afirma a Root que esse litígio nem mesmo estava colocado em pauta pelo Chile e que o Peru não tinha direitos sobre essa área. Rio Branco apóia e confirma a fala de Nabuco, mas o alerta para o patente equívoco da atitude norte-americana.

> Vocência respondeu bem questão Tacna Arica deve ser considerada pelo Peru como a França considera a da Alsácia, isto é, questão perdida. Estados Unidos cometeriam grande erro pretendendo intervir mesmo com o seu conselho em assunto que só interessa política sul-americana. Chile apertado entre a cordilheira e o mar precisa desse território, não assim o Peru que dispõe de vastíssimo território, sem contar os mui vastos que reclama sem razão alguma da Bolívia, Brasil, Equador e Colômbia. Peru desde 1904 jacta-se de ter não só a amizade mas o apoio dos Estados Unidos. Não merece as simpatias que Root está mostrando por ele. Trata-se de um governo de gente muito falsa e pretensiosa.[66]

Rio Branco cobrava, então, as promessas de Nabuco sobre a amizade norte-americana e seus ganhos. Queria que o embaixador descobrisse a real disposição do governo de Washington para com o Brasil após a Conferência de Haia, porque o que se mostrava com as atitudes do governo norte-americano não estava nem mesmo perto da imagem daquela *entente* tão sonhada por Nabuco, proposta por Roosevelt, ou dos sentimentos pronunciados por Root no Rio de Janeiro.

> Preciso saber se (prevalecem?) ou não aí conosco os sentimentos manifestados em 1906 e em 1907 até Norfolk pelo Presidente e Root ou se agora procura ter pretexto para contrariar a política e os interesses das maiores nações da América do Sul, já tratadas com bastante desconsideração na Haia.[67]

---

[66] Telegrama cifrado de Rio Branco para Nabuco, 5/1/1908 (AHI).
[67] Telegrama cifrado de Rio Branco para Nabuco, 11/1/1908 (AHI).

Rio Branco devia se questionar: Afinal, somos aliados preferenciais dos Estados Unidos ou não? Existe realmente aquela cordialidade discursada? Onde estão nossos ganhos com a amizade norte-americana? E Nabuco lamuriava:

A *nossa* eterna Haia![68]

Críticas à aproximação com os Estados Unidos: Eduardo Prado e Oliveira Lima

Nem Joaquim Nabuco, nem Rio Branco, nem a aproximação com os Estados Unidos eram unanimidades no Brasil. Parte da imprensa e dos intelectuais da época tinha críticas severas a essa política e a esses seus propositores. Jornais como O *Estado de S.Paulo* eram usados como meio de persuasão da opinião pública, assim como livros e o próprio Congresso, onde homens públicos chegavam a discordar exaltadamente contra o que consideravam uma abdicação de soberania ou uma armadilha imperialista. Os temores dessa parcela menor da opinião pública, já que a amizade com os Estados Unidos e o monroísmo era de modo geral bem acolhida no Brasil (Costa, 1968, p. 157), tinham seu fundamento. A expansão das treze colônias desde o final do século XVIII abocanhando terras do México e das Antilhas, somado à expansão econômica em direção ao sul do continente, e a dominação política estratégica da América Central nos fins do século XIX, sedimentaram um sentimento de hostilidade para com os norte-americanos, que aflorava dependendo das circunstâncias.

Os adversários dessa aproximação tendiam a virar suas atenções para a Europa ou para a América hispânica. Eduardo Prado e Oliveira Lima são bons exemplos desse pensamento contrário à política oficial que se implementava desde a época da proclamação da República. Ambos monarquistas e com uma bagagem pessoal predominantemente européia, tenderam, em épocas diferentes, a exprimir de maneira enérgica e conflituosa suas posições. Prado, filho de uma aristocrática família de São Paulo, denunciou por meio do seu livro *A Ilusão Americana*, ainda na aurora republicana, enquanto se desenrolavam os acontecimentos da

---

[68] Carta de Joaquim Nabuco a Graça Aranha, 1/12/1908 (Cartas II, 1949, p. 324).

Revolta da Armada na baía de Guanabara em 1893, o ultraje que considerava a cópia brasileira das instituições norte-americanas, incentivada por uma forçada identificação cultural e histórica.

Num momento em que o governo de Floriano Peixoto buscava o apoio norte-americano para resolver a ameaça dos seus oficiais rebelados, a publicação do libelo de Prado contra um relacionamento mais próximo aos Estados Unidos não era de grande ajuda. Por este motivo é que ele foi retirado de circulação e a prisão do seu autor decretada.[69]

Eduardo Prado morreu antes de Nabuco se tornar embaixador, ainda em 1901. Não viveu a revitalização dessa política de aproximação com os Estados Unidos promovida por Rio Branco, mas a criticou precedentemente, bem como a atuação de Nabuco, servindo-nos, por isso, de referência. Afetado que estava pela proclamação da Republica, à qual foi dado quase de imediato o aval norte-americano, a decorrente ascensão dos jacobinos exaltados ao poder pela instauração do governo militar e ditatorial e, andando em paralelo a isso, os crescentes delírios de solidariedade latina e norte-americana incentivada pela realização da I Conferência Pan-Americana de Washington, Prado faz seu texto, sua arma de combate a essa situação. Primeiro apontou numa retrospectiva histórica o desastroso relacionamento entre os países americanos para mostrar o quanto "a fraternidade americana é uma mentira" (Prado, 1980, p. 18). Se olhássemos criticamente para nosso continente, veríamos que no trato entre países como México e Guatemala, esta última e a república de Salvador, bem como desta e Honduras, há "mais ódios, mais inimizades entre elas do que entre as nações da Europa" (Ibidem, p. 18). O mesmo poderia ser dito da Colômbia com a Venezuela ou com o Equador. O Peru, o Chile e a Bolívia viviam em guerra, da mesma forma que, à exceção do Chile, não se davam com o Brasil, que por sua vez já havia provocado guerras homéricas com os vizinhos do sul, em especial com o Paraguai, mas também com a Argentina.

---

[69] Eduardo Prado viajou até a Bahia e de lá embarcou para a Europa para não ser preso. No prefácio escrito de lá relatava a repercussão nesses termos: "Este despretensioso escrito foi confiscado e proibido pelo governo republicano do Brasil. Possuir este livro foi delito, lê-lo, conspiração, crime, havê-lo escrito" (Prado, 1980, p. 15).

Esclarecendo o mal-estar crônico que distanciava os países da América, Prado se prende à postura dos Estados Unidos nesse espaço tecendo uma série de críticas e levantando dúvidas sobre a validade de uma política de amizade. As agressões e usurpações de territórios contra o México, as promessas não cumpridas com o Chile e o Peru, os recorrentes atentados à soberania, dignidade e direitos das repúblicas latinas da América Central, as tentativas de degradação da imagem brasileira no caso da Guerra do Paraguai, as extorsões praticadas por eminentes diplomatas norte-americanos no Rio de Janeiro, violações marítimas, infiltrações na Amazônia brasileira com ajuda de vizinhos mal-intencionados, etc., aconselhavam não uma aproximação, mas um distanciamento dos EUA e da sua política imperialista (Ibidem, passim).

E se essa história não nos dava motivos para aliar-nos com os Estados Unidos, ao outro argumento, sobre a coincidência geográfica que incentivava essa política e a adesão republicana, Prado responderia:

> Pretender identificar o Brasil com os Estados Unidos, pela razão de serem do mesmo continente, é o mesmo que querer dar a Portugal as instituições da Suíça, porque ambos os países estão na Europa (Ibidem, p. 18).

Nesse próprio sentido, Prado advertia que mesmo o fato de o café ser nosso principal produto de exportação e os Estados Unidos, tendo uma grande classe operária e por isso sendo um fortíssimo consumidor, nosso maior comprador, não nos fazia subordinados a esse país, mas reciprocamente dependentes (Ibidem, pp. 168-9). Na sua visão, a grande preocupação norte-americana para incentivar uma aproximação com os países latinos, girava em torno desse âmbito comercial. O crescimento desenfreado da sua economia baseado num protecionismo desleal e o decorrente excesso da produção industrial, provocava uma corrida capitalista para fora do país na busca por novos mercados consumidores, tentando impor tratados aduaneiros com todos os países da América. Tendo na memória o propositor da conferência de 1889, Prado dirá que essa empresa de extorquir tratados em troca de vantagens ilusórias foi confiada a Blaine por ocasião de seu segundo mandato como secretário de Estado (Ibidem, p. 141).[70] Sintetizará assim seu pensamento:

> Tratados de comércio! Eis aí a grande ambição norte-americana, ambição que não é propriamente do povo, mas sim da classe plutocrática, do mundo dos monopolizadores que, não contentes com o mercado interno de que eles têm o monopólio contra o estrangeiro, em virtude das tarifas proibitivas nas alfândegas, em detrimento do pobre que se vê privado de grande benefício que a concorrência universal lhe traria com o forçado abaixamento de preços (Ibidem, pp. 125-6).

Reconhecendo que "a corrupção política e administrativa é a própria essência do funcionamento do governo americano" (Ibidem, p. 167), culpava a forma de governo republicana por ser a que mais protegia os abusos do capitalismo (Ibidem, p. 133) e via na monarquia uma possibilidade de mudança, por ser um regime mais estável. Como na república tudo era transitório e a responsabilidade limitada, não havia preocupação de controlar os distúrbios sociais ocasionados pelo embate entre o proletariado e a burguesia exploradora (cf. Ibidem, pp. 130-1). Acercar-se da Europa era mais sensato para aprender e adaptar a sua tradição política e social à realidade brasileira e latina. Devíamos, assim, muito mais ao Velho Mundo do que à pretensa irmã do norte, mesmo no que concerne à independência e proteção do continente. Prado afirma que a própria Doutrina Monroe foi uma idealização e proclamação inglesas, encabeçada pelo seu ministro do Exterior Canning, depois seguida pelos Estados Unidos (Ibidem, pp. 24-5). Além disso, a subjacente idéia de garantia de autonomia e soberania dos países americanos contida na mensagem de Monroe era, nas mãos norte-americanas, manipulada ao

---

[70] Eduardo Prado é um dos grandes críticos do Convênio Aduaneiro de 1891, como já referido no Capítulo 1. Para frisar sua posição em relação ao ocorrido transcrevemos aqui mais uma citação dele onde diz que "em troca de um favor fictício e ilusório, em seguida a uma negociação em que a má-fé norte-americana se tornou evidente, o Brasil concedeu isenção de direitos às farinhas de trigo dos Estados Unidos, deu igual isenção a vários outros artigos americanos" (Prado, 1980, pp. 150-1).

sabor das circunstâncias dependendo dos seus interesses (Ibidem, p. 28).

Cada crítica dessas ia de encontro a várias das idéias futuras de Nabuco sobre a aproximação com os Estados Unidos, especialmente no que concerne à sua crença de que o desenvolvimento nacional brasileiro — político e econômico — devia seguir a mesma trilha do norte-americano. Prado, ao acusar a alienação em que vivia o País a partir dos governantes que haviam tomado o poder em 1889, já satirizaria palavras de ordem que também seriam escutadas anos mais tarde: "Copiemos, copiemos, pensaram os insensatos, copiemos e seremos grandes! Deveríamos antes dizer: Sejamos nós mesmos, sejamos o que somos, e só assim seremos alguma coisa" (Ibidem, p. 169). Exclama, enfim, num tom determinado que "a amizade americana (amizade unilateral e que, aliás, só nós apregoamos) é nula quando não é interesseira".

Para Prado o pior de todos os mundos seria ver o Brasil vinculado, dependendo ou devedor de um outro país. Dessa perspectiva ele teria grandes conflitos com Nabuco e suas idéias de "inteligência perfeita", "quase aliança" ou "*entente*" com os Estados Unidos. Bradará:

> Não! Toda tentativa para, em troca de qualquer serviço, colocar a pátria livre e autonômica em qualquer espécie de sujeição para com o estrangeiro, é um ato de inépcia e é um crime (Ibidem, p. 180).

O que une a obra e denúncia de Eduardo Prado na década de 90 do século XIX e a ação de Nabuco como embaixador na década de 10 do século XX são as repercussões do livro *A Ilusão Americana*. Qualquer material que pudesse interferir negativamente na aproximação do Brasil com os Estados Unidos era visto por Nabuco como uma ameaça ao seu trabalho em Washington que tentava resolver. É com essa preocupação que Nabuco reclama

> A "Ilusão Americana" do Prado é um livrinho que nos faz muito mal, entretém no espírito público a desconfiança contra este país, nosso único aliado possível.[71]

---

[71] Carta de Joaquim Nabuco a Graça Aranha, 17/12/1905 (Cartas II, 1949, p. 235).

O crítico mais importante, no entanto, da política de aproximação com os Estados Unidos praticada por Nabuco, foi Manuel de Oliveira Lima, um contemporâneo. Ele fez livros, publicou artigos e escreveu cartas defendendo seu ponto de vista. A sua amizade com Nabuco, aflorada na juventude, desde a fase jornalística no Recife, estimulada quando passaram algum tempo juntos em Londres, nos primeiros anos de 1900, não resistiu às diferenças de posições sobre o pan-americanismo e o relacionamento com os Estados Unidos. O mesmo apartamento ocorreu entre Oliveira Lima e Rio Branco. Mesmo tendo orientações acadêmico-jornalísticas parecidas e um gosto compartilhado pela pesquisa e estudos históricos, os dois personagens, com temperamentos independentes, conflitaram fortemente no campo diplomático. A partir de 1903, quando o diálogo entre ambos se tornou realmente difícil por causa da nomeação indesejada por Oliveira Lima para um inóspito cargo no Peru, bem como em virtude de projetos e escolhas pessoais diferentes, Nabuco, por algum tempo, lhes serviu de intermediário no relacionamento com o propósito de apaziguar as farpas que voavam de um lado a outro (Costa, 1968, p. 115). Isso transcorreu até que os ataques do pernambucano contrariado, apelidado por Gilberto Freire de "Dom Quixote Gordo", também abriram frente com Nabuco, desfazendo, a partir daí, em pouco tempo, os laços de proximidade que existiam entre ambos.

Os imbróglios da nomeação de Oliveira Lima para o Peru, a qual acabou não aceitando, e sua transferência afinal para Caracas em março de 1905 tiveram forte impacto na evolução divergente das relações com Nabuco, com Rio Branco e também nas suas idéias sobre o pan-americanismo. No entremeio da sua designação, o diplomata já conseguira abalar permanentemente sua relação com Rio Branco, após tê-lo criticado regularmente, bem como toda a estrutura diplomática do Itamaraty, a ponto até mesmo de causar certo assombro a ousadia do subordinado (Almeida, 2002, p. 260), o que fez tanto por conta das suas convicções sobre o rumo que deveria seguir o Brasil externamente, quanto na tentativa de conseguir o reconhecimento que achava ter direito na carreira.

Logo depois de iniciar seus trabalhos em Caracas, Oliveira Lima já adquirira forte admiração por esse país e seu presidente, o General Cipriano Castro,[72] o qual considerava um "grande diplomata [. . .] zombando dos perigos que amedrontariam os diplomatas profissionais" (Lima, 1953, p. 139). Quanto à Venezuela, via toda a miséria e convulsão social e política em que se encontrava o país, mas pensava que em outras condições, em que as receitas alfandegárias — o melhor rendimento do país — não estivessem "hipotecadas a nações estrangeiras para pagamento de obrigações internacionais, empréstimos e especialmente indenizações, algumas justas outras injustas" (Lima, 1953, p. 147), a economia desse país teria grandes chances de desenvolvimento. Nabuco diria a Graça Aranha a respeito dessas afirmações que o Oliveira Lima "está tomado de admiração pelo Castro, por Venezuela, e acredita tudo o que lhe dizem contra os americanos. É muito perigosa a propaganda que ele me diz estar fazendo".[73]

É verdade que Lima também era adepto de um certo pan-americanismo, ainda que bem diferente do elaborado por Nabuco. Como bem afirma Silveira, ambos os pensadores operavam conceitos de unificação e fragmentação para construir imagens da América como unidade hemisférica, discutindo a oposição ou complementação entre a América saxônica e a latina e, dentro desta última, uma relação crítica entre a América espanhola e a portuguesa (cf. Silveira, 2000, p. 300). Ricupero também argumenta corretamente ao afirmar que Oliveira Lima considerava que nossa diplomacia deveria ser européia e latino-americana (Ricupero, 1995, p. 370), já que, de fato, o diplomata reconhecia que os países latinos teriam uma identidade comum por partirem do mesmo tronco europeu e que "maior identidade de interesses possuem as nações latino-americanas com a Europa do que com os Estados Unidos [. . .] tais interesses são de todo gênero: financeiros, comerciais, intelectuais, morais" (Lima, 1980, p. 44).

Oliveira Lima, ao contrário de considerar a amizade norte-americana um elemento imutável da nossa política externa, referida a uma idealização de existência perene, pensava em oscila-

---

[72] O General Castro foi um típico caudilho da América espanhola que nos idos de 1899 encabeçou uma revolução que o perpetuou no poder do estado venezuelano até 1908.

[73] Carta de Joaquim Nabuco a Graça Aranha, 15/2/1906 (Cartas II, 1949, p. 246).

ções de interesse e assimetrias de poder que haviam de fazer parte dos cálculos do Brasil, especialmente no que concerne à relação com os Estados Unidos. E nesses cálculos, ao contrário do que para Nabuco, não havia um imperativo de aproximação com os norte-americanos e sim cautela. Era extremamente receoso com relação aos norte-americanos, tendo por motivo especial a interpretação que faziam do continentalismo ao enxergar a Doutrina Monroe como uma política exclusiva e de aporte unilateral. Entendia que já que ela havia servido para afastar as idéias de recolonização ou conquista de outras partes do mundo sobre a América, devia ser encarada como "instrumento de utilidade continental" (Ibidem, p. 35).

O monroísmo não seria, assim, nem um princípio sem perigos, nem um princípio reconhecido do direito americano, necessitando para isso haver um consenso entre os países sobre os quais se referia. Quando chegasse nesse estágio, a doutrina deixaria de ser norma de conduta de um governo específico e como norma, e não lei, sua interpretação era aberta e perigosa. Não se concretizando por qualquer motivo esse estágio de comunhão, seria inadmissível que os Estados Unidos impusessem tal doutrina como lei continental por sua vontade exclusiva. Isso seria ilegítimo, uma vontade particular externada nas intervenções realizadas em repúblicas americanas e um princípio de política interna, transformada em regra de política externa, que a ninguém seria lícito ignorar. Reconhecer esse poder aos Estados Unidos seria uma abdicação de soberania pela consagração do "princípio de intervenção, negativa ontem, isto é, para impedir que certos resultados se executem, positiva amanhã, isto é, para promover dadas soluções: em qualquer dos casos, intervenção" (Ibidem, p. 35). Fica claro que Oliveira Lima só via utilidade na Doutrina Monroe se ela se multilateralizasse e perdesse o caráter interventor que adquirira com Roosevelt, fazendo parte do direito comum da América. Quando outros países tomassem lugar nas decisões realizadas no seu âmbito, o pan-americanismo seria uma realidade e não mais um instrumento ideológico para a ascendência norte-americana no continente (cf. Ibidem, p. 96). Dirá:

O Sr. presidente da República, decerto, compreende a Doutrina de Monroe e a interpreta no mesmo sentido em que eu sempre a quis compreender e interpretar: a de uma doutrina comum ao Novo Mundo, cabendo proporcionalmente os seus deveres e responsabilidades a cada uma das potências americanas com capacidade para assumir a direção dos seus próprios destinos (Lima, 1971, p. 634).

De fato, na visão de Lima, a Doutrina Monroe sempre foi egoísta, desde seu estágio primitivo. Nunca foi uma doutrina altruísta ou com responsabilidades comuns, e os Estados Unidos só representaram uma garantia de defesa das soberanias recém-adquiridas dos países americanos, na mesma medida em que se guardava o direito de escolher ocasião ou pretexto para sua aplicação, e de acordo com seus interesses. Se a Doutrina Monroe lhes denotasse responsabilidade, é duvidoso que eles continuassem com seu intento. Em resumo, se os norte-americanos vedaram a extensão da influência européia na América, também acabaram por substituir aquela ascendência mais antiga por uma nova, a sua própria, mais adequada ao momento. Ela "foi, no seu início, defensiva, e, pela continuação, passou, naturalmente, à ofensiva, como acontece quando se ganha força para alcançar o que se cobiça. No seu último revestimento adaptou-se a doutrina ao pendor imperialista, que na atualidade, é francamente predominante" (Lima, 1980, p. 41). Nesse sentido o monroísmo seria "uma teoria de governo para uso particular do inventor, e um compromisso unilateral ou tomado só com a população nacional, de seguir certa regra de proceder internacional" (Ibidem, p. 37).

Talvez a base de discordância entre Nabuco e Oliveira Lima tenha sido que este último nunca enxergou os Estados Unidos como um país superior a qualquer outro da América Latina, a ponto de poder conduzir a política do continente, devendo ser encarado como igual e não como um líder. À crença de Nabuco sobre o caráter pacífico dos Estados Unidos que se irradiava pelo continente, Lima respondia que a tal "zona de paz e livre competição humana" não havia sido construída somente pela paz. Alertava que foi a guerra contra a Espanha que colocou os Estados Unidos no caminho em que se encontravam, e não havia por que se enganar, porque "não há, pelo que conste nos fastos humanos, construção alguma poderosa entre as nações que não tenha sido cimentada com sangue" (Ibidem, pp. 42-3).

O Brasil e Nabuco, segundo Oliveira Lima, partiam de pressupostos equivocados. Tendo consciência de ser, em relação aos seus vizinhos, um país maior, mais ordeiro e mais desenvolvido, acreditava-se não dever temer uma ameaça norte-americana, sentindo-se até mesmo com vigor o suficiente para aspirar dividir com os EUA certa "hegemonia hemisférica" (cf. Ibidem, p. 42).

Nota-se que Oliveira Lima estava muito distante das concepções de Nabuco sobre a organização de poder na América. Não estava, no entanto, distante da mesma forma das de Rio Branco com suas concepções de divisão de responsabilidades entre os países latinos e liderança compartilhada, ainda que Rio Branco, apoiasse uma liderança norte-americana (Almeida, 2002, p. 267). Essa relativa proximidade se exemplifica nos elogios de Oliveira Lima a Rio Branco por conta de certos episódios da III Conferência Pan-Americana realizada no Rio de Janeiro.[74] Essa conferência era, para o então ministro brasileiro em Caracas, uma tentativa norte-americana de concretização de sua tutela no continente, já praticada por Roosevelt, com o objetivo de delinear a legalização do monroísmo.

A questão comercial, que vem a tona quando se faz referência à conferência, era também um grande tema para Oliveira Lima. Nesse âmbito, como pressuposto, considerava que "a diplomacia tem por esfera bem marcada advogar interesses, e o comércio é hoje a sua mola real, como é o capital a mola real das sociedades organizadas" (Lima, 1980, p. 28). O caso brasileiro era exemplar para esse argumento. Lima tinha forte preocupação a respeito da dependência da economia cafeeira do Brasil em relação ao mercado consumidor norte-americano. Ao contrário de Eduardo Prado, considerava que os Estados Unidos, como comprador majoritário do nosso café, podia suprir sua necessidade com outros países, caso surgisse tal emergência, mas o Bra-

---

[74] Rio Branco fez um discurso de abertura, já mencionado no texto, em que valorizava o papel do Velho Mundo na formação da civilização americana. Lima faria assim referência a ele: "o habilíssimo discurso de Rio Branco" (Lima, 1937, p. 212).

sil perderia muito e ficaria sem opção se não pudesse mais vender para os norte-americanos. Estabelece-se assim uma relação de direitos sem deveres que poderia trazer prejuízos irreparáveis para nossa sociedade (Ibidem, pp. 44-5).

Em Washington, Lima vai criticar Nabuco, "o trato com Roosevelt e Root deslumbrou-o" (Lima, 1937, p. 212). Esses "dois fetiches norte-americanos de Joaquim Nabuco" (Ibidem, p. 217), como ele se referia ao presidente e ao secretário norte-americanos, teriam anseios nada lisonjeiros em relação ao Brasil e à América Latina. Na crença de que "a política é muito mais uma questão de homens que de princípios" (Lima, 1971, p. 584), Oliveira Lima afirmava que Roosevelt emprestou seu nome à Doutrina Monroe, reavivando-lhe e conferindo-lhe nova definição (Lima, 1980, p. 77). Continha, agora, um peso de ingerência econômica que carecia para se tornar um princípio interventor. A política agressiva e belicosa desse militar executivo, representada por um grande cacete, tinha, pela força dos encouraçados em construção nos estaleiros dos Estados Unidos, sua garantia. Diria Lima que "não é com intenções cordiais que se faz de seguida voltar o bengalão de Roosevelt sobre as cabeças de certas repúblicas hispano-americanas" (Ibidem, p. 43). Também a decorosa visita de Root ao Brasil por ocasião do congresso pan-americano, com o objetivo de persuadir os países latinos de cooperar com seus interesses, tendo o Brasil como seu intérprete e possível aliado, "fez nascer entre os que pouco familiares são com as coisas internacionais ou se deixam levar por miragens enganosas [. . .] uma como que persuasão de que temos, na expressão popular, as costas quentes [. . .] imaginam esses ditosos sonhadores que os Estados Unidos de ora em avante nos ajudarão" (Ibidem, p. 110).

A III Conferência Pan-Americana é o evento que, afinal, vai acabar por distanciar completamente Nabuco e Oliveira Lima. Antes dele, no entanto, Lima já criticava a postura de Nabuco em Washington fazendo referência ao que considerava um excessivo americanismo.

> Tenho acompanhado com curiosidade as manifestações do seu Monroísmo ou melhor do seu Rooseveltismo e, apesar de conhecer o entusiasmo que o seu temperamento põe

em todas as coisas por que se apaixona, não o julgo capaz de tanto americanismo.⁷⁵

Quando ficou definido que a conferência seria realizada no Rio de Janeiro em 1906, com o descarte de Caracas que também havia-se oferecido para sediá-la, provocando protestos do General Castro que acreditava ter o apoio norte-americano na questão, e que Root viria pessoalmente ao Brasil para prestigiá-la, Oliveira Lima, por meio de artigos no jornal *O Estado de S. Paulo*, durante toda a preparação e desenvolvimento do evento, atacou veementemente a política norte-americana, o monroísmo, Roosevelt e a atitude do embaixador brasileiro em Washington que acabaram por ser reunidos no livro *Pan-Americanismo (Monroe, Bolívar, Roosevelt)*, de 1907. Nabuco, já inconformado há algum tempo com a atitude do companheiro, convicto de que "as cartas dele me parecem mal encaminhadas para mim", indigna-se:

> O Sr. parece interessado em que a Conferência naufrague, toma o partido da Venezuela, condena os que me auxiliaram aqui.⁷⁶

Nesses incidentes ia ficando claro para Nabuco que, entre os dois, os "temperamentos, processos e ideais são diferentes. Ele é da diplomacia forte, que toma sempre o tom de grande Potência; eu sou da diplomacia insinuante e persuasiva".⁷⁷ E sentia o distanciamento do antigo colega que ia se processando.

> Eu sinto ver o Oliveira Lima afastar-se assim <u>diplomaticamente</u> de mim, por que pensava ser ele um monroísta firme.⁷⁸

Não entendia, no entanto, a agressividade com que Oliveira Lima o atingia. E ficava particularmente descontente com o fo-

---

⁷⁵ Carta de Oliveira Lima a Nabuco, 23/10/1905 (Fundaj).
⁷⁶ Carta de Joaquim Nabuco a Oliveira Lima, 1.º/3/1906 (Fundaj).
⁷⁷ Carta de Joaquim Nabuco a [Francisco] Régis [de Oliveira], 21/12/1909 (Fundaj).
⁷⁸ Carta de Joaquim Nabuco a Graça Aranha, 2/2/1906 (Cartas II, 1949, p. 244).

mento de intrigas que o antigo amigo tentava promover com Rio Branco. Numa das cartas a Graça Aranha, relata o que Lima lhe expressara em certa ocasião:

> [. . .] que a minha atitude de excessivo americanismo era muito malvista por todos na América Latina, no Brasil e do próprio governo; que se admirava de me agastar eu com ele e de não me ter zangado com o Rio Branco que por trás falava de mim.[79]

Oliveira Lima explicaria essa discussão por correspondência que transcorreu entre os dois em suas memórias. Achava que havia feito um favor para Nabuco ao alertá-lo do excessivo pendor para os Estados Unidos, antes que ele se deparasse com uma opinião pública brasileira contrária ao caminho que preconizava.

> Quando Nabuco entrou a exagerar o seu americanismo, eu de Venezuela lhe escrevia para Washington, externando minha discordância desse sentimento tão acentuado e que não me parecia partilhado pela opinião comum no Brasil. Sei bem que há casos análogos na história das relações diplomáticas em que o enviado se torna mais papista do que o papa (Lima, 1937, pp. 210-1).

A verdade é que, para Oliveira Lima, Nabuco havia ficado "*too American*, como em Londres fora *too British*, na Itália *too Roman* e na França seria *too French*" (Ibidem, p. 212). E, ao final da conferência pan-americana dirá que nela, a atitude de Nabuco foi "invariavelmente pan-americana do Norte" (Ibidem, p. 212). A diferença política entre ambos se tornou, pelo menos da parte de Oliveira Lima, pessoal. À indignação de Nabuco com suas críticas por correspondência, dirá que o embaixador estava acostumado ao regime do turíbulo e que para continuar a amizade entre ambos era necessário que trocassem umas "verdades". Sendo assim, Nabuco encerra a correspondência entre ambos nos seguintes dizeres:

---

[79] Carta de Joaquim Nabuco a Graça Aranha de 2/4/1906 falando a respeito dos comentários de Oliveira Lima nas últimas correspondências (Cartas II, 1949, p. 252).

Desde que o Sr. estabelece como condição para me continuar a sua amizade ouvir eu "as verdades" que me queira dizer, não me é lícito insistir por aquele privilégio [. . .] deixo as demais farpas da sua carta ao esquecimento, pois quero que a nossa correspondência acabe, ficando todos os agravos dela à sua conta.[80]

De fato, foi corrente a opinião de que Oliveira Lima arriscava-se a perder amigos, mas nunca perdeu a ocasião de proferir opiniões francas quando julgava a causa justa, o que se traduzia vez ou outra por frases ásperas ou severas, mas quase sempre certeiras (cf. Almeida, 2002, p. 265). É possível que esse tenha sido o caso com Joaquim Nabuco. De qualquer forma, o embate entre esses dois vultos brasileiros foi sempre, na diplomacia, desproporcional em favor de Nabuco que teve, durante quase todo tempo do lado do seu americanismo, ainda que com graus diferentes, as figuras mais importantes da política externa brasileira. Rio Branco havia incentivado tal política com a criação da embaixada. Afonso Pena, futuro presidente, referia-se a essa aproximação em carta a Nabuco, quando ainda era presidente do Senado, afirmando que o interesse do Brasil devia ser de uma "perfeita inteligência com a Grande República Norte-Americana".[81] Da mesma forma, Rodrigues Alves, quando presidente, se enunciava em favor de uma forte aproximação com os Estados Unidos por haver muito que trocar e aprender com esse país. Ao atestar que trabalhava para ganhar o prestígio internacional brasileiro quase perdido, também incentivará Nabuco ao dizer

Aqui nem todos acreditarão nas vantagens de uma mais estreita cordialidade em nossas relações com os Estados Unidos e muitos se assustarão ainda com a doutrina de Monroe. Continue, porém, a trabalhar.[82]

Oliveira Lima deixou em escritos posteriores à morte de Nabuco um retrato um tanto indigno do antigo amigo. Criticava

---

[80] Carta de Joaquim Nabuco a Oliveira Lima, 3/3/1906 (Cartas II, p. 250).

[81] Carta de Afonso Pena a Nabuco, 1.º/1/1906 (Fundaj).

[82] Carta de Rodrigues Alves a Nabuco, 28/2/1906 (Fundaj).

então a sua política de aproximação com os Estados Unidos considerando-a uma ambição pessoal norteada por frustrações passadas.

Para resgatar aos olhos do seu país o malogro do arbitramento da Guiana, que tanto o amargurou que dele datou visivelmente sua decadência intelectual, quis unir o Brasil e os Estados Unidos com os laços mais estreitos. Essa *entente ultra-cordiale* seria o seu triunfo pessoal, da sua ação diplomática. Ela porém já existia, como o resultado de uma longa tradição, apenas sem aquela *ultra* que, num caso de panela de ferro e de panela de barro, sempre significaria, pela fragilidade da última, uma situação não direi de dependência, mas também não de equivalência (Lima, 1937, p. 212).

Seu espírito combativo, alimentado de rancor pelo desgosto que lhe causou não ter sido reconhecido em vida como o extraordinário diplomata que era, fez que Oliveira Lima desfizesse de Rio Branco, porque seria ele o culpado mais direto da sua trajetória, e de Nabuco, por ter ocupado cargo de tamanha relevância, cargo que poderia ter sido seu, praticando uma política que considerava ser perniciosa para os interesses brasileiros. Por tanto dirá amargurado já no final da vida que

> O maior defeito de Nabuco era a vaidade, do seu físico e do seu espírito. Ela o fazia egoísta e o levava à ingratidão. Rio Branco não era menos vaidoso nem egoísta, e tinha muito menos coração do que Nabuco, sendo mesmo desapiedado (Ibidem, p. 190).

CONCLUSÃO

> Há duas espécies de movimento em política: um, de que fazemos parte supondo estarmos parados, como o movimento da terra que não sentimos; outro, o movimento que parte de nós mesmos. Na política são poucos os que têm consciência do primeiro, no entanto esse é, talvez, o único que não é pura agitação.
>
> Diário de Nabuco de 28/6/1877

A CRIAÇÃO DA EMBAIXADA BRASILEIRA EM WASHington em 1905, materialização do relacionamento preferencial que o ministro das Relações Exteriores, Rio Branco, projetava ter com os Estados Unidos, se insere em um movimento nacional mais amplo. De fato, esse acercamento remonta à proclamação da República, quiçá ao final da época imperial. No entanto, se com a ingenuidade dos primeiros passos do jacobinismo republicano, baseado no manifesto de 1870, existiu uma visão estreita dos relacionamentos internacionais que tendia a se basear no princípio de solidariedade a partir da similaridade institucional, recusando a Europa e abraçando uma causa americanista sem sentido prático que acabou causando alguns constrangimentos ao governo brasileiro, na gestão de Rio Branco esse caráter foi substituído por um outro mais pragmático e utilitário. No meio de certas atitudes republicanas, por vezes ingênuas e fracas, os Estados Unidos se aproveitaram de modo hábil para marcar terreno econômico e político importante no Brasil, primeiro conseguindo obter o Convênio Aduaneiro de 1891 e, segundo, utilizando os acontecimentos da Revolta da Armada para se mostrarem como protetores desse novo regime.

Como pano internacional dessa política de aproximação há de se fazer referência ao momento interno e externo que possibilitou aos Estados Unidos, já no crepúsculo do século XIX, surgirem como uma potência mundial, garantindo seu espaço na corrida imperialista que caracterizava o período ao determinarem a América Latina como a sua área lógica de expansão política e comercial. O desenvolvimento industrial norte-americano e as suas conseqüências sociais acabaram, com o desencadear do movimento progressista, reestruturando os objetivos externos da nação e possibilitando a ascensão de Roosevelt e de outras personalidades que viriam a dominar o cenário político desse país nas primeiras décadas do século XX, bem como a reedição da Doutrina Monroe em duas frentes: uma baseada num corolário agressivo, que pretendia determinar a sorte (ou a má sorte) dos países do continente que infringissem as regras de segurança norte-americana, baseadas na estabilidade política da região e na prevenção contra ingerências européias, e outra, *soft*, que a utilizava como filosofia aglutinadora do pan-americanismo para amenizar as descortesias provocadas pelos ensaios imperialistas da primeira frente.

É pelo prisma desse quadro internacional, inserido no referido histórico nacional, que analisamos os objetivos e as características da política de aproximação implementada por Rio Branco com essa nova potência. Usando como argumento as comparações possíveis entre os dois países como território, população e diferenças substantivas com os vizinhos, Rio Branco apoiou grande parte das pretensões dos Estados Unidos no continente. Fez isso quando percebeu, a partir dos imbróglios diplomáticos com o *Bolivian Sindicate*, a utilidade de se ter esse país a favor ou, pelo menos, não tê-lo contra. Em oposição ao medo do imperialismo norte-americano, Rio Branco afirmava a incoerência de qualquer das ações do corolário Roosevelt interferir, ao sul do continente, nos interesses ou soberania brasileira, sendo, o nosso, um país ordeiro e responsável. Buscou utilizar tal aproximação como trunfo na viabilização do que considerava os interesses nacionais primários como a garantia do modelo agroexportador pela intensificação do comércio cafeeiro, a solução de litígios fronteiriços, o alcance de uma preponderância na América do Sul, bem como prestígio e reconhecimento mundial. Elevava, assim, aqueles ensaios rudimentares de relacionamento com os Estados Unidos do início da República até o seu ápice, não descartando nunca, no entanto, as relações com os países sul-americanos e com a Europa.

Quando Rio Branco convidou Nabuco para ocupar o recém-criado cargo de embaixador, dando corpo a um dos eixos essenciais da sua política externa, o fez reconhecendo o antigo amigo como um diplomata completo para tal empresa, seja intelectualmente, já como adepto do monroísmo, seja fisicamente, pelo seu porte europeu, além de ser detentor de grande prestígio nacional. De seu lado, Nabuco, conhecido por seu europeísmo, relutou um pouco a aceitação por ter de abandonar seu posto, de inegável prestígio, como ministro em Londres e pela desconfiança de que o ato tivesse somente um caráter formal, sem uma política estruturada de longo prazo. Aceitava-o, no entanto, alegando obrigação patriótica. Mas, após iniciar seus trabalhos em Washington e apresentar suas credenciais a Roosevelt, que geraram repercussão muito positiva na opinião pública norte-americana, começava a reavaliar seus primeiros receios e a enxergar um melhor horizonte para sua tarefa. Ia surgindo o vislumbre de amplas possibilidades de ação em um cargo de tal forma inédito e em um país que caminhava para uma ascendência mundial única no continente americano.

Como parte de uma geração que perdia suas referências pessoais e políticas em meio ao desmoronamento do mundo construído durante todo o século XIX, primeiro com o esgotamento da causa abolicionista, depois com a queda da monarquia e todos os outros processos que tomavam lugar no plano mundial, entre eles a perda da centralidade européia, o novo fôlego imperialista e o desenvolvimento de tecnologias que reorientavam noções de tempo e espaço, Nabuco buscava adaptar novos paradigmas de ação. Perdido em meio a esse turbilhão de novidades e, por sua própria opção, estando apartado dos destinos do seu país ao afirmar-se monarquista em meio republicano, buscou uma nova inserção nesse plano pela via diplomática, que imaginava vinculá-lo tanto a uma esfera autônoma, distante das tensões partidárias, quanto impassível de crítica, como acreditava ser a defesa dos interesses do Estado brasileiro, e não do seu regime, perante o mundo. É nesse desígnio que aceita trabalhar pela república ainda monarquista, como que numa fase de adaptação, e encontra uma causa legítima pela qual lutar, a aproximação do Brasil com os Estados Unidos. Assume-a ela da mesma forma que havia assumido outras no passado e, mesmo não desenvolvendo similar cabedal teórico e prático, com a mesma volúpia.

Nabuco incorporara a política que lhe havia criado, e nesta postura, cada vez mais propositiva, surgem os primeiros conflitos com Rio Branco, sejam eles de ordem pessoal ou política, sempre em torno dos rumos que devia seguir o projeto de aproximação com os Estados Unidos e os meios para se obter dela resultados significativos. Particularmente esses embates com Rio Branco, motivados por uma percepção questionável, mas legítima segundo sua perspectiva, de que o ministro não tinha planos concretos para a continuação da proposta de relação bilateral iniciada e incentivada com a criação da embaixada, levaram Nabuco a formular concepções sobre ela e tentar ações autônomas. Como exemplo prático da sua influência na política externa brasileira trabalhou-se a repercussão internacional de seus atos em incidentes importantes da época como o do desrespeito à soberania brasileira, promovida pela canhoneira alemã *Panther*, e os decorrentes eventos da preparação e realização da III Conferência Pan-Americana. Em ambos os casos, Nabuco deu um tom mais drástico às idéias de Rio Branco no que se refere ao relacionamento com os Estados Unidos, incentivando o que chamava de "quase aliança" ou, pelo menos, buscando que o meio internacional percebesse a relação desses países enquanto tal.

Toda a ação de Nabuco como embaixador esteve informada por uma série de concepções políticas, formuladas pouco a pouco a partir da reapropriação de suas experiências de vida. Elas se estruturaram em volta de um liberalismo humanitário, herdado ainda do combate abolicionista e do seu desdobramento em questões sociais. Essa época de propaganda e palanques havia-lhe também desenvolvido a oratória, que, entendida como importante elemento de mobilização política, foi um dos instrumentos de batalha de seu americanismo. A par disso, suas viagens à Europa e aos Estados Unidos na década de 1870, como adido de legação, repensadas anos mais tarde, no mesmo exílio auto-infligido após a queda da monarquia em que faria suas primeiras incursões analíticas sobre o papel da potência do norte na política continental, foram também contribuições importantes.

Seguindo a referência feita por Evaldo Cabral, podemos dizer que no momento crítico em que se encontrava apartado dos rumos que seu país ia tomando, seja interna, seja externamente, Nabuco sofria de maneira muito vívida o dilema do mazombo, isto é, do descendente de europeu ou que a sociedade determina enquanto tal, fragmentado entre a Europa e a América, na crença de que em algum momento terá de se decidir por uma das duas civilizações. O contato e a adesão de Nabuco à Europa haviam-lhe fornecido material psicológico suficiente para sustentar sua vida política por muito tempo, até a abolição e a queda da monarquia, quando então se viu pressionado a rever conceitos e reestruturar seus pensamentos. Assim, se seu europeísmo fora monarquista, o processo de elaboração de seus pensamentos americanos culminou, não por coincidência, com a sua adesão ao governo republicano.

Esse dilema ganha força a partir da imagem, poderíamos dizer, antinômica, sobre os Estados Unidos que Nabuco constrói no primeiro contato com esse país, ainda como adido de legação em 1876, e, depois, como embaixador em 1905. Chegando como adido a Washington num momento conturbado da política interna do país, Nabuco tece uma série de críticas fortes à política e aos políticos norte-americanos. Está, nessa época, já imbuído de influências européias, empolgado pela centralidade internacional desse continente, sua tradição aristocrática e monárquica, além das idéias políticas do pensador inglês Bagehot. Encontrava, no entanto, nos Estados Unidos um povo da mesma raiz racial que os ingleses e, por isso, com potencialidades latentes, ainda que considerasse que seu meio não havia proporcionado o desenvolvimento de uma civilização que surpreendesse em qualquer aspecto.

A partir de 1905, Nabuco, na mesma medida em que ia relativizando a importância da antiga Europa, influenciado especialmente pela percepção cada vez mais clara das limitações que se encontrava constrangido em Londres, atuando no meio de um conflito interimperialista entre grandes potências como chefe da legação de um país inexpressivo nesse quadro, como era o Brasil, ao se tornar embaixador, tentou encontrar uma diretriz que desse sentido ao seu posicionamento de aproximação com os Estados Unidos. É com essa necessidade que tenta determinar um novo papel para esse país, tanto no plano mundial, como promotor de estabilidade e paz com a subida de Roosevelt ao poder, como no plano continental, com a administração de Elihu Root no Departamento de Estado e seu viés pan-americano. Os Estados Unidos realmente viviam um momento muito diferente do visto por Nabuco na década de 1870, encaminhando, entre outras coisas, um desenvolvimento material sem precedentes na América, quiçá no mundo.

Estava, assim, preparado, por volta dessa época, o terreno para sua adesão ao monroísmo e ao pan-americanismo, proferidos pelos Estados Unidos como retórica da solidariedade americana, servindo como uma ideologia associativa do continente materializada nas conferências de 1889, 1901 e 1906. De fato, o monroísmo só tomou um caráter essencial nas concepções de Nabuco quando motivado pelo temor perene de um imperialismo territorial nos rincões esquecidos do Brasil, fomentado pelo litígio anglo-brasileiro de 1904, que lhe havia cristalizado a patente fragilidade brasileira perante adversário de tamanho poder. Nabuco achava que para proteger-se do destino que se aparentava de perder regiões dos interiores do Brasil, era necessário garantir uma aliança com os EUA como estratégia de dissuasão. Agarrar-se ao princípio de proteção das independências dos países do continente contra investidas estrangeiras, proclamado por Monroe em 1823 e reeditado por essa época, parecia uma boa tática.

O monroísmo tem na política externa norte-americana uma forte relação histórica e conceitual com o pan-americanismo e com sua doutrina alternativa, o latino-americanismo, que são dois momentos, um do século XIX outro do século XX, de um mesmo intento de aproximação entre os países americanos, ainda que com peculiaridades contrárias. Se o latino-americanismo, pensamento essencialmente político para a defesa e união hispano-americana, nunca vingou no continente apesar das recorrentes tentativas desde Bolívar, o pan-americanismo, proposta de união continental que camuflava um cunho fortemente econômico, ganhou força especialmente ao ser levantado pelos Estados Unidos e ter apoio de países como o Brasil. Encontrava resistência, no entanto, em vários países sul e centro-americanos, uma vez que sempre fora percebido como envolto em uma aura de semblante imperialista.

Ao pretendermos buscar o início da identificação ou afastamento de Nabuco com cada um desses temas e a sua respectiva utilidade na análise das características de suas concepções como embaixador, percebemos que, como o monroísmo foi a sua base, definindo a necessidade de aproximação estreita com os Estados Unidos, não teria sentido utilizar como conceito definidor dessa nova fase o termo *pan-americanismo*, como fez parte da literatura, já que se apresenta uma maneira limitante que tende a sintetizar no jargão de "união e solidariedade continental" um pensamento que se presta a bem mais complexidade.

No momento em que assume o conceito de monroísmo, Nabuco faz uma nítida divisão entre o mundo europeu e o mundo americano, não só em termos políticos, mas também civilizacionais, já que a doutrina proporcionava uma identidade e interesse comum de desenvolvimento, proteção e união ao continente, uma espécie de "aliança moral". Concebe então um sistema americano que deveria ter como líder os Estados Unidos, visto que era o país mais evoluído e mais bem inserido na *high politic* internacional como uma potência emergente. Nabuco percebia esse agrupamento coeso como um ator internacional e sinalizava a existência de outros como ele, só que caracterizados como blocos de países e regiões, unidos, seja por alianças ou dominação colonial, tendo como suporte as novas tecnologias do momento e encabeçados pelas mais importantes potências imperialistas. Juntas essas unidades seriam a própria estrutura do sistema internacional. O surgimento desse mundo multipolar, incentivado pela queda da centralidade européia com a ascensão de novos atores internacionais de peso, teria como principal característica a complementaridade entre a paz e a beligerância, característica dos dois blocos mais importantes, respectivamente o americano e o europeu. A convivência pacífica entre eles seria o objetivo da ordem mundial, ainda que conflitos fossem esperados.

Para que o bloco americano ganhasse cada vez mais expressão internacional seria necessário que todos os países que o compusessem alcançassem um desenvolvimento material e político parecido com o do seu tutor, os Estados Unidos. Para tanto era de grande importância que se desse expressão prática à organização de uma opinião pública continental, como eram por exemplo as conferências pan-americanas. Nabuco exercitava, nessa perspectiva, a construção de uma identidade nacional referida na civilização norte-americana como característica dessa nova fase de vida, algo que se mescla com os próprios rumos da cultura brasileira da época.

Dentro desse entendimento amplo de como se projetava o continente americano internacionalmente e do terreno onde os relacionamentos entre seus países deveriam se desenvolver, até mesmo com um rumo ideal para seu estabelecimento a longo prazo, Nabuco tem uma proposta muito específica e objetiva sobre como o Brasil deveria situar-se nessa configuração. Para o embaixador era essencial conseguir uma forte e exclusiva proximidade com os Estados Unidos, no intuito de garantir o já mencionado eixo de segurança estável, para então servir como interlocutor privilegiado deste país com a América Latina. A assunção de tal "cargo" era favorecida por fatores históricos, acreditando que o Brasil já havia demonstrado em várias ocasiões uma identificação com o ideal de solidariedade americana, e sociológicos, já que o isolamento cultural ao qual estava imposto na América do Sul lhe identificara desde sempre com a potência do continente. Essas características colocavam o Brasil como um aliado preferencial e tradicional ou histórico dos Estados Unidos na busca pela unidade dos dois mundos americanos, o do norte e o do sul.

A justificação para tal prerrogativa se relaciona com a própria inevitabilidade que Nabuco constrói sobre a percepção dos rumos da política externa brasileira, onde não existiria espaço para uma opção latina. Qualquer relutância em assumir o caminho que o destino reservara à nação seria um erro político que custaria um alto preço, seja em decorrência do descarte da Doutrina Monroe pelos próprios Estados Unidos, seja pela escolha de um substituto ao Brasil nesse relacionamento preferencial.

Dentro de toda essa lógica, Nabuco pensava a inserção dos países americanos à política continental de forma hierárquica, por nível de desenvolvimento, importância e comprometimento. Tal inserção deveria ser feita em degraus, e os Estados Unidos comandariam esse processo. Primeiro pela aceitação do Brasil, que se encontrava logo abaixo do topo dessa pirâmide. Outras importantes repúblicas tais como Argentina, Chile e México deveriam também ter lugar nesse quadro, mas num momento posterior. E, depois que tal organização estivesse consolidada e estável, seria possível a entrada gradual de todos os outros países americanos na política continental.

As táticas utilizadas por Nabuco e Rio Branco nesse trajeto de aprofundamento do relacionamento com os Estados Unidos foram diversas. A primeira, pela recorrente propaganda de diferenciação do Brasil em relação aos povos hispano-americanos, tentava convencer os norte-americanos dos bons auspícios que poderiam trazer uma aproximação com os brasileiros. Já o segundo baseava-se na clássica política de interesses. Ambos tentavam garantir seus objetivos por esses meios. Nesse embate de dupla face, no qual política e vaidade caminhavam juntas, a II Conferência de Haia de 1907 exporia, por fim, o equívoco da proposta de Nabuco.

Incorporando, no âmbito mundial, interesses diversos dos que norteavam suas ações e alianças no âmbito continental, os Estados Unidos entraram em vários conflitos de interesse com a delegação brasileira na conferência presidida por Rui Barbosa, abalando as suas relações bilaterais. Rio Branco aplicou-se, a partir daí, em desenvolver uma política regional de aproximação com a Argentina e o Chile, não havendo nela, no entanto, nenhuma intenção de afrontar a posição norte-americana no continente. Pretendia-se diversificar a política externa brasileira e criar um poder mais bem organizado para resolver as questões que se apresentassem na América do Sul. Mas se os equívocos de Nabuco ficaram patentes em 1907, em 1908 os de Rio Branco também ficariam. Após os constrangedores combates com o ministro do exterior argentino Estanislau Zeballos, Rio Branco reconhecia a impossibilidade de aproximação com a Argentina e a concretização da relação estável dos países do ABC. Era necessário continuar cultivando a única frente aberta, a aproximação com os norte-americanos.

Nabuco, como fica subscrito nas críticas de Oliveira Lima, não atentou aos problemas que poderiam trazer a adesão incondicional à política externa norte-americana, especialmente no que concerne ao prejuízo que ela traria aos relacionamentos com os países sul-americanos, com os quais era imperativo ter relações minimamente cordiais, e com a Europa, nossa principal fonte de investimentos à época, ainda um forte poder mundial. De fato, o embaixador se doou totalmente a uma proposta que não tinha garantias de retorno. Ainda assim fica evidenciado para nós que as concepções de Nabuco não foram, de todo, ingênuas. Trabalhando no âmbito do que considerava os interesses nacionais brasileiros, balizados no princípio de proteção territorial, tentou praticar uma política externa ativa de acordo, uma *entente* com a potência do continente, caminho que considerava mais adequado à realidade de um imperialismo territorial agressivo que caracterizava o meio internacional.

Esse sentido que Nabuco tentou imprimir à política externa brasileira foi contido em grande parte por Rio Branco. Sendo um intérprete drástico da política de aproximação com os Estados Unidos, Nabuco fazia a primeira espécie de movimento ao qual se referia em seu diário ainda em 1877, transcrito como epígrafe da nossa conclusão, aquele que é pura agitação. Todos os jantares, discursos, recepções, amizades e convencimentos não garantiram a realização daquele desejo íntimo, externalizado como anseio nacional, de um entendimento perfeito, uma quase aliança, uma *entente,* com a grande potência do continente, irradiadora de uma civilização que acreditava mais elevada, material e espiritualmente. A Conferência de Haia lhe daria um choque de realidade. A verdade transparecida em ocasiões-chave como essa, repetidas com intensidades variadas durante os cinco anos em que Nabuco viveu no observatório de Washington em meio ao turbilhão de transformações que se operavam no continente americano e no próprio meio internacional, era que nenhuma das duas partes envolvidas em tal processo de aproximação estava preparada para fazer as concessões necessárias que o tipo de relacionamento que o embaixador pretendia, exigiam.

Mas Nabuco fez também parte daquele outro movimento, o de que poucos têm consciência, mas o único que teria algum efeito na realidade. Ele o reconhecia. Enxergava a evolução de longa duração no qual estava imerso. Não havia entrado em cena no seu início, marcado pela instauração do regime republicano, mas participava de algum dos seus atos, tentando improvisar uma ação mais duradoura. É difícil precisar em que medida obteve êxito nesse seu intento, todavia é categórico que foi interlocutor de parte da elite e da opinião pública da nação brasileira e caminhou cerrando fileiras junto com outras grandes personalidades do período, ainda que fosse a mais drástica delas, por um tipo de política continental que entendia ser a melhor para o Brasil.

FONTES DOCUMENTAIS

Arquivo Histórico do Itamaraty (AHI), Rio de Janeiro
Telegramas de Washington para o Brasil de 1900-1907 (maços: 235.2.14; 235.3.1; 235.3.2)
Ofícios de Washington de 30/3/1905 até 31/03/1910 (maços: 234.1.3 até 234.1.9)
Despachos para Washington de 2/4/1903 até 27/3/1909 (maços: 235.2.5 e 235.2.6)
Cartas do Arquivo Particular do Barão do Rio Branco — Correspondência de Nabuco (Lata 832, maço 1)

Fundação Joaquim Nabuco (Fundaj), Pernambuco
Correspondência ativa e passiva de Joaquim Nabuco entre 24/3/1903 até 22/12/1909.

Obras de Joaquim Nabuco
NABUCO, Joaquim. *Discursos e conferências nos Estados Unidos*. Trad. de Arthur Bomilcar. Rio de Janeiro: Benjamin Aguila, s.d.
—. *Obras completas de Joaquim Nabuco* — VIII — O Direito do Brasil. São Paulo: Instituto Progresso Editorial, 1949.
—. *Obras completas de Joaquim Nabuco* — XIV — Cartas a amigos; vol. II. São Paulo: Instituto Progresso Editorial, 1949.
NABUCO, Joaquim. *Obras completas de Joaquim Nabuco* — X — Pensamentos soltos; Camões e assuntos americanos. São Paulo: Instituto Progresso Editorial, 1949.
—. *Balmaceda*. Obras de Joaquim Nabuco, São Paulo-Rio de Janeiro: Nacional-Civilização Brasileira, 1937.
—. A intervenção estrangeira durante a revolta da armada. In: Leonardo

Dantas (org.). *Joaquim Nabuco e a República*. Série República, vol. 6, Recife: Massangana-Fundação Joaquim Nabuco, 1990.
—. *Minha formação*. 13.ª edição. Rio de Janeiro: Topbooks, 1999.
—. *Minha fé*. Recife: Fundaj-Massangana, 1985.

REVISTAS
The Hispanic American Historical Review.

PUBLICAÇÕES OFICIAIS
Conferências Internacionais Americanas (1889-1936), Washington, Dotación Carnegie para la Paz Internacional, 1938.

JORNAIS
Washington Times
New York Herald
Chicago Tribune
Washington Post
The Sun
Evening Star
O Paiz
Jornal do Commercio
Gazeta de Notícias
O Estado de S. Paulo

BIBLIOGRAFIA GERAL
ACCIOLY, Hildebrando. *Barão do Rio Branco e a 2.ª Conferência de Haia*. Rio de Janeiro: Ministério das Relações Exteriores, 1945.
AGUILAR, Alonso. *Pan-americanism from Monroe to the Present: a View from the Other Side*. Nova York-Londres: Modern Reader, 1968.
ALENCAR, José Almino & PESSOA, Ana (orgs.). *Joaquim Nabuco — o dever da política*. Rio de Janeiro: Casa de Rui Barbosa, 2001.
ALMEIDA, Paulo Roberto. O Barão do Rio Branco e Oliveira Lima — Vidas paralelas, itinerários divergentes. In: CARDIM, Carlos Henrique & ALMINO, João (orgs.). *Rio Branco, a América do Sul e a modernização do Brasil*. Rio de Janeiro: EMC, 2002.
—. *Relações internacionais e política externa do Brasil — dos descobrimentos à globalização*. Porto Alegre: Editora da UFRGS, 1998.
ANDRADE, Manuel C. & DANTAS, Tereza C. S. (orgs.). *Nabuco e a Federação*. Série República, vol. 16, Recife: Massangana-Fundação Joaquim Nabuco, 1992.
ANDRADE, Olimpio de Souza. *Joaquim Nabuco e o Brasil na América*. 2.ª ed. rev. São Paulo: Nacional, 1978.
ARANHA, Graça. *Machado de Assis e Joaquim Nabuco*. São Paulo: Monteiro Lobato & Cia. Editores, 1923.

ARON, Raymond. *Paz e guerra entre as nações*. Brasília-São Paulo: Editora Universidade de Brasília-Ipri-Imprensa Oficial do Estado de São Paulo, 2002.
—. *Estudios políticos*. México: Fondo de Cultura Económica, 1997.
—. *Lecciones sobre la historia*. México: Fondo de Cultura Económica, 2001.
ATKINS, Pope G. *América Latina en el Sistema Político Internacional*. Buenos Aires: Grupo Editor Latinoamericano, 1991.
AZEVEDO, José Afonso Mendonça. *Vida e obra de Salvador de Mendonça*. Ministério das Relações Exteriores: Divisão de Documentação, 1971.
BANDEIRA, Moniz. *A presença dos Estados Unidos no Brasil (dois séculos de história)*. Rio de Janeiro: Civilização Brasileira, 1973.
BARBOSA, Ruy. *Obras completas: a Segunda Conferência de Paz*. Rio de Janeiro: Ministério da Educação e Cultura, 1966, vol. 34, t. 2. Prefácio de Hildebrando Accioly, pp. 9-26.
BARRACLOUGH, G. *Introdução à história contemporânea*. Rio de Janeiro: Zahar Editores, 1966.
BELLO, José Maria. *História da República*. 4.ª edição. São Paulo: Nacional, 1976.
BETHELL, Leslie (org.). *História da América Latina — de 1870 a 1930*. Vol. IV. São Paulo: Edusp, 2001.
BOLÍVAR, Simon. *Escritos políticos*. Campinas: Editora da Unicamp, 1992.
BRAGA, Oswaldo Melo. *Bibliografia de Joaquim Nabuco*. Coleção B1, Rio de Janeiro: Departamento de Imprensa Nacional, 1952.
BUENO, Clodoaldo. *A República e sua política exterior (1889-1902)*. São Paulo-Brasília: Editora da Universidade Estadual Paulista-Fundação Alexandre de Gusmão, 1995.
— & CERVO, Amado Luís. *História da política exterior do Brasil*. Coleção o Brasil e o Mundo. Brasília: Editora Unb, 2002.
—. *Política externa da Primeira República; os anos de apogeu — de 1902-1918*. São Paulo: Paz e Terra, 2003.
BULL, Hedley. *A sociedade anárquica*. Brasília-São Paulo: Editora Universidade de Brasília-IPRI-Imprensa Oficial do Estado de São Paulo, 2002.
BURNS, Bradford E. *A aliança não escrita; o Barão do Rio Branco e as Relações Brasil-Estados Unidos*. Rio de Janeiro: EMC, 2003.
CAMPOS, Carlos Oliva. Estados Unidos — América Latina y el Caribe: entre el panamericanismo hegemónico e la Integración Independente. In: *Historia y perspectiva de la integración latinoamericana*. Morelia: Auna, Universidad Michoacana San Nicolás de Hidalgo, México, 2000.
CARR, Edward. *Que é história?* 8.ª edição. Rio de Janeiro: Paz e Terra, 2002.
CASTILLO, Joaquim Santana. *Identidad cultural de un continente — Iberoamérica y la América Sajona. Desde la Doctrina Monroe hasta la Guerra de Cuba*. Havana: Auna-Cuba, s.d.
CONDURU, Guilherme Frazão. O subsistema americano, Rio Branco e o ABC. *Revista Brasileira de Política Internacional*, 41(2): 59-82, 1998.

COSTA, João Frank da. *Joaquim Nabuco e a Política Exterior do Brasil.* Rio de Janeiro: Gráfica Record Editora, 1968.
COSTA, Milton. *Joaquim Nabuco entre a política e a história.* São Paulo: Annablume, 2003.
DENNISON, Stephanie. *Joaquim Nabuco: Monarchism, Panamericanism and Nation-building in the Brazilian Belle Epoque.* Berna: Peter Lang AG, European Academic Publishers, 2006.
DÖPCKE, Wolfgang. Apogeu e colapso do Sistema Internacional Europeu (1871-1918). In: SARAIVA, José Sombra (org.). *Relações internacionais: dois séculos de História — entre a preponderância européia e a emergência americano-soviética (1815-1947).* Vol. I, Brasília: Ipri, 2001.
DUROSELLE, Jean-Bapstite. *Todo império perecerá.* Brasília: EdUnb, 2000.
EMERY, Edwin. *História da imprensa nos Estados Unidos.* Rio de Janeiro: Lidador, 1965.
FAUSTO, Bóris. Expansão do café e política cafeeira. In: FAUSTO, Boris (dir.). *História geral da civilização Brasileira.* 6.ª ed. Rio de Janeiro: Bertrand Brasil, 1997, t. 3, vol. 2, pp. 193-248.
FENWICK, G. Charles. *A Organização dos Estados Americanos — O sistema Regional Inter-Americano.* Rio de Janeiro: GRD, 1965.
FERNANDES, Raul. *Joaquim Nabuco diplomata.* Brasília: Ministério das Relações Exteriores, Serviço de Publicações, 1927.
GANZERT, Frederic William. The Baron do Rio Branco, Joaquim Nabuco and the Growth of Brazilian-American Friendship, 1900-1910. *The Hispanic American Historical Review,* n.º 22, pp. 432-51, 1942. Nova York: Kraus Reprint Corporation, 1965.
GARCIA, Eugênio Vargas. *Cronologia das relações internacionais do Brasil.* São Paulo-Brasília: Alfa-Ômega-Fundaj, 2000.
GLINKIN, Anatoli. *El latinoamericanismo contra el panamericanismo desde Simón Bolivar hasta nuestros dias.* Moscou: Progresso, 1984.
GOMES, Luís Sousa. *Joaquim Nabuco e o pan-americanismo.* Rio de Janeiro: s.e., 1950.
HILL, Laurence F. *Diplomatic Relations Between the United States and Brazil.* Nova York: AMS Press Inc., 1971.
HOBSBAWM, Eric J. *A era dos impérios, 1875-1914.* 5.ª edição. São Paulo: Paz e Terra, 1998.
—. *Nações e nacionalismo desde 1780.* Rio de Janeiro: Paz e Terra, 1990.
HOFFMANN, Stanley. *Teorías contemporáneas sobre las relaciones internacionales.* Madri: Tecnos, 1963.
HOLSTI, K. J. Governança sem governo: a poliarquia na política internacional européia do século XIX. In: ROSENAU & CZEMPIEL (org.). *Governança sem governo: ordem e transformação na política mundial.* Brasília-São Paulo: EdUnb-Imprensa Oficial do Estado, 2000.
INMAN, Samuel G. The Monroe Doctrine and the Hispanic America. *The*

Hispanic American Historical Review, n.º 4 (1921), pp. 635-676. Nova York: Kraus Reprint Corporation, 1964.
KENNEDY, Paul. *Ascensão e queda das grandes potências — transformação econômica e conflito militar de 1500 a 2000.* 13.ª ed. Rio de Janeiro: Campus, 1989.
KISSINGER, Henry A. *Diplomacia.* Lisboa: Gradiva, 1996.
KRIPPENDORFF, E. *El sistema internacional como historia: introducción a las relaciones internacionales.* México: Fondo de Cultura Económica, 1985.
—. *Las relaciones internacionales como ciencia.* México: Fondo de Cultura Económica, 1985.
LACERDA, Virgínia Cortez de & REAL, Regina Monteiro. *Rui Barbosa em Haia.* Cinqüentenário da 2.ª Conferência da Paz (1907-1957). Rio de Janeiro: Casa de Ruy Barbosa, 1957.
LACOMBE, A. J. *Rio Branco e Rui Barbosa.* Campinas: Edunicamp, 1988.
LAFER, Celso. *A identidade internacional do Brasil e a política externa brasileira.* São Paulo: Perspectiva, 2001.
LEITE, Beatriz Westin de Cerqueira. *Joaquim Nabuco.* São Paulo: Ícone, 2001.
LIEUWEN, Edwin. *U.S. Policy in Latin America: a Short History.* Nova York: Frederick A. Praeger, 1966.
LIMA, Oliveira. *Impressões da América espanhola, 1904-1906.* Rio de Janeiro: J. Olympio, 1953.
—. *Pan-americanismo (Monroe, Bolívar, Roosevelt).* Brasília-Rio de Janeiro: Senado Federal-Fundação Casa de Rui Barbosa, MEC, 1980.
—. *Memórias (estas minhas reminiscências. . .).* Rio de Janeiro: José Olympio, 1937.
—. *Obra seleta* (org. por Barbosa Lima Sobrinho). Rio de Janeiro: Instituto Nacional do Livro, 1971.
LINS, Álvaro. *Rio Branco; biografia pessoal e história política.* 3.ª edição. São Paulo: Alfa-Omega, 1995.
LINK, Arthur. *História moderna dos Estados Unidos.* Rio de Janeiro: Zahar, 1965. Vol. I.
LOBO, Helio. *O Pan-Americanismo e o Brasil.* São Paulo: Nacional, 1939.
MAGDOFF, Harry. *Imperialismo: da era colonial ao presente.* Rio de Janeiro: Zahar, 1979.
MAGNOLI, Demétrio. *O corpo da pátria; imaginação geográfica e política externa (1808-1912).* São Paulo: Editora da Unesp-Moderna, 1997.
MARTINEZ, Ricardo A. *El panamericanismo — doctrina e práctica imperialista.* Buenos Aires: Aluminé, 1957.
MECHAM, J. Lloyd. *The United States and Inter-American Security, 1889-1960.* Austin: University of Texas Press, 1967.
MENDONÇA, Carlos Süssekind de. *Salvador de Mendonça: democrata do Império e da República.* Rio de Janeiro: Instituto Nacional do Livro, 1960.

MENDONÇA, Salvador. *A situação internacional do Brasil*. Rio de Janeiro-Paris: Garnier, 1913.
MENCK, José Theodoro Mascarenhas. *Brasil versus Inglaterra nos trópicos amazônicos: a questão do rio Pirara (1829-1904)*. Doutorado. Brasília: Universidade de Brasília, 2001.
MERLE, Marcel. *Sociologia das relações internacionais*. Brasília: EdUnb, 1981.
MORAES, Reginaldo C. Corrêa. *Atividade de pesquisa e produção de texto: anotações sobre métodos e técnicas no trabalho intelectual*. 3.ª ed. Campinas: IFCH/Unicamp, Coleção Textos Didáticos n.º 33, 2003.
MORISON, Samuel E. & COMMAGER, Henry S. *História dos Estados Unidos da América*. Tomo II. São Paulo: Melhoramentos, s.d.
NABUCO, C. *A vida de Joaquim Nabuco*. 4.ª ed. rev. Rio de Janeiro: José Olympio, 1958.
NABUCO, Joaquim. *Joaquim Nabuco: diários (1889-1910)*. Rio de Janeiro: Bem-te-vi Produções Literárias, 2005. Vol. 2.
NABUCO, Joaquim. *Joaquim Nabuco em Washington: guia de pesquisa*. Brasília: Ministério das Relações Exteriores-EdUnb, 1981.
NOGUEIRA, Marco Aurélio. *As desventuras do Liberalismo — Joaquim Nabuco, a Monarquia e a República*. Rio de Janeiro: Paz e Terra, 1984.
PECEQUILO, Cristina S. *A Política Externa dos Estados Unidos*. Porto Alegre: Editora da UFRGS, 2003.
PERKINS, Dexter. *A History of the Monroe Doctrine*. Londres: Longmans, 1960.
PINO, Ismael Moreno. *Derecho e diplomacia en las relaciones interamericanas*. Secretaría de Relaciones Exteriores, México, 1999.
—. *La Diplomacia: aspectos teóricos y prácticos de su ejercicio profesional*. México: Fondo de Cultura Económica, 2001.
PRADO, Eduardo. *A ilusão americana*. 5.ª edição. São Paulo: Ibrasa, 1980.
REMOND, René (org.). *Por uma história política*. Rio de Janeiro: UFRJ, 1996.
RENOUVIN, Pierre & DUROSELLE, J.-B. *Introducción a la historia de las relaciones internacionales*. México: Fondo de Cultura Económica, 2001.
—. *Historia de las relaciones internacionales*. Madri: Aguilar, 1969. Tomo II, vol. I.
RICÚPERO, Rúbens. *Rio Branco*. Rio de Janeiro: Contraponto, 2000.
—. O Brasil, a América Latina e os EUA desde 1930: 60 anos de uma relação triangular. In: ALBUQUERQUE, José A. Guilhon (org.). *Sessenta anos de política externa brasileira (1930-1990): crescimento, modernização e política externa*. São Paulo: Nupri, 1996.
—. *Visões do Brasil: ensaios sobre a história e a inserção internacional do Brasil*. Rio de Janeiro: Record, 1995.
RIO BRANCO, Barão do. *Obras completas do Barão do Rio Branco*. Rio de Janeiro: Ministério das Relações Exteriores, 1948 (IX — Discursos; VIII — Estudos Históricos).

RODRIGUES, Leda Boechat. *Uma história diplomática do Brasil (1531-1945)*. Rio de Janeiro: Civilização Brasileira, 1995.
SALLES, Ricardo. *Joaquim Nabuco: um pensador do Império*. Rio de Janeiro: Topbooks, 2002.
SANDRONI, Paulo. *Novíssimo dicionário de economia*. 12.ª edição. São Paulo: Best Seller, 2003.
SCHOULTZ, Lars. *Estados Unidos: poder e submissão: uma história da política norte-americana em relação à América Latina*. Bauru: Edusc, 2000.
SEVERINO, Antônio Joaquim. *Metodologia do trabalho científico*. 21.ª ed. rev. e ampl. São Paulo: Cortez, 2000.
SILVEIRA, Helder Gordim. *Joaquim Nabuco e Oliveira Lima: faces de um paradigma ideológico da americanização das relações do Brasil*. Doutorado. Porto Alegre: PUCRS, 2000.
SINGER, Paul. O Brasil no contexto do capitalismo internacional (1889-1930) In: FAUSTO, Boris (dir.). *História geral da civilização brasileira*. 6.ª ed. Rio de Janeiro: Bertrand Brasil, 1997. t. 3, vol. 1, pp. 346-90.
SMITH, Joseph. *Unequal Giants; Diplomatic Relations between the United States and Brazil, 1889-1930*. University of Pittsburg Press, 1991.
SODRÉ, Nelson Werneck. *História da imprensa no Brasil*. Rio de Janeiro: Civilização Brasileira, 1966.
STEAD, William. *O Brasil em Haia: dez discursos de Rui Barbosa na Segunda Conferência de Haia*. Tradução de Arthur Bomilcar. Rio de Janeiro: Imprensa Nacional, 1925.
STUART, Ana Maria. *O Bloqueio da Venezuela em 1902: suas implicações nas relações internacionais da época, com especial atenção às posições do Brasil e da Argentina*. Mestrado. São Paulo: USP, 1989.
SYRETT, Harold (org.). *Documentos históricos dos Estados Unidos*. São Paulo: Cultrix, 1980.
TOPIK, Steven. As relações entre o Brasil e os Estados Unidos na época de Rio Branco. In: CARDIM, Carlos Henrique & ALMINO, João (orgs.). *Rio Branco, a América do Sul e a modernização do Brasil*. Rio de Janeiro: EMC, 2002.
VIANA FILHO, Luís. *A vida de Joaquim Nabuco*. São Paulo: Nacional, 1952.
VILABOY & GALLARDO. Raíces históricas de la integración latinoamericana. In: *Historia y perspectiva de la integracion latinoamericana*. Morelia: Auna, Universidad Michoacana San Nicolás de Hidalgo, México, 2000.
YEPES, J. M. *Del Congreso de Panamá a la Conferencia de Caracas — 1826-1954*. Caracas, 1955.

Impressão e acabamento
Imprensa da Fé